岭南文化读本

傅华 主编

岭南文化概说

LINGNAN WENHUA GAISHUO

◎韩 强 著

SPM
南方传媒 广东人民出版社
·广州·

图书在版编目（CIP）数据

岭南文化概说 / 韩强著. —广州：广东人民出版社，2020.10 (2023.7重印)
（岭南文化读本）
ISBN 978-7-218-14155-8

Ⅰ．①岭⋯　Ⅱ．①韩⋯　Ⅲ．①地方文化—广东—通俗读物　Ⅳ．①G127.65-49

中国版本图书馆 CIP 数据核字（2019）第 299953 号

LINGNAN WENHUA GAISHUO
岭 南 文 化 概 说

韩 强 著

出 版 人：肖风华

责任编辑：王俊辉　李展鹏
责任校对：胡艺超
装帧设计：书窗设计
责任技编：吴彦斌　周星奎

出版发行：广东人民出版社
地　　址：广州市越秀区大沙头四马路10号（邮政编号:510199）
电　　话：（020）85716809（总编室）
传　　真：（020）83289585
网　　址：http://www.gdpph.com
印　　刷：广州市人杰彩印厂
开　　本：787毫米×1092毫米　1/16
印　　张：26　　字　　数：500千
版　　次：2020年10月第1版
印　　次：2023年7月第2次印刷
定　　价：86.00元

如发现印装质量问题，影响阅读，请与出版社（020-85716849）联系调换。

岭南文化读本

主　编：傅　华
副主编：王桂科

CONTENTS 目录

导言

　　中国人要有文化自信，这是新时代的呼声。岭南人是不是也应该有文化自信？不爱家乡，何以爱国？自己的家乡或生活的地方为国家贡献了什么都搞不清楚，何来文化自信？

　　岭南人的文化自信归结为一个最大的问题：岭南文化是什么？

　　不仅外地的人们，就算岭南本地人对这个问题都存在不少的说法、误解或片面性认识。举其要者：

　　"岭南是文化沙漠"。连带的有"广东无文化"，明显例证是广东人只会生孩子，不会起名字。

　　岭南文化远远落后于中原，因而是边缘、落后的文化。连带有岭南是"鸡肋"，是化外之地，其文化是南蛮文化。

　　岭南文化是非正统文化。这是在内陆土地文化框架中的理解。相关的有岭南文化只是商业文化，是重利轻义的文化；广东人就爱吃喝玩乐，不讲正统的道德标准；"广东人穷得只剩下钱"；等等。

　　同样在土地文化框架中，有人认为在大一统的国家中，岭南文化与其他地域文化本质上一样，只不过略带地方特色而已。

　　岭南文化是浅薄的文化，没有深层的内涵。粤人低俗，只知追逐实利而无理想；粤人迷信，只有感性而无高大上的理性思维。

　　岭南文化就是珠江文化。这是流域文化的解读，岭南以此与黄河、长江并列。

岭南文化就是海洋文化。相关的争论有：岭南文化说到底还是土地文化、农耕文化；岭南地域标示的只是土地，还是包括南海在内；"岭南"指称的是五岭以南，五岭阻隔，所以其文化是封闭的文化，"广东人排外"就是最好的证据；等等。

说法太多，难以搞清楚，于是干脆说"岭南文化是说不清楚的文化"。岭南特别是广东被罩上了神秘的面纱。这个稀里糊涂的论断居然成了流行语，"无厘头"居然变成国人的主流"认知"，文化史真会开玩笑！

这些说到底也有我们岭南文化研究者的责任。"岭南文化"概念在国内较少为人所知，这个文化品牌并没有擦亮，相比中原各区域文化、楚文化、江南文化等要逊色许多，这与我们缺乏对自身文化的历史主线的挖掘，有着十分直接的关系。因为本地域的海洋文化迟迟没有得到充分的挖掘，海洋文化的主线没有清理并凸显出来，其对中国和世界的贡献就难以显现。我们自己也在内陆的、传统的、农业社会的文化框架中论证本地域文化，省外更是依此框架和标准衡量岭南文化，而视其为文化沙漠，为非正宗的或边缘型的文化。

本书聚焦于"岭南文化是什么"这个文化哲学问题，展开以下论述结构，回答上述问题或纠正误解，试图把"说不清楚的文化"说得清楚一些。

第一章运用文化哲学的各种方法，总体把握"岭南文化是什么"的几大问题：运用生态学将岭南理解为土地与海洋一体的我国疆域的一个部分（后文又简称"岭南疆域"）；由此展开土地农耕实践及文化与海洋实践及文化的双重视野；进而运用系统哲学和生态哲学，从广义生态圈视野将岭南文化整体系统分为自然物质文化、社会生活文化、精神心理文化三个紧密联系、相互作用的子系统；在此基础上揭示三个子系统各自的特质定位，然后归纳、概括出岭南文化的本质特征定位；这样我们才能对岭南进行历史和现实的双重定位，将岭南文化发展历史规律总结为"从边缘到主流"的主旋律。

总论之下的结构分为三板块，一是横向结构的剖析，分别具体展开岭南文化三个子系统，将文化各门类放在主要相关的子系统中阐述。第二章论述自然物质文化；第三章阐述其主要门类建筑、饮食、工艺，构成第一单元。第四章论述社会生活文化；第五章展开其主要门类制度、生活和民俗，是为第二单元。第六章论述精神心理文化，在文化精神的价值支柱群之外增加了粤人文化心理的专论；第七章展开其思想、学术、信仰、宗教和其他观念文化如教育、方言、文学、艺术各门类，这是第三单元。将文化门类放在相关子系统中，有利于充实该系统的内涵，不易重复论述，读者分别了解各子系统丰富内涵后，更易于理解这些子系统的特质与其他地域文化相比较有什么不同，其对中华文化的贡献在于何处，进而理解岭南文化的总体结构以及包含着的岭南文化的本质和特征。二是动态结构的展开，第八章总体把握岭南文化的发展历程，展开其特异于中华各地域文化的发展五分期；第九章重点论述岭南文化从边缘文化到主流文化之一的主要动因在于海洋文化，辨析其历史定位和现实地位，以及地位转换的多重根源。这有利于读者在历史迷雾和上面所列大量说法或误解中，理清岭南文化的总体发展线索。三是岭南文化中各区域文化。第十章将其单列出来是因为它们都是横向结构与动态结构相结合而生长、构成的。

岭南历史文化名人没有以专章列入这一结构中，而是融入各章论述中。受读本丛书体例、篇幅限制，本书不能如《岭南文化（修订本）》①及其英译本*Lingnan Culture*②那样，较充分展开文化各门类的历史发展和全面状态，而是重点论述其特色、特异之处及其深层内涵；历史发展部分也不能细致描述其全部历史细节，而是重在把握其区别于其他地域文化的特色、特质，其承载的文化精神，以及对中华文化的历史贡献。

以往文化研究框架一般是总论、历史发展各时期、文化各门类三大块，本书上述框架显然与之不大一样。见人所未见是每个研究者所祈望的。一个地域文化面积如此广大，历史如此悠久，内涵如此丰富多彩，怎样讲清楚呢？作为本丛书中总体性、纲要性的著作，必然需要建立独特的理论分析框架，才能挖掘和抓住岭南文化的特色、特质或异质性，对岭南文化整体和各方面进行新的定位。知道它对中华文化的贡献有哪些，同时反思其短缺之处和忧患所在，我们才清楚应当发扬哪些文化精神，守住怎样的价值观，来指导我们进一步的实践，在优势方面继续保持，在劣势方面赶紧补足。

本书能不能拨开历史的迷雾，回答"岭南文化是什么"，读者、学界可能见仁见智，如引发争论，笔者觉得倒是件好事。

谨以此书献给关心岭南文化，关怀其命运的人们！

① 李权时、李明华、韩强主编：《岭南文化（修订本）》，广东人民出版社2010年版。本书对多次注释的书籍只在第一次出现时全注版本要项，以后均简注书名和页码。

② Li Quanshi, Li Minghua, Han Qiang. *Lingnan Culture*. Berkshire Publishing Group, 2015.

第一章

岭南文化是什么：视野、方法和定位

"什么是岭南文化"与"岭南文化是什么"是两个完全不同的问题。"什么是岭南文化"可以有无数的回答，粤菜、潮州菜、客家菜、越秀山的五层楼、越王井、中山纪念堂和中山纪念碑、骑楼、陈家祠、客家围都是岭南文化；就算大到各区域文化，广府、客家、潮汕、桂系、海南等都是岭南文化；这些都还是局部的回答。"岭南文化是什么"则属于文化哲学问题。文化学是哲学的一个子学科，就因为它要概括性地回答文化是什么这个普遍性、总体性的问题。当然这必须建立在具体事实和全部史料的基础上。

要把文化哲学问题讲得通俗易懂，实在是一件难事苦事。但深化地域文化研究，抓住本地域文化的本质，准确地阐释它的特征或特殊本质，说明为什么具有不同于其他地域文化的特色，讲清其来龙去脉，又必须将文化哲学贯穿其中。第一章作为概说的总纲更须如此。中共广东省委宣传部原部长傅华主编、广东人民出版社把这一概说的任务交给笔者，让笔者为《岭南文化读本》丛书撰写一本总体性、纲要性的书。笔者尽量运用通俗生动的语言来讲述抽象思维的问题。另外，笔者不采用哲学教科书的方法，先摆出最大的概念，然后一层层解析；而是由浅入深，由局部到整体，先写岭南文化各个具体方面，然后才综合、抽象概括出岭南文化的定义、定位。读者觉得无趣，可先看后面九章比较具体、形象的内容，觉得还需要了解抽象、总体概括的内容，再回到第一章查阅。

我们就从"视野"这个形象的词开始，将方法融进去，逐步展开岭南文化的横向结构和纵向发展，显现它的整体面貌，运用文化哲学包含的多种方法和多维视野做出五个方面的定位：自然生态系统的定位、土地农耕实践和文化与海洋实践和文化的双重定位、岭南文化系统结构的定位、岭南文化各子系统特质的定位和岭南文化总体本质特征的定位、岭南文化历史与现实的双重定位。本章属于岭南文化的总纲，后面各章再具体展开论述。

第一节　岭南疆域与自然生态

　　了解或研究一地域的文化，首先要把握它的自然生态，这就需要运用生态哲学的方法审视本地域的自然生态。岭南文化是一个地域文化概念，首先就要知道岭南的范围。

一、岭南疆域：土地与海洋双重视野

　　现今国内地域文化研究大多按土地来划定本地域范围，以往岭南文化研究基本也如此。地域范围的划定分为历史范围和现实范围。

　　岭南历史上最宽的土地范围，学界较为一致的意见是包括广东（旧含港澳两地）、海南、广西大部分地区和越南红河三角洲一带及以北地区。[①]以南宋隆兴二年（1164）朝廷封交趾郡王为安南国王为标志，将这一最宽范围中之越南部分划出。这是历史范畴。

　　现实的岭南土地范围，按行政区划包含今广东、广西

① 《岭南文化（修订本）》，第3页。

003

中国地图

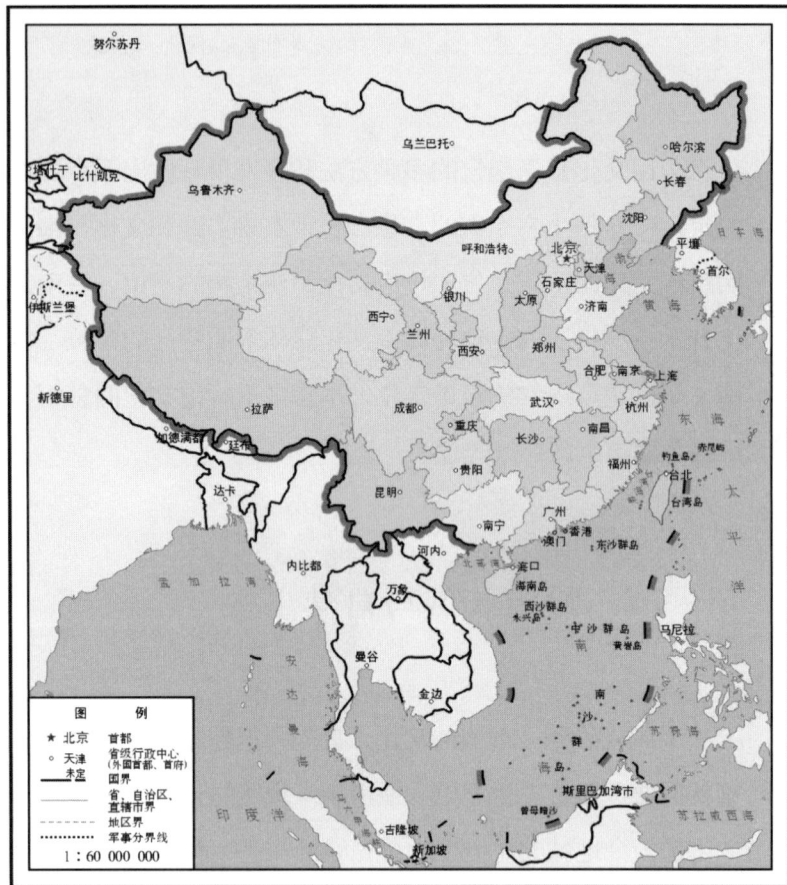

审图号：GS(2019)1699号　　　　　　　　　自然资源部 监制

中国地图中的岭南地域范围

（大部分地区）、海南这三省（自治区）和香港、澳门两个特别行政区，可简称为"三省两区"。

　　这一地域范围的划定是以五岭为标志的。南岭横亘在粤北和湖南、江西两省之间以及广西的东北部。大庾岭、骑田岭、越城岭、萌渚岭、都庞岭（一说揭阳岭）这五岭是南岭在岭南地区最主要的山脉。广西之所以有大部分划入岭南，就是以五岭为大致标志，五岭以西的区域不在岭南范围。唐代设岭南东道和岭南西道，西道即广西部分，大体也是这样划分的。岭南由此西接云贵，北连湖南、江西，东北边与福建为邻，现实范畴中南邻越南，土地面积约40万平方公里。

大庾岭古道

只以土地范围界定地域有很大的局限性，是传统农耕文化积淀的产物。但它在春秋战国基本奠定的中国汉文化传统地域文化版图中仍具有一定的合理性，因为中国作为一个大陆国家，多数地域是内陆地区，濒海地域只在少数。

但中国又是一个海洋国家，领海面积（中国的海域总面积）470多万平方公里，居世界前十位。[①]按照《联合国海洋法公约》，中国拥有的海洋国土面积是299.7万平方公里，包括内水、领海、毗连区、专属经济区和大陆架等。当然，面对激烈的海域划界争端，近300万平方公里的管辖面积仍有争议。中国有多大呢？以往的回答是960多万平方公里。正确的回答应该是疆域——陆地面积加上海洋国土，1260多万平方公里。这样，沿海各地域的范围就应包括土地所濒临海洋，我们对传统地域文化版图的理解就有了改变，它不是土地意义上的地域，而应该是包括各地域濒临的海洋在内的疆域概念。在海疆是国土的意义上，我们仍然称"岭南

① 国际有多个标准，中国排名不一，但都处前十。

地域"。

按照领海概念而不是海洋国土面积，渤海约7.7万平方公里；黄海约38万平方公里；东海约77万平方公里；南海350万平方公里，是中国四海中面积最大、最深的海域，海岸线总长万余公里。南海与东海以广东的南澳岛到台湾省本岛南端（一说经澎湖到台湾东石港）划分，南海在大陆一侧只与岭南土地相接，按照疆域概念，专属于岭南。另外，岭南的广东潮汕地区还有东海的海洋资源。

疆域的视野不同于土地视野，也不同于海洋视野。疆域概念在中国地域文化研究中是一个新概念，是在岭南自然生态的整体审视中产生的。土地与海洋的双重视野中，岭南这片疆域呈现出"岭海环抱"的图景，北面是险峻的五岭，南面是浩瀚的南海。疆域或地域面积是土地面积约40万平方公里加海洋面积约350万平方公里，共约390万平方公里，在疆域面积上占中国约三分之一。以其在中国的分量，中国文化研究者，又怎能轻视这片疆域及其孕育的文化呢？

中国地图

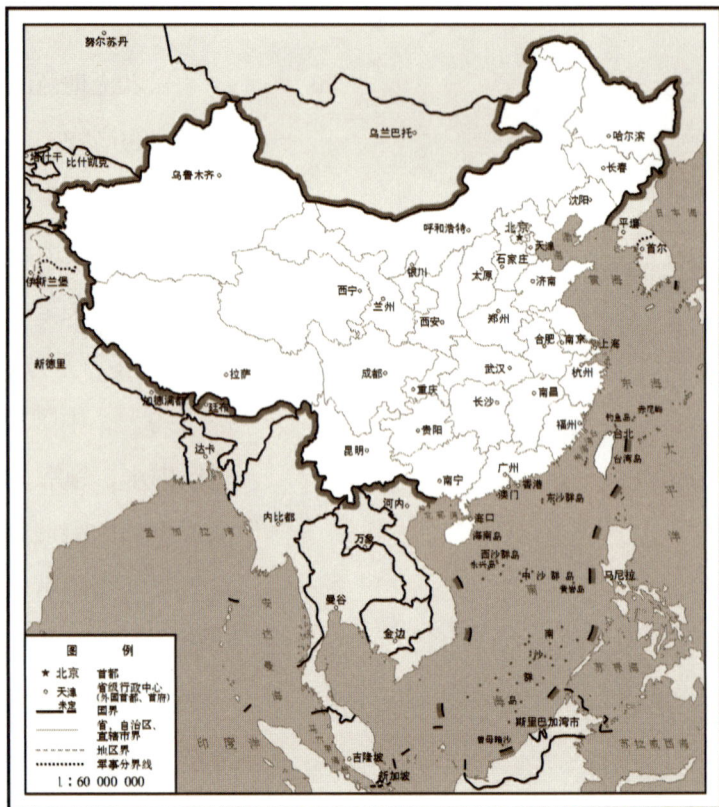

审图号：GS(2019)1711号　　　　自然资源部 监制

中国地图中的南海

二、"岭海环抱"的自然生态系统

将地域理解为疆域，突破了以往岭南文化研究单纯的土地视野，这就为我们了解岭南的自然生态全貌提供了完全不同以往的新视野。

要整体把握岭南自然生态，需要系统论和生态哲学的方法。用系统论分析地球生态系统，是现代生态哲学的一个重要部分。生态哲学高度重视自然生态或原生生态，它包含几种状态。其一，指称人类出现前的原始生态系统。其二是人类发展的早期或原始阶段，人对自然的作用和影响微乎其微情况下的生态系统，如人类狩猎捕鱼为生时代的生态。其三是人类发展的高级阶段，虽然人的作用巨大，但还残存着一些较少受到人类作用，仍以生态自身平衡为主导的局部系统。后两种状态在西方现代生态哲学中称为荒野或原野，如亚马逊原始雨林那些人类未开发的部分。地球原生的生态圈遵循的是生态总体平衡规律。

生态的总体平衡是由要素、结构和功能决定的。岭南自然生态直观呈现为岭海环抱，我们看到了一种系统的结构。结构是指构成系统的各子系统、各部分和各要素内在的联系和组织方式。系统是由以上构成元素组成的有机整体。具有确定特性的诸元素组成的整体中存在的有序状态，就是系统的相对稳定的结构。岭海环抱的岭南自然生态结构是由南岭、南海、北回归线和珠江水系四个主要因素综合作用的结果，其他生态因素由综合作用而派生。这给我们一个总体的自然生态图景：北有南岭，南有南海，岭海环抱中贯穿着北回归线，比较均衡地分布着珠江水系密集的河网。这是一个特异于内陆各地域，也区别于中国其他濒海地域的生态结构。

　　四要素本身都是自成系统的结构，各有各的功能。任何系统都有它的结构（各个部分的序列）和功能（过程的序列），结构产生和决定其功能，这是贝塔兰菲一般系统论的核心思想。[①]它们之间又是互为价值，相互作用的。这些要素下一章详述，这里只举北回归线来说明它发挥良性功能，是与其他三要素共同作用的结果。岭南自然生态系统的总体功能是使本地域成为地球北回归线上最为生机勃勃的绿洲，而北回归线穿过的其他地区不少成了沙漠。绿洲表征植物多样性高，生长旺盛，分布均衡。植物生长依靠阳光和水。北回归线横贯岭南中部，本地域基本上是热带、亚热带季风气候，夏长冬短，日照时间长，阳光辐射热量充足，年平均气温19℃—20℃，十分利于植物生长。但北回归线地区水分易于蒸发，而岭南气候湿润，水源充足，依靠的就是岭、海和江。一是濒临南海绵长的海岸线，热带海洋台风频繁，雨季漫长。二是北边的五岭高峻，而整个南岭山脉被不少学者称为南岭山地，因为它是向南海一路倾斜下来，呈现为一个比较平缓的大斜坡；南海吹来的暖湿气流受到南岭山地不断抬升，与西北季风交锋，在粤中、西、东均形成暴雨区，雨量充沛且分布比较均匀，雨水期很长，南岭广阔的山地又丛林密布，涵养着水源。三是珠江水系密集的河网将水源均衡分布。这些要素共同造就了有利于植物生长的四季常绿的优良生态系统，动植物品种和资源之丰富在国内名列前茅。古代

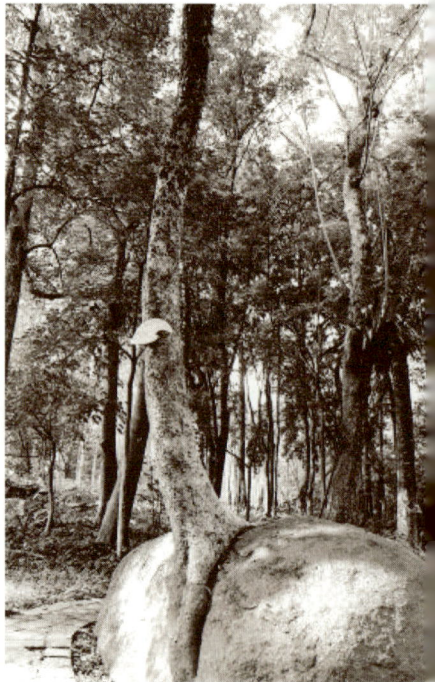

海南儋州热带植物园雨林

----

① ［美］路德维希·冯·贝塔兰菲：《一般系统论》，秋同、袁嘉新译，社会科学文献出版社1987年版，第74—100页。

中原人视岭南为荒蛮之地、瘴疠之乡，望之生畏。而在生态哲学的视界中，这却是一块宝地。

四要素中南岭和南海是主导的因素，上面已讲到。历代典籍有大量同时强调这两者的描述。如仇巨川说："而岭海则又合五岭、南海而名之也。"[1]指的也是广义地域即疆域。屈大均以气论将土地与海洋紧密联系："出虎头咫尺，则万里天险，与诸番共之。诸番非表，而吾非里也，大唐之地止乎此，然止而不止。天下山川之气，亦止乎此，然止而不止。止者地之势，而不止者天之行也。"[2]又有诗："五岭南拖衡岳臂，迢遥直与海天长。"[3]《晋书·吴隐之传》："包山带海。"韩退之《送窦从事序》："连山隔其阴，巨海敌其阳。"陈恭尹《九日登镇海楼》诗"五岭北来峰在地，九州南尽水浮天"，是对岭海一体的经典诗意表达。"岭海环抱"的自然图景在生态的本质上指向"岭海一体"的综合视野。

岭南之称有古义和今义两种解释。古义一般指五岭以南的土地。唐代贞观年间全国设十道、开元年间设十五道，这一行政区划是土地管辖的概念，岭南道管辖的就是上面所说的最宽土地范围，并不管海，海没被作为国土。今义是有学者将岭字解释为五岭，将南字解释为南海，这受到海洋文化研究热潮的影响，有积极意义，但略显机械。在岭海一体的土地与海洋双重视野的意义上，历史上的"岭海"之称更为准确。但多数地域文化研究者至今还是倾向于用岭南概念。尊重历史上的约定俗成，本书使用"岭南"作为本地域文化的主概念，仍可将其解释为五岭以南。但南到哪里？不

① （清）仇巨川纂，陈宪猷校注：《羊城古钞》，广东人民出版社1993年版，第313页。

② （明）屈大均：《广东新语》，欧初、王贵忱主编：《屈大均全集》第4册，人民文学出版社1996年版，第31页。

③ 《广东新语》，第61页。

是南至海边，只指土地，而是南至整个南海。古义和今义融合，岭南是岭海一体的概念，这有利于阐释岭南文化的全部内涵。

第二节　土地农耕文化与海洋文化双重视野

岭南这个全国独一无二的自然生态生成了特异于中华其他地域的文化。"岭海一体"这个海陆统一的综合视野，在文化研究中产生的是土地农耕文化视野和海洋文化视野的并存，生成岭南文化发展乐章中土地与海洋的双重变奏，贯穿于岭南文化整体的横向结构和纵向发展的全过程。

一、自然生态与岭南人的实践创造

"岭海一体"是表征本地域完整的自然生态系统的概念，但还不是文化概念。自然生态不能自动生成文化。即使我们完整地把握了自然生态，也还不能说明这方疆域中的文化是怎样生成的，是怎样的面貌，它的本质是什么，它的特殊本质或特征有哪些。这需要实践哲学来概括说明。

"地域文化"不是在"地域"名称后加"文化"二字，"岭南文化"也不是简单地在"岭南"后加上"文化"二字。自然向人生成，人和人的文化从本源上说，都是自然的产物。但不能做自然主义的理解，不能用地理环境决定论来解释全部文化，而应从实践哲学上定义。文化是人的实践所创造的成果，而人的实践又是人在他所处的自然生态环境中开展的。各地域人们实践的特点与其所处自然生态系统须臾不能分割。所以我们需要从实践哲学来考察。

人类有哪些实践呢？零碎地罗列是无数的。实践哲学将它们归入三类实践。人类实践具有三种结构和形式：在人与自然关系结构中的自然物质实践，在人与社会关系结构中的社会生活实践，在人自身系统中进行着的个体实践。三者相互关联，进行着总体的平衡。

岭南人的实践是在特定的自然生态中生成的，实践首要和基础的活动是处理人与自然的关系，利用自然、改造自然和维护自然环境、回馈自然等等。这些活动构成整体的"人与自然关系的实践"，即自然物质实践。岭南人的实践不仅包含着从自然界中取得资源和能源而制造产品，即改造和"征服"自然的物质实践；而且包含着善待自然、回馈自然的生态实践。典型例证是自然遗产，保护自然就是极为重要的实践活动。这是自然物质实践概念包含着的一对辩证矛盾。没有这相互作用的两方面，岭南生态系统就不可能至今还达到一定程度的动态平衡，仍然是一片绿洲。

社会生活实践则主要标示人在与社会发生关系中的两种实践：社会实践和生活实践。它们包括了丰富的内涵。社会实践包括处理人与人之间、个体与社会之间、社会组织和群体乃至民族国家等社会形式之间的关系等，并不局限于，或主要体现为制度文化。"民族文化的差异性，是那些民族所处的地理环境、所从事的物质生存方式、所建立的社会组织形态的多样性造成的。因此，要把握一个民族文化的特征，必须首先了解这个民族的文化得以繁生的独特的自然环境和社会条件。"[①]这些条件都是以往的实践造就的。岭海人（我们用以形容生活于岭海一体疆域的人群）首先与岭海环抱、亚热带的自然生态发生关系，通过劳动获得生存所需物质资源；这必须组成社会，人与社会的关系产生；社会不断走向复杂、精致或有序，整个过程是自然向着人和社会生成这样一种动态平衡过程。同时，生活实践也是不可忽视的。人的需要及其生活实践是支撑社会实践和自然物质实践的深层动力，包含着平民化的生活、商业化的生活、拼命赚钱又尽情享受的享乐型生活等等，这些是造就岭南平民社会、市民社会、商业社会等社会形态、组织、道德、制度安排的基础。用简单的话说，不是为了生活，人们不会求变，不会建立各种社会制度和道德规范，不会变革。

　　人自身与个体实践包含广泛的内容。自然向着人与社会的生成过程，同时又是自然和社会共同向着人的生成过程。这一历史的逻辑从实践的角度看，包含着人自身系统这一"小宇宙"的不断丰富和完善。两方面能力的生成和发展至关重要。其一是实践操作能力，包括实践者的智力、科技、改造与回馈自然、社会交往和协调、组织、管理等能力的不断提高或变化。其二是精神心理的丰富和发展，其精神心理系统及其价值体系不断建构和丰富。这一过程包含着人与自然关系的平衡、人与社会关系的平衡不断"长入"个体，并在人自身系统中不断进行着动态的平衡，即平衡和不断打破平衡，矛盾和不断协调矛盾的过程，以达到个体自身心理和精神诸种价值要素之间的合理结构及平衡。人自身的

①　冯天瑜、周积明：《中国古文化的奥秘》，湖北人民出版社1986年版，第53页。

平衡还包含着生理与心理不断协调的过程，身心两健是这整个过程的目标。这里潜藏着人的本质力量的全部奥秘，包括其生成、各历史阶段的变化，它对自然、社会发生着怎样的作用，是进步和符合天道的还是相反。人自身又不断改变着自然和社会，这在现代实践操作的特点中更加显著地表现出来。

这样看，实践是人的本质不断丰富、人的能力不断增强的过程；是社会结构不断复杂化、社会功能不断丰富和强化的过程。但我们应该看到，实践不仅是人的本质力量对象化的过程，同时是自然向人生成，"长入"人自身的过程；两者不可偏废。

不同的自然生态系统规定着不同民族、种族的实践方式，生成他们的千差万别的实践成果。从中可以挖掘出其文化特色形成的深层根据，这也是文化研究的重要任务。就岭南文化来说，运用生态哲学和实践哲学方法，我们需要高度重视岭海环抱、岭海一体的自然生态，它是岭南人在一定历史阶段实践的基础，是向人的生成，向着人的实践的生成，深刻影响着岭南人；它具有的生态优势和功能不断生成特异于其他地域的岭南文化，产生土地农耕实践和文化与海洋实践和文化的双重视野。

二、土地农耕实践与文化视野

我们先看岭南的陆地有些什么优势，它对岭南人的实践和文化生成有哪些影响。

珠江广州河段

　　岭南得天独厚的地理位置、自然条件和气候，使岭南的各种资源极为丰富，从而发展出多元化的农业生产。首先，岭南境内珠江水资源十分丰富，土地肥沃，特别是珠江三角洲和韩江三角洲平原，"插根扁担就能发芽"。加上北回归线的作用，日照长而强烈，岭南产生不同于中国其他地域的以水稻为主的粮食生产，是岭南人对中国、对世界稻作文化的重要贡献。水稻一年两至三熟，还能与番薯等杂粮轮作。其次，南岭森林资源丰富，树木兼有热带、亚热带、温带、寒带的品种，加上南岭这个大斜坡使珠江水网密布，南海台风又带来大量雨水，植物生产茂盛，构成不同于中国其他地域的特点。因此岭南人的实践具有经济作物多元化的特征，岭南盛产各种水果，以亚热带、热带种属为主，兼有多种温带地区的品种，有"水果王国"之称。岭南水果于中原之稀罕贵重，从"一骑红尘妃子笑，无人知是荔枝来"名句中鲜明地表现出来。再次，岭南山林多珍禽异兽，江河水产资源丰富，矿产资源丰富而独特。古代时岭南的珠玑、玛瑙、象齿、犀角、能言鸟、宝石、美玉和名贵香料等稀世奇珍已成为岭南人向中原统治者进贡的珍品。

从土地农耕实践来看，岭南先民依托南岭山地、肥沃的三角洲和北回归线共同造就的生物多样性，发展粮食生产与多样化经济作物并举的发达农业，渔业和狩猎并举的渔猎经济，采矿业和手工业，构建起物质生产多元一体格局。这是岭南区别于其他地域的最显著特色。

所以宏观把握岭南文化需要土地文化的视野。这一视野有利于克服以往地域文化研究的两个缺憾。一是用生态学产生之前的理论，将地域的生态环境简单地理解为地理位置，却不能将岭南自然生态做系统理解，并与岭南人长期的历史实践及其发展的各阶段结合起来。二是将现有的生态环境和自然遗产看作只是外在于人的纯粹自然，将自然文化排除于文化之外。比如珠江三角洲桑基、蔗基、果基、鱼塘这些良好的局部生态环境就不被视为岭南先人生态智慧和实践创造的成果，自然文化被完全忽视，只讲物质文化。从自然生态到自然物质实践的思路产生的土地文化视野将物质文化与自然文化统一起来，归入自然物质文化的范畴，这是本书不同于以往地域文化研究的一个地方。

岭南佳果荔枝

三、海洋实践与文化视野

只有土地而没有海洋的地区，叫做内陆地区，自然生态当然大大不同于沿海地区，以土地为主，多进行农耕或放牧。岭南则拥有南海，岭海一体的自然生态的功能既是文化优势，也有着历史条件下的劣势，共同成为岭南人海洋实践的基础。我们主要谈三个方面。

1. 海洋生产和科技

岭南濒临中国最广阔的南海海域，海洋资源富甲中华。350万平方公里的南海是最大的渔场，海洋生物品类众多，近海拥有约500万亩滩涂，利于海洋生物的生长和多样性的形成。

岭南人早在旧石器时代就开展海洋捕捞等生产活动。2003年发现的香港西贡黄地峒遗址是距今3.9万—3.5万年的旧石器时代晚期的石器制造场，从山坡延伸到海滩，出土器物6000多件，贝丘遗址文化相当丰富。说明旧石器时代晚期已有海洋生产的痕迹。

韩江三角洲、珠江三角洲及港澳沿海都有贝丘遗址，发掘出许多鱼骨、蚌、蛤等遗存，其中贝类有海生和淡水两类。这些遗址有厚二三米的介壳层，发现石器工具和龟甲刀、蚌刀、网坠、骨鱼钩、骨鱼镖等。现汕头澄海区内底村贝丘遗址属母系氏族公社时期，面积达数万平方米，文化层数米厚，堆积大量海生介壳类，出土30多件磨制精细的骨镞和骨镖等渔猎工具，碳14测年为4300年左右。陈桥村遗址出土不少母系氏族公社时期的猪、牛、鹿等遗骨，同时出土大量鱼骨，蚝、蚶、鳖、蛤、螺壳等人类食后的遗弃物。还发现人骨上染着红色赤铁矿粉，这反映一种灵魂不灭的观念，可能是人类自身反思的原始哲学观念。这些说明最晚到新石器时代岭南已并存海洋渔业与农业种植业、养殖业和狩猎业，已形成海洋文化与土地农耕文化两个传统共在的雏形。南海海产品类丰富，先秦时便以奇异和珍贵闻名华夏。这在《史记》《汉书》等典籍中都有记载。

为拓展海洋生产的空间，粤人早在新石器时代就发明和使用船，珠海宝镜湾的摩崖石刻有多艘船形图案，一些学者认为是属于新石器时代船文化和航海文化的遗存。同时应发展出航向、风向、岛屿、外域等气象、地理知识。上述骨镞、骨镖、龟甲刀、骨鱼钩、蚌刀、网坠等渔猎工具都是当时的科技产品。总之，广阔南海与丰富多样的海洋资源，使先民发展出先进的海洋渔业、海洋科技和海鲜文化等，与土地农耕文化并存。这些实践方式具有独特的性质，文化也就呈现出不同于中华其他地域的特异面貌。

2. 海洋交通和贸易

处于中华大地的边缘，又有五岭阻隔的劣势，古时翻越五岭是很困难的，十分不利与岭北各地域文化的交流。但这却促使濒海的南越族和骆越族人向南边开辟了一条出路。岭南拥有中国最长的海岸线，广东、广西和四面环海的海南海岸线合共长万余公里，仅广东就拥有面积500平方米以上的岛屿757个，散布着200多处港湾。这种优越的条件，使岭南开拓出中国海上丝绸之路网络的主线"南海丝路"，创造出中国最早发育的海洋交通和贸易文化，陆地的劣势转化为海洋的优势。它在古代分为四个阶段：先秦南海商路、汉武航线、唐宋广州通海夷道、郑和下西洋所走南海航线。它对中国和世界海上交通和贸易所做的贡献，用梁启超的话来说就是"广东非徒重于世界，抑且重于国中矣"[1]。南海丝路还为本地域农耕文化的进步做出了贡献。古代岭南从海外引进了许多种类的花、果和经济作物，如素馨花、茉莉花、海枣、古度树、芒果、波罗蜜、番石榴、花生、烟草、番薯等等，一些品种从岭南向内陆移植，丰富了中国其他地域的农作物品种。

3. 海洋文化传播

岭南处于中国大陆的东南边缘，又有五岭隔阻，与内陆以中原为代表的先进文化的联系远不及东海、黄海、渤海地区方便，这是文化传播的先天劣势。但南海却具有海洋文化传播的优势。

第一个优势是自身漫长的海岸线，向南转西通往印巴、阿拉伯和罗马的海岸线，在古代的条件下，利于近海航行通往广阔的海外世界。岭南先秦就向外输出了先进的石器，秦汉后输出丝绸、陶瓷和香料等。在汉唐陆上丝绸之路日衰的情况下，南海丝路成为连通中国与海外世界，进行双向文化传播的主要纽带。南海丝路重于世界，重于国中，不止于物产、商品的贸易；文化传播上，梁启超说中国四大发明罗盘针、火药、造纸术和活字印刷术的第一贩卖场都在广东，经阿拉伯商人带往西方世界。罗明坚等天主教教士最早进入

① 梁启超：《广东之现在及将来》，《饮冰室合集》，中华书局1989年版，第92页。

岭南的珠江口地区，向欧洲传播中国儒道释等精神文化，由此17—18世纪在西方思想界出现"东学西渐"的文化历史现象。[①]

第二个优势是在世界全图的视野中，珠江口在世界海洋中居于近乎中心的位置，在近代世界海洋文化到来的情况下，它是西方发达的资本主义世界进入中国最理想的地点。明中期葡萄牙人率先开到广东屯门海域，叩关求市，租借澳门岛，以后英国、西班牙、荷兰、法国、德意志、意大利等西方列强接踵而来，划分势力范围。第二个优势是由劣势转化而来的。这就是岭南在中国的边缘位置，它于古代的劣势，此时成为西方进入中国的优势。因为这里山高皇帝远，又具有最好的航运条件。而东海、黄海离中国的心脏太近，轻易触碰不得。所以葡萄牙人要的是澳门、荷兰人要的是台湾、法国人要的是北部湾。鸦片战争中英国人先是在长江口登陆的，但他们不要沪杭，却调转枪口打下广州，硬是要珠江口的小渔村香港岛，这是很聪明的。

珠江口由此成为西方向中国传播文化的首到之地。新教传教士在中国思想界开始了反向的"西学东渐"运动。岭南成为中国人开眼看世界的窗口，也成为西方先进的商品和野蛮的鸦片贸易的倾销之地。岭南近代民族工商业的发达，近代的思想启蒙，变革中国的北伐都在这里起步，使岭南成为近代中国的一个文化中心。历史的辩证法在这方疆域表现得淋漓尽致。

土地和海洋双重视野可以使我们认识到，岭南文化是陆地农耕文化与海洋文化的双重结构，这类似人类基因的双

① 谢文郁：《道路与真理》，华东师范大学出版社2012年版，第5页。

螺旋结构，紧密联系，不可脱离，分开了基因就断裂而不复存在。这是以往岭南文化研究中缺失的，本书试图补上这一课。

第三节　岭南文化的整体把握

上两节我们大致了解了岭南疆域是一个岭海一体的自然生态，它具有的资源、优势和特异性对于岭南人特异于其他地域的人的实践具有的价值和作用，岭南人的实践和成果也就是文化，需要从自然生态的双重视野来审视。但这不是岭南文化的全部，只回答了"什么是岭南文化"无数答案的一点点，就像说"龙虎凤"是岭南文化，粤绣是岭南文化，镇海楼是岭南文化，岭南诗派是岭南文化，广府文化是岭南文化，那么多的非物质文化遗产分别都能说是岭南文化，上节说的土地农耕文化也是岭南文化，海洋文化也是岭南文化。这些都还没有回答"岭南文化是什么"的问题。这是总体性的问题，需要文化哲学的总体把握。

一、从广义生态圈视野看文化

就岭南文化整体剖析和文化史的角度来说，不能将文化视为一个大口袋，什么都装进去，这是以往地域文化研究的一个惯常现象。地域文化研究追求的不是将大口袋装得满满实实，事无巨细，面面俱到，而主要是将自身区别于其他地域的文化特质、特征系统地挖掘出来，互相关联地展示出来；是将地域内种群、民众的共同的实践方式、生活方式、价值支柱、集体记忆和情感方式展现出来，从而区别于其他地域，展现这一地域的文化而非一般的文化。这就需要文化哲学的抽象、概括和总结。

文化哲学是20世纪兴起于世界的方法体系，是我们总体把握岭南文化的金钥匙。它是综合运用多种哲学方法和其他科学，包括社会科学和自然科学方法的体系，是具有多重视野的方法体系。本书主要运用的文化哲学方法，概括表述就是"六度思维空间"，就是系统哲学与生态哲学、辩证法和实践哲学、生活方式哲学视角、人的本性及本质力量的理论、价值哲学视角、文化传播学。[1]本书作为读本，不作专门的理论探讨，只将这些方法融入后面各章。文化哲学因其学科的普适性，涉及的方法还有很多，如生态学、人类学、文化地理学、历史地理学、史志方法和社会学等，对我们理解岭南文化都大有助益，后面各章的展开中贯穿着这些方法的精髓，不另述。

上面所说的岭南自然生态，并不会自动生成文化。即使我们完整地把握了自然生态，也还不能说明这方疆域中的文化是怎样生成的，它具有怎样的结构、本质和特征。本节集中于文化的生成和文化的结构。这需要生态圈的视野，要运用生态哲学和系统哲学的成果。这方面内容抽象，或感枯燥，笔者尽量简洁道来。

文化是人的文化，在人诞生之前没有文化，只有纯粹的地球生态系统，当代生态学一般称为"地球生态圈"。无人的地球生态圈是怎样的呢？

[1]　参见韩强：《岭海文化：海洋文化视野与"岭南文化"重新定位》，花城出版社2014年版，第131—161页。

它是一个花园。施里达斯·拉夫尔这样描述地球的成长：我们把时间压缩，将46亿年前太阳系形成时看成地球诞生之日，用1年代表5000万年，地球只存在了92年。这92年开初的32年，地球一片荒漠。当细胞开始繁殖的时候，地球之海出现了最早的生命的蠢动。又过了50年，地球82岁，才产生最早的动物和植物。在我们可确认的最早祖先出现前的2年，恐龙和大型爬行动物诞生；1年零7个月前，类人猿在花园中出现了。大约2周以前，发生了第一次冰河期，消灭了两极周围地区的森林和其他伴随的生命形式，改变了热带森林的分布和组成。仅在最后一次冰河期中间和以后，即过去的50000年以前或花园时间8小时以前，现代人类才开始在地球上繁衍。这时已被浇灌了92年的地球花园一片富饶和生机勃勃，热情地迎接大家庭的婴儿——人类。我们作为花园中的新客，在数小时前开始发展农业技术；5分钟前开始了工业革命。[①]

这个花园在动植物产生以后，遵循的是生物多样性以及平衡法则，生物之间、生物与环境之间的总体平衡规律，这是地球生态圈的根本规律，不平衡则产生现今地球生态圈濒临崩溃的状态。这种人类诞生前的系统也叫做"无人生态系统"，是狭义的生态圈。本书简称之为"自然生态"。

人的生成是地球发展史和地球生态圈改变的最大的历史事件，也是文化生成的关键。

从生态哲学的角度看，生态系统分为无人生态系统和有人生态系统两类。有人生态系统在原有生物与环境的关系结构中增加了人类，产生的是广义的生态圈，也可以称为"此

[①] 参见［英］施里达斯·拉夫尔：《我们的家园——地球——为生存而结为伙伴关系》，中国环境科学出版社1993年版，第5—6页。

在生态圈"，与狭义的"自然生态"区别开来。这个此在生态圈的生成和变化发展都离不开人及其实践。它分为两种。第一种是不以人为主导的系统，现代生态哲学称之为"荒野"或"原野"，它的基本面貌还是自然生态。上面笔者谈岭南地域时就称之为"岭南自然生态"。第二种是以人为主导的系统，即广义的"生态系统"，其中，人对自然生态的影响在许多地方、局部和时期甚至超过了自然对人的影响。

从地球生态圈变化的角度看，较高层次的农业文明后期开始，人就高踞于所有动植物物种之上，生态系统本质上已不是人类作为生物系统的普通一员与环境发生作用。因为随着人类总体数量的剧增，实践能力的提高和对世界（包括对生态系统和自身地位）的价值观念发生严重偏差，地球生态系统发生了巨大变化。近代工业革命使人类征服自然的能力空前增强以后，整个地球生态系统愈益以人类为中心，人以改造者、绝对征服者的面貌出现。严格意义上来说，此在生态圈已没有纯粹的不受人影响的生态子系统，臭氧层出现巨大空洞，甚至太阳系空间都飘浮着人类废弃的大量太空垃圾。现代生态系统已不是无人生态系统那种纯粹的自然生态。①西方思想家惊呼地球生态圈已濒临崩溃的边缘。

从系统哲学的角度看，此在生态圈有了人，它的构成从纯粹的自然因素变为自然、人和社会三大要素。这些要素本身又是具有各自特定结构的系统。系统的要素之间互相发生作用而生成该系统下一层次的子系统。现今地球生态系统三要素中，人与自然相互作用和价值耦合构成了人—自然子系统，就文化而言就是人创造的自然物质文化；人与社会的关

① 参见韩强撰：《凸显自然本性的新人文精神》，载钟南山等著：《人文新走向：广东抗非实践中人文精神的构建》，花城出版社2007年版，第245—272页。

系网络的价值构建构成人—社会子系统，也就是人创造的社会生活文化；但人并没有淹没在这两个系统中，人仍然自成子系统，称为人自身系统，在文化上表现为精神心理文化的小宇宙。像此在生态圈这样一个由大量子系统组成的复杂巨系统，由于各子系统间的相互作用和协作，在一定条件下就会形成具有一定功能的自组织结构。结构决定功能，这个结构在客观上就会由混乱无序的状态达到新的有序状态。这就是著名的"协同导致有序"原理。

三个子系统及其相互协同和作用，生成的是"此在生态系统"，地球生态圈就成为"自然—人—社会"的总体结构。就地球而言称为地球生态系统或地球生态圈，就文化而言就是人类文化的总系统，文化与地球生态圈是同构的。

岭南生态系统同时就是文化系统，所以北回归线上这少见的绿洲本身就是岭南文化。这给岭南文化研究另一个启示：岭南文化是由自然物质文化、社会生活文化、精神心理文化构成的系统。这样，下面的分析就可以生发出不同于和多于以往三分法的内涵，以往三分法是将岭南文化分为物质文化、制度文化和精神文化三部分。

自组织系统的本性和内在要求都是保持自身的平衡与和谐。上面三个子系统分别构成人与自然关系的平衡、人与社会关系的平衡、人自身各种因素的平衡，才能保持地球生态圈的总体平衡。处理这三大关系的人类实践上节已述，这里要着重指出的是，三大实践的成果表现为生态圈是否平衡，这是评价文化优劣的一个硬标准。

广义生态圈视野指向的三大平衡和总体平衡，用中国哲学的语言来说，是天道、大道。一个地域文化发展是否良好，要看它是否符合大道，符合的要褒扬，不符合的要反思和检讨。地域文化研究的一个重要任务是以古鉴今，汲古铸今，要把握和褒扬各个子系统中那些符合大道的文化创造和文化特色。所以地域文化研究不应将文化当成一个大口袋，什么都装进去，这是我们后面的分析着重于挖掘那些可贵的文化特色的理论根基。这些在后面展开。

这些方法的运用使我们对文化有了一个广义理解：文化是涵括了人与自然关系、人与社会关系、人自身内部关系的巨系统，是人类在生活和实践中创造的人自身及其与自然、社会总体平衡、相对统一的所有价值、成果和形式的总和，它本身就是一种生态系统，属于广义生态圈的范畴。

二、岭南文化的整体结构

综合运用上述方法进行总体性、纲要性的把握，岭南文化就是自然物质文化、社会生活文化、精神心理文化三个子系统相互作用而建构的总体系统。忽视将地域文化作为一个生态系统进行整体考察，或着力不够，都会影响对地域文化的系统剖析和整体把握。这三个子系统各有其特异之处，我们将前面的土地农耕文化和海洋文化的双重视野融入，观察它们如何形塑岭南文化的这三大结构或子系统，着重把握它们各自有利于广义生态圈的平衡和发展的那些可贵的特色。

1. 自然物质文化
剖析岭南文化中人与自然关系子系统，不仅要分析物质文化，还要分析其自然文化或生态文化的特色，两者统称为"自然物质文化"。

文化创造首先是在人与自然的关系中进行的。构成人与自然关系的价值要素是人、物质资源、生物环境、自然时空及其生态因素。岭南人利用外在自然生态的各种价值，生产出各种物质产品，生产的形式、产品的构成形态和历史过程中的发展变化，都属于物质文化。从上面我们看到，岭南人的物质文化创造因为岭海一体的环境，又分为土地上的农耕文化和海洋文化两部分内容。

在土地上，岭南人不是以粮为纲，而是开展生产粮食及果蔬等多种经济作物的农业、渔猎经济、养殖业、制造业、交通运输业和商业等多元化的经济，自古以来创造的是物质生产多元一体格局，与以粮为纲的中原传统农耕文化是大不相同的。

在海洋上，岭南人开展海洋生产、海洋交通及贸易和海洋文化传播的实践，创造了发达的船文化和海洋科技，开拓出中国海上丝绸之路网络的主线南海丝路，物质生产多元一体格局中经济作物种植和工艺制造等业态愈益占据大比重，就是海洋商业为主导而发展出来的。总的来看是特异于内陆地区，并与中国沿海各地域有所区别的。

自然文化上，岭南人创造了各种现代称为循环经济的物质生产方式，如桑基鱼塘、蔗基鱼塘、果基鱼塘就包含着生态智慧。岭南人注重保护森林，多样化的经济作物也有效地保持水土，他们注重保护和回馈自然的实践，保持着生态多样性的物质文化多元一体化结构，所以岭南这块土地没有像

珠江三角洲的围田

地球北回归线上不少地区那样成为沙漠，而是绿色完整地覆盖着大地。因此，笔者用一个没人表述过的判断来说，岭南自然文化的特征是绿色，总体呈现为北回归线上少见的绿洲这一文化成果。

以往地域文化研究多强调人类利用、改造甚至征服自然生态，创造出人工的物质成果，人是中心。这与认为实践根本上是人的生产实践，物质生产实践是第一位的这种传统的狭义理解相关。所以过去论述岭南文化多采用物质文化、制度文化和精神文化的传统三分法。不强调自然生态系统对于地域文化的前提地位和作用，是不可能揭示地域文化历史发展线索和本质特征的。站在广义生态圈的视野上，国家和地域的生态圈又与人的创造密不可分。人的创造既要有利于人，也要有利于外在生态圈，而且从根本目的和最终结果来说，只有对外在自然生态有利，才能有利于人，有利于生态圈的平衡。这是我们增加自然文化的原因。

物质文化和自然文化是两个不同的小系统，可以分开来阐述，但它们的相互联系和渗透、共同作用是不可忽视的。如上所说，物质生产的多元一体格局有效地保护了土地的绿色，即各种生态元素，自然文化又使岭南物质生产持续获得生态多样性的支撑。自然生态要素的减少如生物多样性的减少又是以经济作物占比很大为基础的，岭南人利用生态智慧，在现有基础上重塑或部分恢复生态，塑造新的自然生态形态，为后人留下了宝贵的、丰富多样性的自然遗产，岭南土地没有成为北回归线上的阿拉伯沙漠、印度沙漠，而仍然森林覆盖，珠江水没有出现黄河断流、淮河黑水那样的灾害，而仍然水资源丰富和可饮可用。这使我们不得不对先人肃然起敬！土地文化和海洋文化也是不同的子系统，所以上面我们分开来说，但两者的相互渗透、融合却不能忽视。比如岭南饮食文化中的美食，工艺文化中的各种产品，建筑文化中的构建，交通文化中的南海丝路、道路、桥梁、船只等，甚至岭南特出的花文化，都既有农耕文化也有海洋文化的内涵。

岭南物质文化和自然文化共同构成人与自然关系子系统，岭南人实践和生活创造的所有成果都可以概括在自然物质文化这个范畴中，其中处处渗透着农耕文化与海洋文化的内涵。各地域人们都是在自己所处生态环境中进行适应和创造的。岭南先民与其自然生态的各种价值相结合，使他们得以在岭海环抱、岭海一体的自然生态中生存发展，并始终在这一特定自然生态系统中展开新的生活和实践创造，在适合岭南"风水"的过程中创造出岭南人独特的物质文化，同时创造出具有自身特色的自然生态文化，分别表现出岭南文化的特异和海洋文化的本质特征。

2. 社会生活文化

地域文化是人与自然关系的系统，同时又是人与社会关系的系统。人与社会关系子系统是在人与自然发生各种关系的实践过程中产生的，是按一定的生活方式、组织、制度和道德规范等形式结成的，以各种群体，如家庭、宗族、社区、团体、社会组织、民族、阶层、阶级、集团、国家等结构及其相互作用构成的动态系统。所以笔者在1993年版《岭南文化》[①]的基础上，将人与社会关系这一子系统的文化概括为社会生活文化，分为社会文化和生活文化两个子领域和两种形式。

一是社会关系领域，包括个体与社会的关系，社会之间如宗族、民族、区域、国家间的关系，属于"社会文化"形式。社会文化的范围极其广阔，内涵十分丰富，用传统三分法中的制度文化范畴显然难以概括它。

二是作为个体的人，他的所有活动最基本的是为了生活，无须把人们的生活都理解成高大上。如一首歌所唱"为了生活，人们四处奔波"，这个奔波是文学语言，但可以让我们想象出它指向的自然物质实践和社会实践的各种内涵。生活所产生的文化现象都属于"生活文化"形式。生活方式是文化领域特有的内涵。文化关注人的生活方式，他在社

① 李权时主编，李明华、韩强副主编：《岭南文化》，广东人民出版社1993年版。

会关系中创造并保存下来的成果，以及这些生活方式和成果如何实现人自身的创造、繁衍和自我实现。不少哲学家从不同的角度看到了这一点。如郭齐勇就同时强调社会文化和生活文化："广义的'文化'概念，指人类在社会活动（非遗传、非本能）中创造并保存的所有内容之总和。或者说，是人类在其物质活动与精神活动的各种具体形式中的自我创造、自我生产；是人类为实现自身的本质、满足自身的需要、适应生态环境而创造出来的生活方式的过程和累积下来的物质与精神的成果。"[①]

岭南人的社会生活文化特异于其他地域文化，笔者概括为第四章所述的商业社会、平民和世俗社会、移民社会、华侨社会几种形态。这些形态都贯穿着生活文化的内涵，是岭南人特殊的生活方式及其文化精神所创造的，包含着家庭生活、宗族生活、族群生活、种族生活、地域生活方式的丰富内涵。社会文化与生活文化的相互渗透和共同作用，表现得很鲜明的有各种民俗文化、大量的非物质文化遗产等。岭南人的生活在历史过程中，先后经历了原始居民本根文化与百越文化互相传播和影响、汉越文化融合而以汉文化愈益占据主导地位、中西文化碰撞产生的现代文化形态、现代改革开放全方位文化融合等社会环境，各阶段的制度安排、文化的多元性和兼容，铸就了粤人特异于北方的生活方式和文化精神。这在第四、第五章中展开。

3. 精神心理文化

人自身子系统在以往地域文化研究中多概括为精神文

[①] 郭齐勇：《文化学概论》，湖北人民出版社1990年版，第16页。

化，其丰富内涵未得到充分阐释。传统的文化概念只看到人包含着人口、智力（技术）、劳动等与自然、社会相对的要素。于是两种倾向一直存在：或者，将人看作自然和社会的附庸；或者，人作为主体或中心凌驾于自然和社会之上。

从实践的角度来说，人自身首先作为环境中的个体是在与自然、社会和他人相互作用和控制中建构的。因为这种建构的关系，在生态系统的理解中，人就不是抽象的人，而是理解为"人自身"系统。人自身子系统又是个体内部各要素之间关系的系统建构，而这些要素并不只包含精神因素，而是个体生活实践中各种现实的价值及其关系的总和，包括自然和社会的各种价值因素于其中。这些要素内化为个体的精神和心理两类价值系统，生成了一个小宇宙。它不只包含精神因素，而且包含个体生活实践中各种现实的价值及价值观向着无意识、潜意识的方向生成的深层文化心理。所以笔者把人的内在要素的总和统称为精神心理文化，它分为文化精神和文化心理两个层面。人自身是在各个历史阶段形成的精神心理文化基础上展开他与自然、社会相互作用的活动。这些活动就是生活和实践的展开，同时又不断创造出新的精神心理成果，在新的基础上进行新的价值系统建构，包括调整和平衡等，从而使个体不仅保持自身的健全，而且得以展开新的生活和实践。

人自身与岭海一体的自然生态和特殊社会系统发生相互作用的实践和生活，生长出粤人特异的精神心理文化。在精神文化方面可以生发出与过往研究有所不同的角度和新的内涵。如将影响和作用于岭南自然物质和社会生活文化多样化发展的多样化的文化精神，概括为"价值支柱群"及其相互建构关系，包括三组价值支柱。一是敢为天下先引领的敢闯敢冒、动态求变和创新精神；二是海纳百川的"混血文化"所包蕴的开放、多元和兼容精神；三是重商、务实、变通的实践理性精神和粤人特殊的价值实现方式。这些都有利于阐释其不同于纯粹内陆农耕文化的整体精神传统。

粤人的文化心理不但丰富，而且有着许多区别内陆正统文化的特异性。对于岭南文化中那些看来不合内陆传统的人或事物，不能简单地否定或忽略，说成是"无文化"。而应放在岭南文化特殊的系统构成中，放在系统的各个历史形态中考察其价值。笔者将在第六章概述粤人文化心理的三个特异的方面，即海洋意识、粤人之根、"自外于国中"的文化心态；并展开粤人的非（农业文化）规范性、非（儒家）正统性和远儒性，在内陆文明的框架中它可能被视为异端甚至垃圾，或"无文化"，但在海洋文化中却极有价值，它利于展开海洋文化的多元价值建构，而不是单一的土地农耕文化。这里我们可以看到，文化精神与文化心理是互相渗透，高度黏合的，共同构成和不断产生文化创新的动力。这是岭南在近代和现代分别成为变革中国和改革开放先锋的深厚精神心理底蕴。

综合上面文化哲学多维方法和三个子系统的考察，我们可以得出岭南文化的总体概括：岭南文化是岭海人在自然物质、社会生活、精神心理实践中创造的人与自然、人与社会、人自身相对统一的成果和价值的总体系统。这是结构意义上的定位。

第四节　岭南文化本质特征的定位

在岭南文化结构定位的基础上，我们得以分别对岭南文化三个子系统的特质进行定位，然后进一步揭示岭南文化总体的本质特征。

一、岭南文化三个子系统的特质定位

笔者分别对三个子系统进行定位而不是泛泛而谈，因为自然物质文化、社会生活文化、精神心理文化三个子系统分别是在人与自然关系、人与社会关系、人自身内部各要素关系中产生的，领域不同，处理的关系和矛盾不同，是不同的实践。而且分别定位后，岭南文化整体的本质特征才是有根有据的，才能最后对岭南文化进行总体本质特征的定位。

下面笔者先简略概括岭南文化三个子系统的特质定位，在后面相应各章再详细展开。

1. 自然物质文化的定位

岭南自然物质文化需要重新定位。其一，以往人们总是在北方文化的视界和框架下定位，因而难免只看到岭南文化中的农耕文化在长时期内落后于中原的一面。而笔者认为，岭南文化在中华地域文化中不属于典型的农业文化，并未表现出典型的重农抑商的主流倾向，而是形成了以商业贸易特别是海洋贸易为主线的物质文化多元一体化格局，是土地农耕文化与海洋文化双螺旋结构的文化类型，是两者双重变奏的优美乐章。

其二，在这一格局中它不是一元化的走极端的文化，而是一种在农耕基础上开展多元化物质生产，同时高度重视多元经济作物种植、渔业经济、海洋经济，特别是海洋商业贸易的多元文化类型。

其三，它不属于中国正统的土地文化类型和内陆文化类型，它开拓中国海上丝绸之路的主线即南海丝路而重于世界和中国，表明它是中国典型的海洋文化类型，重海使其具有非土地文化、非内陆文化的本质特征。这一"非"字并不是"反"（反对、反抗、完全抛弃或截然相反），也不是完全没有正统的东西，这在农耕社会长期的中央集权制下是不可能的；而是强调在土地与海洋、内陆与海外、重农与重商、闭关与开放等方面，岭南文化相对缺乏中原的内陆重土观念，对正统或并不认同，或疑惑，或出轨，或打擦边球，缺少坚守正统的行动。岭南的海洋文化与内陆农耕文化常格格不入，产生很多异于和超出内陆农耕文化正统的成果，因而它不属于正统的内陆、土地、农耕文化类型，在中原统治者看来是"非我族类"。

其四，岭南至今仍然是地球北回归线上少见的绿洲，表明其文化是契合地球生态圈总体平衡法则的绿色文化类型，而不是征服自然的人类中心主义类型。

2. 社会生活文化的定位

我们主要从四种社会形态上看。多角度考察有利于总体性地把握岭南社会生活文化的类型和特质。

其一，岭南社会并非中国典型的农耕社会，而是一个特殊类型的商业社会。

其二，它并非典型的封建等级社会，而是具有鲜明的平民社会特质的类型。

其三，移民社会使得粤人多元杂烩，其思想和价值观念也多元糅合，在整个封建时代岭南社会生活文化并非儒家文化理想的典型，而是具有非规范性和远儒性等特性的社会形态。

其四，粤人并非固守于土地的种群，而是四海为家的海洋文化种群，华侨社会表明粤人社会是一个独特的类型。

岭南社会生活文化还具有一些地域特色，如重享乐、讲实惠的世俗风格，乐天知命、顺应自然的道家风范等。

3. 精神心理文化的定位

上面两个子系统主要从类型上定位，精神心理文化涉及的是文化的硬核，是粤人创造以上特异文化类型和形态的深层价值，主要是在性质上的定位。

其一，它不是封闭的，而是开放性的文化。

其二，它不是一元的，而是多元性质的。

其三，它不是独尊的，而是兼容性极强的文化。

其四，它不是保守的，而是具有强烈进取精神特质的文化。

其五，它不是求稳的，而是敢于率先闯荡四大洋的极具冒险精神的文化。

其六，它不是守旧的，而是敢为天下先，富有创新精神的文化。

其七，它不是静态守成的，而是动态求变的。

其八，它不是强于务虚的，而是强于务实的文化。

其九，它不是凝固的，而是强于变通的"精恧"文化。

岭南文化的其他性质在第六章还有涉及。

二、岭南文化的本质特征

在对三个子系统的定位的基础上，能不能进一步概括出岭南文化的本质特征呢？本质特征首先属于岭南文化这一整体，其次是在与其他地域文化的比较意义上说的。

上面三个文化子系统的特质都源于海洋文化，岭南文化整体结构区别于中华各地域文化的主要特色和定位主要源于海洋文化，用内陆重土重农文化或流域文化的框架都难以准确定位。比如，我们看物质文化的多元结构，岭南经济作物生产重于粮食生产而致缺粮，就主要是由海洋商业贸易推动的。社会生活文化中华侨社会、商业社会、平民社会等都与海洋交通、贸易和海外文化的传播密切关联。精神心理文化的多重定位，其性质从根本上说不是内陆文化而是海洋文化的，开放、多元、兼容等，都典型地表现了粤人的海洋意识。包含这三个子系统的岭南文化整体，其本质特征用海洋文化来概括，应是合理的。

过往对岭南文化本质特征或特殊本质的概括可谓百家争鸣，如岭南文化是一种感性自然的原生型文化，岭南文化是一种包容性的移民文化，岭南文化是一种商业文化，岭南文化是一种原生型、多元性、感性化、非正统的世俗文化等，都是当时研究的新成果，有着重要价值。

但从岭南文化这个由三个子系统构成的系统看，这些概括都还是局部的。移民文化的概括只适用于社会文化子系统中社会文化的一个方面，不能涵盖其他社会形态；包容性的定语包含精神文化的特质兼容性，但其他精神特质却没有涵括。商业文化的概括适用于物质文化和社会文化中的一些领域，但并不包含农耕生产、海洋生产、生态保护等，也不能涵盖移民社会、华侨社会、平民社会等形态。世俗文化的概括主要集中于社会生活子系统，物质生产、自然保护、精神心理文化的许多方面都难以用世俗来涵盖。岭南文化的世俗性背后还有更深层的原因，那就是海洋文化带来的广泛和深入交流，在近代海洋文化时代带来大量资本主义因素后形成了市民社会、平民社会，加上商业社会的发达，世俗性才发育出来。世俗文化是相对于精英文化来说的，这在与文化中心的北方尤其是中原的比较中有其意义，但明代后，江南和其他沿海地区都不同程度地出现资本主义的萌芽和近代生活方式，世俗化并非岭南文化的专利和特长。所以我们认为，岭南文化本质特征的概括必须挖掘出贯通三个子系统特殊本质的深层根源和内涵。

上几节的视野为我们提供了挖掘这个深层内涵的根据。在生态圈和系统视野中，我们看到岭南的自然生态是岭海一体的，海洋是陆地的近9倍，这使岭南海洋文化的比重很大。从岭南人的实践看，农耕实践与海洋实践的双重视野，显示出它明显区别于内陆地域人们的实践。土地农耕文化和海洋文化的双重视野中，岭南拥有的海洋面积之大、海岸线之长，它在世界航路近乎中心的位置，使粤人最早开拓了中国海上丝绸之路的主线南海丝路，近代更率先展开与西方文化的全面碰撞，岭南海洋文化的发展是中国其他沿海地域不可比拟的。所以说，地域文化之间的比较凸显了岭南文化的本质特征，它不是重土文化，而是重海文化。

海洋文化作为本地域文化的本质特征，这一定位还须从其历史发展的线索进行考察，论证海洋文化贯穿于各个历史阶段，是其发展的主线和经脉。岭南在商代以前的独立发展期就并存着土地农耕文化与海洋文化，旧石器文化就同时在南岭山地和南海边发育。以后的发展，海洋的因素愈益增厚，在百越文化圈期就基本形成了包括土地农业与海洋生产的多元物质生产格局，并已有初期的海洋贸易。到汉武航线和唐宋广州通海夷道，岭南海洋文化之发达非中国其他沿海地域可比，形成了上面所说的以商业贸易特别是海洋交通贸易为主线的物质文化多元一体化格局，已凸显出岭南文化在一些方面重于世界，重于中国的特征，全面影响和强烈作用于自然物质文化的其他方面，以及社会生活文化和精神心理文化。尤其是进入世界海洋文化时代，岭南近代风起云涌的变革撼动神州，现代率先改革开放，其主线和动力都是海洋文化。这在下节历史地位与现实地位的阐述中，我们可以看得更清楚。

第五节　从边缘到主流：历史与现实的双重定位

评价一个地域文化的地位，不能将它看成一成不变的实体，而应看成一个不断生长、变化的生命体。上面所述岭南文化的结构、各子系统的特质、整体的本质特征还必须置入历史长河中，运用历史与逻辑相统一的方法论观察它的成长，发现其中的逻辑或规律，当然最好同时还掌握它所有细微的变化，就像我们关切自己的孩子慢慢长大一样。

岭南文化的慢慢长大经历了从12.9万年前马坝文化到现代文化的漫长过程，考察这一动态过程可以发现，这是一个从中华汉文化体系中的边缘型文化发展为主流文化之一的过程。岭南文化对于中国和世界的贡献，它的地位的确定需要历史与现实的双重定位。

以往岭南文化研究多注重内陆农耕文化的框架，试图在此框架内尽量多地揭示岭南对中华的贡献，但在与内陆农耕文化发达地域的比较中，岭南不少方面显示出后进，岭南文化的价值、它的历史地位和现实地位就变得微不足道，于是边缘论产生，不分历史阶段地将岭南文化定位为中华汉文化体系中的边缘型文化。

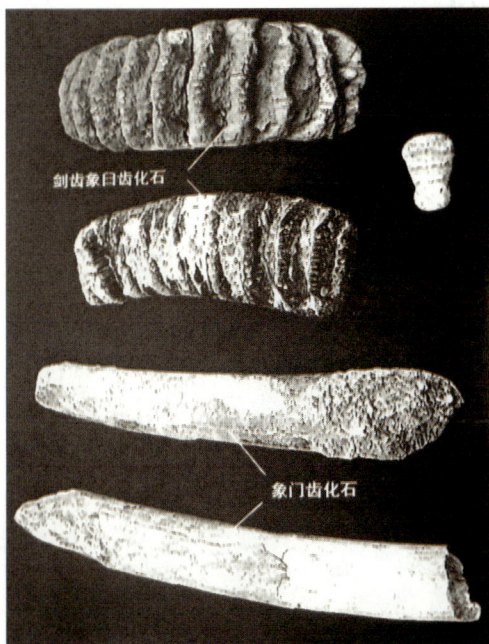

剑齿象臼齿化石

象门齿化石

狮子岩发现的与马坝人化石伴生的象牙化石

这是将岭南文化置于北方文化视野中的产物，同时是历史"形而上学"思想方法的结果。

一、边缘文化与主流文化

主流文化是什么意思呢？它标示的是一定历史时期中占据主导地位，深刻影响和作用于社会各方面及其发展趋势的文化模式。就地域文化来说，主流文化指中华文化中的一种或几种文化模式，在某一时代或多个时代中，它的文化成果包括文化精神、价值观念，深刻地影响了其他地域乃至核心区文化，甚至强烈作用于中华文化在特定时代的历史变革和发展方向。中国汉文化史从三皇五帝始，主流文化是以中原文化为代表的北方文化，大致从隋唐始，至迟到南宋，江南文化逐渐成长为与北方文化并驾齐驱的两大主流文化之一。

边缘型文化是什么？其一，它是与主流文化相对的概念，主流文化于政治、经济和社会发展之重要性反衬出边缘文化。其二，它反映出一个地区在国家中的地理位置处于周边地带。其三，它一般是在农业文明时代的语境中说的，在全球信息化时代，难言边缘。

我们考察岭南文化的发展，将它看作一个动态的结构。第八章将它分为五个不同的时期论述，各有相异的文化轴心。独立发展期从12.9万年前的马坝人至商初，文化轴心是本根文化。百越文化圈期从商初到秦征并岭南，文化轴心是百越文化。汉越文化融合期从秦到清中叶乾隆帝只留广州一口通商，文化轴心是岭南各越族与中原汉文化的逐渐融合。

中西文化碰撞期从乾隆年间到20世纪前期，文化轴心是中西文化碰撞。现代化开放时期重心在新时期，文化轴心是改革开放。历史有着强大的逻辑，这全部史实里就蕴含着岭南文化从边缘走向主流的全部奥秘，需要分清历史阶段，进行历史地位和现实地位的双重定位。

岭南人的陆地农耕和海洋的双重实践决定了它们在不同时代有相异的定位。岭南农耕实践和文化与海洋实践和文化的比重、分量在古代、近代、现代区别显著。

二、古代历史的边缘文化定位

古代社会横跨岭南文化的独立发展期、百越文化圈期和汉越文化融合期，是中国大陆土地农耕文化占据主导地位的时代，海洋属于次要领域。岭南处于这个大陆最南的边缘，阻隔险峻五岭，农耕文化的发育比内陆要落后得多，相应的社会组织制度和精神文化在许多方面都是后进的，属于接受岭北特别是中原文化传播的阶段。岭南海洋文化虽然发育最早，在汉代到唐代就已因海而重于世界和中国，但主要限于海洋交通、贸易和一些文化传播领域中的"重"，对于国家的政治、经济和社会体系并非重中之重。梁启超有一著名的"鸡肋说"："故就国史上观察广东，则鸡肋而已。"[1]历史上统治者食之无味，弃之可惜，始终视之为南蛮之地和边缘文化。不然岭南的交趾郡也不会在南宋时准其独立建国，成为后来的越南了。所以对近代前的岭南文化做历史定位，它属于中华汉文化体系中的边缘文化，有其合理性，当然不

---

① 《饮冰室合集》，第92页。

能忽视它的贡献特别是海洋文化的先进之处。

三、现实的主流文化定位

近代进入世界海洋文化时代,情况就与农业时代大不相同了。从乾隆时期无力应对海外强劲冲击,关闭其他三口,只留广州一口通商开始,西方列强更携坚船利炮,强行输入海洋文化的各方面因素。在近代中国,岭南成为中西文化碰撞最早和最为激烈的地域,对中国产生了三大效应:它是中国人开眼看世界的窗口;它成长为中国思想启蒙的摇篮,产生了岭南近代思想家群体和变革中国的主流思潮;它成为变

广州军民欢送北伐军

革中国的策源地和中心，粤人洪秀全、康有为与梁启超、孙中山领导三次"北伐"，强烈震撼了古老中国这一睡狮。中国大陆文化传播由北向南的历史旋律在此期反向转折为岭南文化向北的强劲传播。岭南文化确立了作为近代中国与北方文化、江南文化并列的三大主流文化之一的地位。

现代化开放时期是岭南人海洋文化悠久传统被充分唤醒的时代。现代化开放实质是向海洋开放而不是向内陆开放。全方位向世界开放，岭南重新融入世界海洋时代，全面吸收西方进步的文化，作为"排头兵"深入地进行前无古人的经济体制改革、社会组织管理体制改革，政治体制也做了相当大的调整和完善，促进了生产力的迅猛发展，广东迅速成长为第一经济强省。"广东奇迹"深刻影响着当代中国文化的主要方面，包括自然物质文化、社会生活文化、精神心理文化的许多领域。如向内陆输出新奇的广货和商业文化，传播各方面体制改革的经验，输出了新的生活方式，传播着敢闯敢冒、多元、开放、兼容、动态求变等文化精神。文化精神向内陆的强劲传播，改变着农业中国的各种传统观念，冲击了旧体制，这是对于中国极为重要的贡献。所以总起来说，新时期至"新时代"，改革的不断深化是在不断扩大开放中进行的，其贯穿的主旋律是岭南海洋文化的发扬和不断创新，它深刻影响着当代中国文化，继近代后再次崛起为主流文化之一，与北方文化、海派文化三足鼎立。

近代和现代是中国人追求现代化，推动中华民族伟大复兴的时代，这一过程是绵延的，至今没有完结，都属于现实的范畴。所以我们需要对岭南文化的地位进行双重定位：

在古代历史的范畴中，岭南文化是边缘文化；在现实的范畴中，岭南文化是中国汉文化体系中的三大主流文化之一。

第六节 "岭南文化是什么"问题的总结

上面五节综合运用多种方法，产生多重视野和视角，在前人研究的基础上对岭南文化做了多重新的定位，我们就可以对"岭南文化是什么"做出总体概括：岭南文化是岭南人本质力量的外化或对象化，是岭南人在岭海一体的疆域和独特自然生态中，通过具有特异性质的海洋文化实践和土地文化实践所创造的自然物质文化、社会生活文化、精神心理文化所有成果和价值相对平衡的总系统，是在中华汉文化体系中从边缘型文化走向主流文化之一的历史过程的总和。

这个概括包含了多重定位。第一，从文化的本质上说是岭南人本质力量的外化，这个外化包括三个重要的方面。首先，岭南文化是粤人本质力量对象化于外在的自然生态和社会生活的所有成果或存在物。其次，本质力量外化的活动就是岭南人的自然物质实践、社会生活实践和精神心理实践的总和，这些实践又是海洋文化与土地农耕文化的双螺旋结构，海洋文化在发展过程中逐步占据主导的地位。再次，岭南人的本质力量是不断生成、变化和丰富的，不存在一成不变的岭南人的本质力量。实践是人的本质力量的对象化，但同时是生成不断变化的人的本质力量的动力。从独立发展期的本根文化、百越文化圈期的百越文化、汉越文化融合期的汉文化、中西文化碰撞期和现代化开放时期的中西文化融合，五分期串联起来看，是岭南人从原始居民长成为越人的过程，从越人长成为汉民中的粤人的过程，从本土内陆价值为主导的粤人长成为海纳海外文化价值的近现代粤人的过程。也就是说，粤人是在逐步将本根文化、百越文化、汉文化、海外文化熔于一炉的过程中慢慢长成的。这一过程同时是粤人海洋文化意识和传统不断生长壮大的过程，所以岭南文化本质的特征、特色或特异于中国其他地域之处在于海洋文化。

第二，从文化所概括的范围来说，它不是纯粹陆地的概念，而是海洋远远大于陆地，是岭海环抱、岭海一体的自然生态，岭南文化建基其上，必然产生特异于中华其他地域的文化。

第三，因为这种特异的文化传统，它的文化地位需要历史与现实的双重定位：在古代它一直是边缘型文化，而在海洋文化时代到来后，它得以两度崛起为主流文化之一，整个岭南文化发展呈现出从边缘走向主流的线索。

第四，从文化的性质上，它是土地与海洋双重变奏中以海洋文化为本质特征的双螺旋结构文化类型。

第五，从存在状态上说，岭南文化是一个相对平衡的生态系统。动态地看，人与自然的平衡、人与社会的平衡、人自身内在的平衡，这三大平衡不仅是人的本质力量外化于自然和社会的实践的历史过程；同时又是将自然和社会所包含的因素和总体平衡的本质向内化为价值系统，建构起独特的人自身，即外在的自然和社会因素向着人生成的历史过程。粤人的本质力量在岭南这个此在生态圈的循环和辩证的运动中历史地生成，这是历史的宏大逻辑所决定的。它总体达到的是人与自然、人与社会、人自身相对统一，总体平衡的成果和价值的整体生态系统。在地球生态圈总体平衡的视野中，这个总体成果呈现为至今保持着旺盛生命力陆地绿洲，仍然具有强劲活力的南海，总体协调的社会生活，相对谦和而又敢闯敢冒的粤人。这真值得我们惊叹和骄傲！我们要尊敬和珍视先人和他们的智慧，他们的实践和生活，从中发掘出对当今实践有用的智慧。我们了解文化，研究文化的目的不正在于此吗？

这些概括实在有些抽象，但总体把握岭南文化，又不得不为之。请大家接着看后面分别展开的各章，或可获得更多感性的、具体的、形象的感受和认知。

第二章

岭海环抱中特异的自然物质文化

人类实践不仅创造出传统所说的物质文化，还创造出自然文化。

本章概述物质文化，因篇幅所限不可能全面展开全部领域，而重在从文化哲学角度进行纲要性把握，通过对岭南自然生态系统的特殊性质的分析，挖掘在此基础上岭海人自然物质实践最有特色的方面，并在总体上把握其物质文化区别于中国其他地域的风貌和独特性质，揭示早在百越文化圈期，先民就形成土地农耕文化传统与水文化和海洋文化传统并存和协调发展的物质文化结构。本章涉及农林牧副渔等和海洋生产、产品及其流通、交通和海洋航路等物质文化的门类。建筑、工艺、饮食等门类内容较多，单列为下一章。第一章概括的物质文化格局三方面定位，非正统性、多元性、海洋文化的非土地非内陆文化性质，在本章分别展开。

自然文化也称自然生态文化，既包括利用、改造自然而创造物质文化的内容，也包括保护、回馈自然的生态实践，两者的辩证建构使岭南呈现出绿色文化的连续传承。全球北回归线上这一片少见的绿洲应该看作岭南自然文化的巨大历史成果，表明岭南文化属于绿色文化而非灰色文化类型。

第一节　岭海环抱：岭南自然生态系统的表征

在现代条件下，对自然环境不能再像古代乃至近代那样，仅抓住其一两个特征，而应作生态系统的把握。对本地域的自然生态系统描述不准确、不全面，就不可能对该地域人们的实践及其所创造的文化进行全面、系统的概括，从而无法把握其总体和本质的特征。

一、自然生态系统的要素分析

上一章说到，岭南疆域显现为岭与海环抱这一总貌。要充分了解这个不同于中国其他地域的自然生态系统的结构，需要同时重视和把握系统中的四大要素，它们各自所起的作用、相互之间的关系，以及它们对本地域先民自然物质实践及其人文的影响。

1. 五岭

关于"岭"，历来有南岭之说和五岭之说，两说各有优势。从地理分界来说，五岭之说比较明确。在生态系统的分析中，又应以南岭作为整体的要素。五岭对岭南气候乃至整个生态的影响主要表现为三个方面。一是在自然地理上，五岭是南亚热带与中亚热带的分界线。二是对北方寒潮起屏障作用。五岭总体呈东西走向，山岭重叠，多高达千米，粤湘交界的石坑崆山为广东最高峰，海拔1902.3米，构成了冷空气南下岭南的天然屏障。屈大均说本地域"北风多而不大寒，以山火盛也"，正是五岭的功劳。三是对海洋暖湿空气的抬升作用。南岭山脉万山重叠，向南海一路倾斜，在广东最为典型。"广东的地势是北高南低，大致为一个由北向南伸向海洋的大斜坡"，"粤东主要有莲花山、罗浮山等，粤西有天露山、云雾山和云开大山，这些山脉呈东北—西南走向，有利于来自海洋的暖湿空气抬升而致雨，使之在粤东、粤西和粤中形成三大暴雨中心"①。加上南岭山地无间断，森林密布，涵养了丰富的水源，河流众多，使得岭南地区水源十分充沛。海洋暖湿气流既使本地域气候保持湿润，又常致暴雨成灾，对人们的生产实践起着双刃剑的作用。而北方寒潮与南海暖湿空气的共同作用，使岭南气候变化快，但总体上保持着四季如春的特色，对本地域动植物的生长、生态多样性起着积极作用。

五岭对本地域先民自然物质实践的作用是很显著的。险峻的五岭是中国一条重要人文地理分界线，形成五岭以南特异的地域原创文化，而区别于岭北的湖湘和江西文化区，更强烈区别于中原文化。古代交通相当不便，跨越五岭十分艰辛，双向的文化传播非常困难，严重影响了岭南社会经济的发展，故长期被视为化外之地，岭南人归入南蛮。另一方面，本地域成为世界海洋文化史上一个重要的发祥地，五岭阻隔使濒临海洋的古岭南人，主要是南越族和骆越族人，至迟在秦汉前的百越文化圈期（商代至秦）②就向南边海洋开辟了另一条出路，创造出中国最早的海洋文化；秦汉后更因开拓出中国海上丝绸之路网络中的主线"南海丝路"而在历史上重于世界和重于中国，"岭"所造成的文化劣势反而转化为"海"的文化优势。

2. 南海

350万平方公里的南海大部属于南亚热带海洋，它形成特有的季风气候对岭南生态系统的调节作用十分显著，一年

① 梁必骐主编，叶锦昭副主编：《广东的自然灾害》，广东人民出版社1993年版，第13页。

② 参见《岭南文化（修订本）》第四章。

中有约半年时间频繁生成热带风暴、强热带风景、台风，带来充沛的雨水，调节高温，清洗被污染的空气如废气、粉尘等。南海边滩涂密布，红树林对陆地生态的保护和生物繁衍及进化作用，使本地域尤其是广东的海洋生态优良，在全国独具特色和优势。岭南的主要区域广东和广西成为地球北回归线上少见的绿洲，还与海洋的关系十分密切。南海东朝太平洋，沿北回归线直到中美洲的墨西哥中部，中间无大陆阻隔，可谓"一马平川"，海洋性气候特征和作用十分显著。上面提到，这与五岭相互作用，形成了本地域丰富的雨水与江河资源，利于植物的生长。

岭南地域约40万平方公里的陆地，却拥有350万平方公里的南海水域，海洋资源之丰富非其他地域可比，为岭海先民独特的自然物质实践创造了优越的条件，发展出发达的海洋渔业、养殖业和海鲜文化等物质文化方式，其海外交通贸

南海神庙"海不扬波"牌坊

易更使其古代时就重于世界和中国。

3. 北回归线

北回归线是热带与北温带的分界线，穿越中国境内台湾、广东、广西、云南四省区，在岭南有四座标志塔：汕头的南澳岛、广州从化、肇庆封开和广西桂平。它对岭南地域的生态系统十分重要。岭南基本上是热带、亚热带季风气候，夏长冬短，日照长，热量大，年平均气温19℃—20℃，四季如春。受海洋暖风气流的调节，气候温暖，雨量充沛，大多数地区年雨量在1500毫米以上，植物生长旺盛。海南岛更是处于热带，热带作物品种众多，不少为古代中原稀罕之物。这为岭南人发展多样化的经济作物，创造多元性的物质

汕头南澳岛上的
北回归线标志塔

产品奠定了基础，是岭南物质文化多元一体化格局形成的重要条件之一。

4. 珠江水系与岭南河流

珠江是中国的第三长河，按流量为中国仅次于长江的第二大河。珠江作为水系，广义理解是主要由三江及其支流汇合而成的河网。珠江干流长2214公里，发源于云南的马雄，经贵州进入岭海之间的广西和广东，至广西梧州以东纳桂江始称为西江。北江干流长468公里，源出江西，入广东南雄称浈江，至韶关与武江汇合后始称北江。东江源出江西，干流在广东东莞石龙镇以北长520公里。西江、北江和东江既分又合，形成纵横交错的珠江水系，河网支流稠密，冲积为

韩江潮州市内段

珠江三角洲平原。

岭南河网密集。粤东的韩江长403公里，与榕江、练江、龙江、黄岗溪、螺河等众多河流一起构成密布于广东境内的第二大冲积平原——韩江三角洲的河网。粤西有鉴江、漠阳江等。广西有南流江、钦江、防城河等。广西河流937条，河网密度为0.144公里，是全国河流密度较高的省区。其河流分属西江水系、长江水系、独流入海的河流三个系统。

岭南地域河流众多，流量丰富，终年不冻，水利资源十分丰富。这为先民开展种植业、养殖业、渔业、造船和水运创造了优越的条件。珠江水系既连通中国内陆，又具有珠江八大出海口，良港众多，便于连通海外，这使岭海人的自然物质实践特异于其他地域。

二、岭南自然生态系统的主导因素

自然生态系统的这四个要素，或缺其一都不能成就这一中国独特的生态系统，不能发育出这一富于地域特色的原创文化。岭南生态系统是这四要素综合作用的结果，但各要素所起的作用不同，其对系统总体功能的发挥和提升，地位是不等同的。岭与海的共同作用是本地生态系统形成的主因。就自然生态内部各要素的相互作用和依赖关系来说，岭与海起的作用是相对独立的，并不依赖北回归线和珠江；相反，北回归线和珠江发挥出良性的生态作用则依赖于五岭和南海。

拿北回归线来说，它对该地的生态作用是正面的多，还是负面的多，要看处于北回归线地区具体的生态环境。世界上北回归线附近的陆地不少形成了沙漠。典型的如撒哈拉沙漠、阿拉伯半岛沙漠、印度沙漠，动植物和人类生存环境相当恶劣。降水量稀少与两个因素相关：少有高山屏障北方大陆寒潮的干燥气流，又离大洋较远，少有夏季暖湿气流。

中国的北回归线地区条件则较好。岭南地域夏季吹的是太平洋向大陆的东南风，带来大量的暖湿气流和雨水，冬季则是由大陆吹向海洋的西北风，气候虽也干燥而寒冷，但经五岭阻隔，其力度大大减弱，加上时有从赤道吹来的海洋热流调节，岭南又冬无大寒。也就是说，岭与海的共同作用调节了岭北来的西北风与太平洋吹来的夏季东南风，使本地域全年和一天内气温变化比较小，山和海共同形成的世界最典型的亚热带季风气候分布区，铸就了岭南优良的生态系统，孕育出一套热带亚热带森林土壤系统及相应的热带亚热带植物区系，农作物品种繁多，瓜果遍地，呈现四季常青的生态优势，在农业社会必然成为人类安居乐业的福地，是中古时期中原战乱逃向南方的人群梦想所归之地。

北回归线是处于岭海之间的中轴，属于"岭海之间"的一个范畴。它不能影响南岭山脉和南海，相反，其对动植物和人类生存的良性作用则依赖于岭与海的共同作用。历史上产生的以气候特征为主命名的地域名称，如炎洲、炎海、炎方、炎徼等，都不能成为主流名称，在历史上存在时间短暂，原因就在于并未标示出自然环境系统的主导因素。

珠江在岭南的水系形成及其生态作用，也依赖于岭海环抱的自然环境，是山与海共同作用的结果。珠江水系三大主流西江、北江和东江涵养水源的作用，都与万山重叠的，覆盖着茂密原始森林的南岭山脉有关。来自南海的暖湿气流因南岭山地的抬升，与西北季风交锋，在粤中、西、东均形成暴雨区，岭海之间的江河长年水量充足。珠江水系富水，河网扇形分布，较均衡，还与南岭山地的地貌和台地较为平缓有关，至南海边地势更为平缓，形成肥沃的三角洲水网和平原，造就了先民生存和发展的良好环境。屈大均有"海门"条述珠江各出海口："自虎头而入为滥口，次曰大滥，又次曰二滥，至滥尾则为波罗之江。予家在其上，终岁间南风多，而不大热，以海水盛也；北风多而不大寒，以山火盛也，盖得安居之乐焉。"[1]"山火盛也"是南岭地气和五岭屏障西北寒流所致，"海水盛也"则点明南海及太平洋调节气候的作用。在自然科学特别是生态学尚未发达的清初，屈氏运用岭南传统风水学说描述珠江流域生态的形成和优越之根源，竟与现代生态学结论不谋而合。

古人看到这一点是睿智的。因此历史上从未以珠江作为本地域文化的主概念。珠江作为一个贯穿云南、贵州、广西和广东的生态系统要素，远超出本地域的范围，并非纯粹对岭南地域生态系统的描述。珠江主干从云南发源流至南海，生态上分为相对独立的两种系统。西南云贵地区冬天吹东北风，夏季吹来的是印度洋西南风，而且离大洋较远，海洋气候影响并没有岭南那么显著；而岭南地域冬天吹的主要是内陆西北风，夏季吹太平洋东南风，海洋气候影响直接而且非常显著。这使珠江主干上形成了两个不同的生态系统，发育

---

[1] 《广东新语》，第31页。

出各异的植物区系和动物种群，继而物产和人们培植的作物也大不相同。所以，珠江作为岭南地域自然生态主导因素是缺乏理据的。

上面的逐层分析说明本地域自然生态系统具有四大要素，北回归线和珠江依赖于岭和海这两个主导要素。如何概括岭南整体的自然生态系统呢？

历史上有专言"岭"诸概念如岭外、岭表等，标示"海"的概念如南海、粤海、炎海等，均只强调了其中一要素，并不能全面反映本地域生态系统的总体面貌及其人文意义。

另一种概括是"岭海之间"。古有"山海之间""岭海之间"的表述，是一种直观的描绘，而且南海与五岭都只作为边界，表示五岭和南海之间的陆地，并没有将南海包含在内，不是生态系统的总体描述和概括，它反映的是农业社会的重土观念。

岭海环抱包含的意义则丰富得多。一是岭海之间的陆地，即单就陆地总貌来说，是岭与海包围着的土地最宽范围。二是包含南海这大片海上沃土。"岭海环抱"的概括，并不只是将五岭和南海作为边界，而是将两者面积都包含在内。三是岭海环抱中，分布着珠江水系，横贯北回归线。五岭、南海、珠江、北回归线，四者作为系统要素相互作用，共同构成本地域完整的生态系统，其总体面貌应用"岭海环抱"进行表征。

"岭海环抱"这一生态系统总体面貌的概括利于反映本地域文化发育中"岭海一体"的特征，与专以岭为言诸概念比较，岭海环抱、岭海一体展现出本地域陆地面积仅约40万平方公里，南海水域却达350万平方公里的特殊图景，而不是农业文化传统中偏于一隅的狭小土地。

这样，岭南也可以称为岭海，岭南文化与岭海文化两个概念是同一的。后文笔者遵约定俗成，对整体文化用"岭南文化"概念，但在自然生态的表述中也用"岭海"，对本地域人也称"岭海人"。

三、自然生态决定自然物质文化的形式和特色

岭海一体不仅反映本地域自然生态系统的本质特征，而且反映其决定着的先民自然物质实践的历史面貌。岭南自然物质文化分为两类，分别表现出岭南文化的特色。

第一是物质文化。岭南先民依托南岭山地、肥沃的三角洲和北回归线共同造就生物多样性，发展多样化的经济作物和粮食生产，同时凭借南海和珠江水系的独特优势，创造了以商业贸易（汉武之后主要是海洋商贸）为主线的物质文化多元一体化的格局。这一格局在中国传统农业社会中是很特殊的类型。其中经济作物和海洋生产占据相当大的比重，其海产在先秦便以奇异、多样、珍贵而闻名中华。深刻影响岭南文化创造的因素是海洋，海洋文化是岭南文化的一条主线。岭海人以这么小的陆地而面对如此浩瀚的海洋，海岸线、岛屿、港湾和滩涂均为全国之最，其自然物质实践当然就大异于内陆和其他濒海地域。

这里产生一种自然文化与物质文化密不可分的形态即

"南海丝路"。岭南人不仅进行着海洋生产，而且最早开辟出"先秦南海商路"，经过"汉武航线"，发展出"广州通海夷道"而重于世界，继而才有郑和下西洋这海上丝绸之路的发展高峰。这是中国海上丝绸之路网络中的主线，笔者将其统称为"南海丝路"。南海丝路不应纯粹视为物质文化，它是一个海上航线的网络，也属于自然文化的范畴，是利用自然的一个文化成果；它固然承载了物质及其交换和贸易，这方面可归入物质文化范畴，但它更重要的是中国与世界的交通和文化传播，包括社会生活文化和精神心理文化的相互影响和作用，所以南海丝路不仅是自然文化与物质文化结合的文化形态，而且是属于广义文化的范畴，最为典型地表现出岭南文化的海洋文化特色，是其"重于世界"和"重于国中"的基本支点。

第二是自然生态文化。岭南文化在其建构过程中，不仅利用和改造自然物质而创造出物质产品，而且此创造过程深刻影响并强烈地作用于岭南自然生态系统的建构，不断改变和创造出各时代有所差别的自然生态系统。这两种建构辩证地并存于历史过程。不能仅从征服自然、改造世界的角度看待文化，还应重视挖掘生活、实践的历史长河中岭南人回馈自然、回馈世界的内涵，注重自然遗产、自然生态保存至今的文化意义。利用、改造自然与保护、回馈自然的辩证建构使岭南自然物质文化呈现绿色文化的一条历史线索。当我们端详世界地图，地球北回归线地区大都成为沙漠，岭海地域却是少见的绿洲，这一宏观视野使我们不应将这片绿洲仅仅看作纯粹自然的存在，它本质上应该视为岭南人自然生态文化的巨大历史成果。

下面笔者分别概述这两类文化。本书宗旨在于梳理出岭南文化的纲要，突出海洋文化主线，在自然物质文化方面重点放在突出其区别于国内其他地域的特色。

第二节　物质文化多元一体化格局

岭南物质文化包括岭南人利用生态资源和改造自然而创造的各种物质资料、生活资料和财富。岭海一体的自然生态决定先民开展的物质实践的特殊性及其独特的物质文化。相对中国其他地域文化，岭南物质文化最为突出的特色在于物质文化的多元一体化格局。这是一个包涵性很大的概念，岭南物质生产的所有门类都包含在内，如农林牧渔、制造业、商业、交通运输等，还包括建筑，服饰，饮食，日常用具如陶瓷、工艺品等衣食住行用等在内的物质生活。这些方面都不同程度地体现了多元化的特点。本节不可能展开详述各门类，而主要从几个大的方面概述其特征和积淀。由于岭南有着漫长的南海海岸线与珠江水系和江河共同构成的便利的水运、海运网络，这些多元并存的物质文化与自古就较发达的商业贸易和海洋交通贸易相互作用，相互促进，形成既多元又一体化的格局，即多元的物质文化统一于商业，中心线索是海洋商业文化。由此形成中国最早和最为典型的重商文化特色。物质生产多元一体化格局又使岭南形成了物质生活的多元化发展特点，这以明末至近代最为突出。

故此岭南物质文化应定位为：在中华地域文化中它不是正统的重农抑商的农业文化，而是形成了以商业贸易为主导的物质文化多元一体化格局，重商文化使其具有非正统性质。

一、岭南特殊禀赋：物质文化多元并存格局

岭南物质文化的一个显著特色是其多元性，呈现为物质文化的多元并存格局。它是岭海自然生态系统的特殊禀赋，是南岭山地、南海、珠江和北回归线共同作用所产生的，由农业、商业、海洋生产、制造业（手工业和工业）、交通运输等物质生产，包含建筑文化、饮食文化等在内的其他物质生活构成。这个特色有一个逐步发展的过程。在岭南文化独立发展期属于萌芽阶段，百越文化圈期是其形成阶段，到汉越文化融合期逐渐进入成熟阶段。明清至近代这一段时期的物质生产结构，是这一格局的典型代表。下面重点概述物质生产中上述几方面的突出特征，旁涉其与岭南人物质生活多样化的联系。

1. 种植业

岭南是中国独立发展出农耕文化的最早地域之一。岭海环抱的优良自然生态使本地域生物生长旺盛，四季长绿。水资源的丰富使本地域粮食生产以水稻为主，加上北回归线的作用，日照长而强烈，适合水稻一年两至三熟，或与番薯等

粮食作物轮作。水稻生产是岭南人对中国乃至世界稻作文化的重要贡献之一。属旧石器时代晚期到新石器时代早期遗址的广东英德市狮石山的牛栏洞遗址发掘出大量打制石器和农业用具，在第二、第三期文化层中发现了栽培水稻硅质体，有双峰硅质体与扇形硅质体，属非籼类型，这就将岭南的水稻遗存年代推至1.2万年前。它早于浙江河姆渡人工稻，而与湖南道县玉蟾岩和江西万年县仙人洞的栽培稻遗存同期，构成中国最早的三处人工稻作遗存遗址，标志着农业粮食文明的开始，同时证明中国是世界水稻起源地之一。距今6000年至4200年的马坝石峡遗址发掘出炭化的人工栽培稻谷，有籼稻和粳稻两个亚种，其中粳亚种是籼稻普本型的变异种，是由人工选择培养成的。标志着以"石峡文化"为代表的岭南水稻栽培技术已达相当高水平。汉代时南海郡已有一年两

客家农妇在田间劳动

橡胶园中胶工收胶

熟稻，东汉时杨孚《南裔异物志》已载"夏冬又熟，农者一岁再种"。明中叶岭南实现一年三熟。这些都说明，岭南有着悠久的、相对独立的农耕文化传统。

南海与南岭山地共同作用使岭南雨水丰富，江河众多，北回归线横贯中部，又决定了本地域植物资源丰富，经济作物以亚热带、热带种属为主，兼有多种温带地区品种，古称岭南物产"兼华夷之所产，备南北之所有"（丘濬《南溟奇甸赋》）。先民得以发展多样化的经济作物，而不以粮食为主。这是与内陆重农文化以粮为纲的最显著区别之一。

岭南种植业在秦汉时代就呈现出多样性和多层次。如南海郡当时已遍植一年两熟的水稻，柑橘、荔枝、龙眼、香蕉等水果，甘蔗、槟榔、橄榄、各种花木等经济作物；并已从海外引进各种作物，如屈大均所记述的茉莉花[1]即从海外引进。以南越王墓为代表的南越国时期墓葬中出土的农作物品种十分丰富[2]。先秦时岭南已有不少特产输往内陆，如《吕氏春秋》记载南越部落向周成王进献"路人大竹"、"越骆之菌"（竹笋）、"南海之秬"（黑黍）等特产。本地盛产各种"岭南佳果"，不少成为进贡佳品，唐代流传"一骑红尘妃子笑，无人知是荔枝来"的诗句。清乾隆年间只留广州一口通商，商业的发展更促使岭南农产品向多元化发展。珠江三角洲"桑基鱼塘""蔗基鱼塘""果基鱼塘"遍布，在顺德、番禺、增城、东莞等地形成龙眼、荔枝、柑、橙、橘、香蕉等水果生产的专业区。山区县发展了专门的种烟业和种茶业等，经济作物生产日益专门化和商品化。经济作物占比过大，历史上不时出现缺粮现象，清代广东"广、惠、

珠江三角洲的桑基鱼塘

① 参见《广东新语·木语》。
② 吕烈丹：《南越王墓与南越王国》，广州文化出版社1990年版，第72页。

潮、肇四府”“所出之米，不足供民间食用”（《雍正硃批谕旨》）。

2. 渔猎经济与养殖业

岭南渔猎经济发达有其优越的自然生态基础。岭海河网密度极高，达每平方公里0.68—1.07公里，有利于先民从事渔捞和养殖活动。南岭山地原始森林覆盖，其中生长出各种珍禽异兽，丰富的动物资源利于狩猎活动的发展，为其与岭北的商品交换乃至文化交流创造了条件，其中一些稀有的品种如“能言鸟”先秦时就被中原人视为宝贝。

岭南渔业与种植业是同时共生的。距今1.2万年，属旧石器时代晚期到新石器时代早期的封开黄岩洞遗址发现人骨，陶器（片）和石器近千件，还有大量的炭屑、螺、蚌等人类生活遗存。同时代的大量洞穴遗址共同显示，原始居民此期大量制作石器工具，从事渔捞、狩猎和采集活动，渔猎文化构成岭南远古文化的一大特色。七八千年前新石器时代早期，西樵山渔猎经济已很普遍。母系氏族公社繁荣期，韩江三角洲、珠江三角洲（含港澳）地区的原始氏族部落虽然也经营农业，但渔猎经济的比重较大。在沿海和珠江、韩江三角洲地区大量的贝丘遗址发现许多鱼骨、蚌、蛤等遗存，其贝类分为海生和淡水两类。岭海人断发文身之俗，也反映先民“陆事寡而水事众”的历史事实。这明显区别于同期以旱地粟类种植农业为主的黄河流域氏族部落、以畜牧业为主的草原氏族部落、以稻作农业为主的长江中下游一些氏族部落。以渔业为主要经济活动之一，这种传统在岭南封建社会依然保持。

畜牧业和养殖业在岭南也发展较早。距今五六千年前，岭海人已开始饲养猪、狗等家畜。父系氏族社会距今4000多年时，珠江三角洲地区已饲养猪、狗和牛[1]。唐宋时广州一带蚕桑业已很发达，大量丝织品外销。宋代珠江三角洲地区已从事塘鱼生产，饲养鲤鱼、鲮鱼和鲩鱼等，岭海人创造了桑基、果基和蔗基鱼塘这样一种生态多样化良性循环的农业多元化发展模式，清代更是遍布珠三角，至今在南海、番禺、顺德、中山等广府地区留存。

3. 海洋生产

海洋生产是岭南渔猎经济最显地域物质文化特色的部分。南海一直是我国最大的渔业产区。先民于此形成了中国南方最为典型的渔农社会。

滨海采集和海上捕捞是早期海洋生产的主要形式。有学者认为，"古代'耕海'至少有2200年历史"[2]。这属于比较保守的表述，海洋生产应可上溯到更为久远的年代。现今发现的南海沿岸多处新石器时代遗址，特别是贝丘遗址，有大量的鱼类遗骨，还发现多种捕鱼工具如网坠等。说明早在距今1万—0.8万年的新石器时代，古越人就生活于南海边，从事采集海贝鱼虾和近海捕捞等生产活动。这一时期广东的洞穴遗址数量比旧石器时代有所减少，贝丘遗址大量增加，说明先民活动拓展到平原和海岸，呈现出鲜明的从陆地向海洋推进的时空格局。具有代表性的增城金兰寺、东莞村头村、佛山河宕、高明古椰、广州新市葵涌等遗址中，贝

[1] 杨式挺：《试论西樵山文化》，《考古学报》1985年第1期。

[2] 岭南文化百科全书编纂委员会编：《岭南文化百科全书》，中国大百科全书出版社2006年版，第97页。

壳、鱼骨、兽骨在文化层中占大多数，夹杂不少网坠，同时有各种研砸器、敲砸器、斧、锛、凿、砺石、黑陶和彩陶等。

新石器时代海洋渔业与农耕种植已并存，形成了土地农业文化和海洋文化这两个传统并存的雏形，构成岭南一个显著的文化特征。珠海的淇澳后沙湾、三灶草堂湾、金鼎白沙、香洲蛇洲岛、高栏宝镜湾等遗址，出土煮饭用的器皿陶釜就是稻作农业经济生活中的代表性器物，同时在珠海三灶草堂湾等新石器时代遗址还发现航海及海洋活动遗迹①。

利用海洋养殖和制造产品也历史悠久。先秦岭海人已有海盐生产和交换贸易。陈摩人认为 "番禺"（今广州）是古越语遗存，番是村寨、村落、村群之意，禺是吃的盐，番禺连称意思有 "产盐的村落群" "盐的集散地" "渔盐的圩市"，是原始渔农社会的缩影②。海上采珠历史久远，主要集中在北部湾的合浦县，雷州半岛的遂溪县和珠江三角洲的东莞等地。所产南珠质量上乘，声誉胜于东珠和西珠。"根据《尚书·禹贡》等记载，三代以来岭南已出现采珠，渐成专业。"③ 商朝本地便已有珍珠、玳瑁等海洋特产。《汲冢周书》云："成王定四方贡献：东越蚌蛤、瓯人蝉蛇。"注云："东越、瓯人皆交州属。"④南海一直是我国重要的渔业和养珠区，唐代发展出珠母海、大步海等著名产珠区。

本地域因为海洋和其他物产与岭北物产大相迥异，历史上一直受到中国主体强势文化的高度重视。在历史记载中，本地域向中原统治者进贡之稀罕物产与岭和海都关系密切，岭产与海产都受到珍视。海洋物产有两种含义，一是本

① 徐杰舜：《中国古代海洋文化特质试析》，载广东炎黄文化研究会编：《岭峤春秋——海洋文化论集》，广东人民出版社1997年版，第287—288页。
② 陈摩人：《"海上丝路"史事拾摭》，载《岭峤春秋——海洋文化论集》，第123页。
③ 《岭南文化百科全书》，第117页。
④ 《羊城古钞》，第303页。

19 世纪 80 年代的香港油麻地海傍

地海产，二是由南海航线沟通海外与中国内陆的物产。《汉书·地理志》对本地域物产珍品有精要的记载："粤地……处近海，多犀、象、毒冒（玳瑁）、珠玑、银、铜、果、布之凑，中国往商贾者多取富焉。"其中有大量的舶来物产。

　　岭产与海产的丰富充分体现出岭海一体的自然生态必然产生物质文化上的多元并存特征。岭南地域丰富的海洋资源及历史久远的海洋实践，使其比之中国其他三海，海洋文化地位更为重要。"粤东滨海之区，耕三渔七。"[①]珠三角地区渔业和海洋交通则更早发达，以渔业为主要的经济活动之一，这种传统在整个文化历史中始终保持着。

　　渔猎占比相当大，是构成本地域物质生产多元一体格局

① 萧令裕：《粤东市舶论》。

的一个重要因素。它决定着岭海人的物质生活文化特异于以中原为代表的内陆农业文化。岭南的河鲜文化、海鲜文化历史悠久。广州南越国时期墓葬中出土有不少鱼骨、龟足、笠藤壶、楔形斧蛤、青蚶等海产。南越王赵眜墓种类更多，还有虾、龟鳖、笋光螺、耳状耳螺、大黄鱼、广东鲂等。

4. 制造业

粮食生产与经济作物种植、农业与渔猎经济、江河与海洋渔业并重的多元化发展格局强力促进了手工业乃至近代工业的多样化发展。父系氏族社会手工业就已有轮制陶器业、骨器和磨制石器制作、以玉石及骨牙等为材料的装饰品制造、竹草类编织、植物纤维纺纫等多方面的工艺。汉代番禺（今广州）已成为犀角、象牙、玳瑁、珠玑、银铜铁器、丝绸的生产加工和集散的商业城市。唐代岭南手工业已发展成为品类多、分布广、水平高的行业，陶器瓷器、藤木竹器种类繁多，文具品种齐全，尤以端州砚制作非常精致，纺织品方面生产蕉布、葛布、麻布和吉贝布，蚕丝织品已有较大产量。造船业已有相当水平，所造商船可远航至波斯湾和东非海岸。唐以后岭南还发展出制葵业、编织业、制盐业和采矿业等。明清时岭南之广东成为全国手工业和工业最为发达的地区之一，所产通称"广货"，享有较高声誉，行销海内外。如佛山所产丝织品供应本地和外埠各占20%—30%，远销外国的占30%—40%[①]。明代陶瓷业、丝织业、棉麻纺织业、榨糖业、制葵业、造船业、制盐业、采珠业都形成了专业化或工场化的生产局面。清代采矿业发展到大规模

协同和机器厂

① 黄启臣、庞新平：《明清广东商人》，广东经济出版社2001年版，第28页。

投资。鸦片战争前，广东是资本主义萌芽和商品市场比较发达的地区。近代广东更成为中国民族资本主义诞生地之一。继昌隆缫丝厂、广州电灯公司、佛山巧明火柴厂、宏远堂造纸厂等分别是全国同行业中的第一家民族资本主义企业。这些共同成为广东最先进入近代改革，引领中国近代改良思潮和变革的经济基础。

5. 交通运输与船文化

岭海环抱的自然环境决定了本地域交通的历史发展特征和独特格局，孕育出陆、河、海三位一体的交通格局，而又以海洋交通贸易为主要动力。

五岭险阻是岭南交通的一个显著特征，早期严重影响本地域各方面发展。秦汉统一岭南促进了岭南与内陆的水陆沟通。陆路方面，最早的筑路记载是秦代修筑四条"新道"，南北基本沟通。历史上四次移民岭南高潮促使南北道路逐步通畅，其中著名的有唐代张九龄主持开凿大庾岭新道，它成为沟通岭之南北，中国与海外物品贸易的主要通路；宋代凌策新辟从英州到曲江的通道；宋代荣諲整治从南雄到广州、从潮州到惠州的道路等。近代铁路，现代空中、陆路运输网的日臻完善，使五岭不再成为阻隔文化传播的因素。

珠江水系巨大的扇形河网拥有交通优势，通过西江、北江、东江，构成连通云、贵、湘、赣、闽

珠玑古巷，北方移民南下中转站

明代大铁锚

而通达全国的交通网。因此早期岭南内河水路交通比陆路更发达。重大事件如，秦始皇为征并岭南开凿灵渠，沟通了长江与珠江两大水系；汉武帝灭南越国，由连县大庾岭破关，顺连水、浈水直捣番禺；两晋、两宋移民由北江这一最主要通道南下；宋高宗时转运使林安宅沟通闽、潮、惠、广各州的交通，形成了以广州为主要枢纽的水路交通网。

岭南独拥南海优势，内通全国沿海，外通世界各地，造就了岭南交通和商业贸易的辉煌。先秦时期岭南就与南洋诸国有贸易往来，至今有3000年历史[1]。汉代广东徐闻、广西合浦两港就成为通往东南亚等地的重要港口。三国至西晋期间，海外贸易主要口岸逐步转移到广州，船只可航行至波斯地区。唐时岭南交通贸易开始新的飞跃，广州成为闻名世界的广州通海夷道起点。明清三度广州独口通商，海路交通的重要性更加凸显。

陆路、水路和海路交通历史悠久的发展和雄厚基础，使岭南特别是广东在近代成为全国交通运输发达地区之一；在现代则形成海运、航空网、立交桥、江河桥梁、高速公路、铁路、隧道等组成的立体交通网，更跃升为全国交通最早发展和最为发达的地区。

江海沟通构成密集的水上通路，利于岭海内部各区域的连通，对外则北连全国沿海，南通世界各地。所以江海一体是岭南交通一个显著特征。它使本地域船文化发育早，特色鲜明。

珠江、韩江三角洲因水路之利，很早就发展出独木舟、竹排等运输工具。《山海经》云："淫梁生番禺，是始为

[1] 参见《岭海文化：海洋文化视野与"岭南文化"重新定位》第十章第一节。

舟。"番禺越人造船技术自古以来就很发达，习于水斗，善于用舟。《淮南子·原道训》有载："九疑之南，陆事寡而水事众，于是民人……短袂攘卷，以便刺舟；因之也。"珠海市平沙区宝镜湾摩崖石刻内有多艘船形图案，被许多学者认定为南中国以海航为主题的巨型石刻，有些还认为是属于新石器时代船文化和航海文化的遗存。

陈乃刚概括古南越文化时期，即从殷商到秦征并岭南这一阶段海洋文化的主要表征，在物质上是船文化，在精神上是龙文化。古南越族人的生活主要依赖海洋，"古南越族人为了能在海洋中的自由，致力于舟船的制造和不断提高技术。……秦代造船遗址，经有关专家考证，说明早在2000年前，岭南南越族人造船工艺技术已相当先进。……要达到秦代古船的制造水平，最少得经历数以百千年计的技术和经验的积累"①。

广东是全国汉墓中出土船模最多的地区，有陶船、木船，渡船、货船、楼船等形制。《史记》中载有西汉时南越所用的一种用于交通运输，又能用于作战的"戈船"。裴骃《集解》引张晏语曰："越人于水中负人船，又有蛟龙之害，故置戈于船下，因以为名也。"

江海一体的水上通路因船文化的很早发育而发挥着三大文化功能。一是岭南内部各区域的连通而致文化认同，形成本地域比较统一的文化传统。二是由珠江水系和南海连通岭北各地域文化。通过南海实现沿海地域间的交通历史悠久。邓聪认为："在距今6500年前或更早的阶段，北起自辽东半岛，南至广东、海南岛沿岸一带，都存在过史前人类海上频

① 陈乃刚：《海洋文化与岭南文化随笔》，载《岭峤春秋——海洋文化论集》，第71—72页。

繁的航行活动。"[1]陈乃刚说："船文化使南越族人突破了封闭的自然地理势态，依靠先进的航船顺着西南季候风，向北航行，以实现与黄河流域、长江流域人际交往、物质和精神文化的交融。"[2]三是连通世界与中国的文化功能。珠江有八大出海口，珠江水系成为连通海外与中国内陆的一条大动脉。李庆新说："从长安南下，通过湘水——灵渠进入岭南，循岭西沿海的徐闻、合浦、日南出海，是通往南海诸国最便捷的海上通道。"[3]在古代条件下，中国与海外的交通联系中，通过珠江口出南海而连通"海外诸番"，然后通过珠江水系连通长江、黄河水系，向北转运，江海一体，使岭南在中国的地位随着交通的发展，愈益重于中国和重于世界。

综上，岭南物质文化诸门类有着自身独立的多元化发展线索，并且互相联系、互相促进而形成整个物质文化的多元并存格局，形成了岭南区别于中国其他地域的一个显著特色。

二、以商业特别是海外贸易为主线的物质文化多元一体化格局

物质文化多元并存最直接的成果是形成以商业贸易特别是海外贸易为主线的物质文化多元一体化格局，这构成了区别于中国以中原文化为代表的北方文化的发展主线。重商尤其是重海构成岭南非正统文化的特征，它并不是表现为正统的、典型的重农抑商的农业文化。

1. 多元化物质生产与商业贸易

岭南农业的多元结构与商业贸易互为因果。农业的多

① 邓聪：《海洋文化起源浅释》，《广西民族学院学报（哲学社会科学版）》1995年第4期。

② 陈乃刚：《海洋文化与岭南文化随笔》，载《岭峤春秋——海洋文化论集》，第71—72页。

③ 李庆新：《从考古发现看秦汉六朝时期的岭南与南海交通》，《史学月刊》2006年第10期。

元化促使农业经济较快走向商品化，秦代时岭南一部分地区已产生许多从事某一品种生产的专业户，发展成为专业村。在汉代已有农业产品的商品化趋势。明初岭南特别是珠三角农业生产商品化倾向已较为显著。明清时岭南农业已转向侧重经济作物，各地发展出适合本地特点的经济作物专业区。商业发展又反过来促进农业向多元方向发展。秦汉时期海外贸易使多种经济作物得以引进和发展。明清广州三度一口通商，更使农业商品的需求量和品种大增，促进了岭南各种经济作物如桑蚕、水果、花卉、葵、蕉等的专业化生产，粮食生产由此锐减，造成广东缺粮。

手工业和工业的多元化和专业化也与商业贸易互相作用而得以长足发展。汉代徐闻港、合浦港外销繁荣，部分是由

蔗糖丰收漆画

岭南手工艺品的新奇、质优带动的，同时活跃的商业贸易开始推动手工业的多元和专业化。唐代以后，由于岭南手工业品种繁多，工艺先进，产品远销外地，促进了商业贸易的发展，如青釉瓷碗和陶罐等远销东南亚。宋代更盛，阳江"南海Ⅰ号"沉船物品之丰令人咋舌；蕉布、葛布、麻布、木棉花纺成的吉贝布、斑布等为中原人所珍视，争相购买。明清时期冶铁、榨糖、采矿产品的商品化使当时佛山出现冶铁业专业作坊、榨糖的糖寮和大规模的采矿场。农业和手工业的发展使广东商业迅速发展。明清时，主要由广州帮商人和潮州帮商人组成的广东帮商人异常活跃，不仅贸易于本地域城乡，而且远及全国许多省份和世界许多地方，驰名于国内外。

交通运输业与商业贸易关系也十分密切，物质生产的多元并存格局一体化于内外商业贸易。海路交通开发从一开始就是为了商业贸易。秦汉以后岭南陆路、水路开通，许多中原缺少的名贵土特产和海外引进的奇珍异宝以及经济作物制品运往内陆。唐宋两代岭南经济的繁荣同时带来交通大开发。屈大均描绘过这种内外商贸的盛况："又广州望县，人多务贾与时逐，以香、糖、果、箱、铁器、藤、蜡、番椒、苏木、蒲葵诸货，北走豫章、吴、浙，西北走长沙、汉口。其黠者南走澳门，至于红毛、日本、琉球、暹罗斛、吕宋、帆蹄二洋，倏忽数千万里，以中国珍丽之物相贸易，获大赢利。"[1]

2. 海洋贸易的主导作用

中国传统农业社会各朝代虽有重农抑商传统，但商业贸

① 《广东新语》，第335—336页。

易还是有所发展，它本来就是经济活动的重要因素。岭南与其最大的区别在于商业贸易中海外贸易居于主导地位，它对物质文化多元一体化格局产生了巨大作用。

岭南地理位置的得天独厚，还在于南海与南岭山地连为一体，北回归线贯穿中部，珠江水系和境内其他河流富水，这使本地域物产丰富而多样。岭海人充分利用这一资源优势而发展多元化的物质生产，使之商品化、市场化，这是历史的必然。

岭南拥有中国最长的海岸线，仅广东（含港澳）境内海岸线就长达8400多公里，广西2200公里，海南岛四面环海。本地域天然良港众多，地理位置上珠江口是世界航运中一个近乎中心的节点，使其在中国诸地域中，海外交通、贸易和文化交流条件最为特殊和优越。中国的海外市场主要在南边，而不在东方的日本和北边的朝鲜半岛和俄罗斯。向南开拓市场是岭海人于先秦就率先发展出连通海外的南海商路[1]的主要动力。

南海丝路的作用是双向的。对外不仅输入海外物产和奇珍异宝，而且输出岭南多元化的物质产品和岭北各地域的特产。对内则不仅通过南海海岸线，而且利用珠江水域那扇形般的河网，将海外千奇百怪的商品运往中国内陆和其他沿海地域，同时将岭南自身独特的物产与内陆交换。唐相张九龄说："而海外诸国，日以通商，齿革羽毛之殷，鱼盐蜃蛤之利，上足以备府库之用，下足以赡江淮之求。"（《开凿大庾岭路序》）这段话不仅描述了南海丝路的海外贸易重于中国其他各沿海地域，还说明岭南与内陆发展交通的直接动力

[1] 南海商路、南海丝路与中国海上丝绸之路的关系详见第九章。

19世纪的十三行同文街

怡和行行商伍秉鉴

是海洋贸易产品转运至内陆地区谋利。

　　由南海海外贸易为主导的连通海外和内陆的内外贸易极大地促进了岭南物质文化多元一体化格局的形成，为历代统治者所倚重。先秦时本地域便与南洋诸国有贸易往来。商代伊尹定四方献令，南越以"珠玑、玳瑁、象齿、文犀、翠羽、菌鹤、短狗为献"。这些物产有南海所产，有海外贸易舶来的宝货。楚人征服岭南得南海宝货，财力大增，称"无求于晋"。汉武航线阶段，岭南富庶，海外贸易繁盛，以致内陆有名言流传："欲拔贫，诣徐闻。"唐代广州通海夷道阶段，广州府专辟今光塔路一带为"蕃

19世纪中叶的广州商馆区

坊"给外商居住。至黄巢造反占据广州时，伊斯兰教、基督教、犹太教徒有12万多人，可见当时在世界贸易中地位之重。宋代，广州海外贸易在中国仍处于中心地位，与50多个国家有通商及政治关系。因其财政贡献一直被称为"天子南库"。《南海志》称，元代时广东"珍货之盛，亦倍于前志之所书者"。清乾隆帝定广州一口通商，十三行兴旺，富豪云集，截至1834年伍秉鉴的财产为2600万银元，潘正炜亦有2000万银元以上，堪称国际富商，富可敌国。近代西人首选由南海进入中国，当然有地理位置先至的因素，但广东之富，经商环境之佳也很重要。葡萄牙派往中国的第一个使团的成员克里斯托旺·维埃拉评价广东是"世界上最富饶的，世间的一切业绩都是在广东的地盘上创造出来的。毫无疑问，广东省享有比印度省更大的光荣"[1]。

岭南在中国的经济地位主要是由南海决定的。海外贸易不仅双向传输，而且极大地促进了本地域农林牧渔业商品化生产的繁盛，农业和经济作物生产的多元化和专业化又促使制造业多样化发展，岭南很早就发展出不少出口导向型的物质生产门类。南海与珠江构成的交通贸易网络，使岭南的物质生产服务于内外商业贸易，这是古之粤商区别于晋商、徽商甚至浙商的特色所在。这种以海洋经济为主导的模式已非纯粹的中国传统农业的自然经济范畴，所以粤人文化具有梁启超所说的"自外于国中"的特性，呈现出非儒家正统、非农业规范的特色。当世界进入海洋文化时代，岭海人才能够先人一步"开眼看世界"，最快地与世界对接。以商业贸易特别是海洋贸易为主线的物质文化多元一体化格局作为一种传统，是岭南引领近代改革，胜任现代改革开放"排头兵"的深层基础。

以上各行业又是相互联系和促进的，它使岭南形成了物质生产的多元一体化格局，岭南人的物质生活由此呈现出多元化发展的特点，并且商业气息一直相当浓厚，整体构成了岭南物质文化多元一体化格局。这一格局与正统中原文化的区别不仅在于多元化，更重要的是多元发展一体化于商业贸易特别是海外贸易，使岭南人最早和最普遍地形成了强烈的商业意识乃至重商文化特征，得以在近代改革和现代改革开放中先行。

[1] 转引自李庆新：《濒海之地——南海贸易与中外关系史研究》，中华书局2010年版，第211—212页。

第三节　岭南自然文化特色

岭海人不仅创造了独特的物质文化，在此过程中同时创造了具有自身鲜明特色的自然文化。自然文化在世界绿色运动和当代生态伦理学视野中划分为绿色文化与灰色文化。绿色文化是人类自然文化中的优秀传统，是人的本质追求之一。绿色具有广泛和丰富内涵，代表个体健全的生命，表征包含社会在内的地球生态系统的动态平衡，象征人类的和谐家园。与此相反的灰色文化是过度改造自然而无回馈自然行为的极端情况。岭南自然文化的特征就可用绿色表征，总体呈现为北回归线上少见的绿洲这一文化成果，其中，保持生态多样性的物质生产多元一体化结构、回馈自然实践、花文化等是岭海人深厚生态传统的体现。

一、北回归线上少见的绿洲是岭南绿色文化的表征

一地域人民的实践方式和成果是由原生自然生态决定的，但在原生自然生态基础上，人们改造自然与回馈自然这两种实践的相互作用、相互平衡，又创造出第二自然或称人工自然，在原有自然生态基础上建构成新的生态系统。这一生态圈就成为该地域文化的表征。

岭海环抱的自然生态中，南岭山地、南海、珠江、北回归线四要素相互作用使本地域气候等条件优越，生物生命力旺盛，孕育出一套热带亚热带森林土壤系统及相应的

植物区系，四季常绿，农作物品种繁多，瓜果遍地。这种生物"多样性丰富"状态构成了岭南物质生产实践的一大优势。但拥有优良的原生自然生态未必就能保存下来，这要看该地域人们的生态意识和实践方式，是如何利用、改造、保护、回馈这一自然生态的。

当我们站在世界地图前，从北回归线的岭海向左右看去，一个触目惊心的现实呈现出来：除了高山峻岭地带，地球上其他宜于人类开发的北回归线地区大多成了沙漠，有些地区只有零星的绿地；而岭南地域是少有的成片绿洲。岭海先人几千年的充分开发和改造实践不断改变生态系统的状态，但始终没有出现西北的黄土荒原、沙漠和北方普遍的沙尘暴，水污染和水灾也不像淮河等流域那样严重危及生存。这有赖于岭海良好的自然生态机制尤其是岭海环抱所具有的生态调节功能，也要归功于岭南文化中强烈的生态意识。两者一起构成绿色文化深厚的岭南根基，包含着深刻的人文

珠玑巷移民雕塑

底蕴。

岭海人的实践和生活中蕴含着极为丰富的生态意识。在物质文化一节中笔者阐述了岭海人自古以来渔猎与农耕种植并重、各门类多元化发展的实践，都反映着由原生态决定的自然文化，它与中原广大地区普遍的农耕生产和西北高原地带主导的游牧生产是迥然不同的。自古形成的物质生产的多元并存格局中，著名的桑基鱼塘、蔗基鱼塘和果基鱼塘等，集粮、林、果、渔、养殖和商业、手工业于一体，不仅是顺应岭南自然生态环境的实践成果，而且将其转化为符合生态多样性的多元化物质生活。清代珠江三角洲一带遍布"桑基鱼塘"，"粤东南海县属毗连顺德县界之桑园围，地方周回百余里，居民数十万户，田地一千数百余顷，种植桑树以饲春蚕，诚粤东农桑之沃壤也"[1]。可见当时的规模和盛况。国家地质公园西樵山下，至今仍密布着5000多亩桑基鱼塘，被联合国教科文组织誉为"世间少有的美景"和"良性生态循环的典范"[2]。岭南历史上不断地大量吸引五岭以北的移民，古代大规模的移民就有四次。除躲避战乱的因素外，"插根扁担都能发芽"，只要你肯耕耘、流汗，岭南这块土地就对得起你的肚子，这是一大动因。晋代砖刻镂文有载"永嘉世，九州荒，余广州，平且康"，道出了岭南绿色文化的优势。

现代改革开放的又一次大规模移民，"孔雀东南飞"，不仅因"发财到广东"，自然生态环境的优越和历届政府重视生态再造也起了重要作用。广东在新时期涌现了大批注重生态环境保护，绿化美化的城市。珠海市的特色是街道繁花

[1] （清）张鉴：《雷塘庵主弟子记》卷五，光绪刊本。
[2] 《广州日报》2010年3月19日A II 9版。

似锦，大型花圃星罗棋布。中山市在森林中建设卫星城，中心区大型公园众多，花圃园林设置追求高品位。中山小榄镇菊花闻名全国，将绿化、花和美相融合，大型的"菊花龙"等生物造型将绿化精品意识呈现于世。20世纪90年代初，外地移民特别是其中的高学历人才纷纷从省城广州流向珠三角各个市、镇，居住环境的选择成为一个重要诱因。广州通过"向下"取经，经过"小变"和"中变"的绿色实践，获得了城市生态环境改善的最高奖"迪拜奖"。环境的改善使其吸引人才和外资的能力一时猛增，人才又一次从中小城市回流。空中花园正在广州、深圳、珠海、中山等城市铺开，立交桥和行人天桥正在逐步建成鲜花的长廊。

在绿色实践的基础上，继钱学森等人提出的以北方风光为背景的"山水城市"模式后，岭南产生了与之相区别的中国第二个完整的城市模式"绿色城市"。这一理念继承岭海先人的优秀自然文化传统，要求抓住岭南四季常绿的最大特

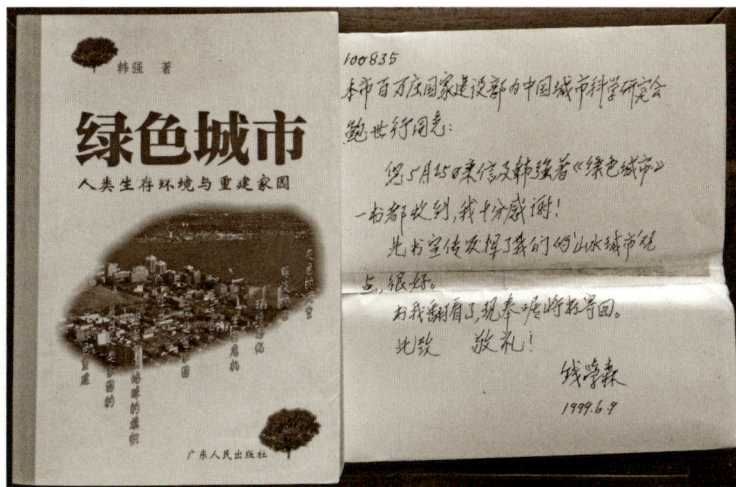

《绿色城市》一书和钱学森的信

色，突出绿色这一岭南优势，创建人的自然家园、社会家园和精神家园相统一的城市绿色家园，使城市成为人与自然和谐、人与社会协调、个体内在和谐相统一的生态系统[①]。钱学森对此给予很高的评价。

① 参见韩强：《绿色城市——人类生存环境与重建家园》前言，广东人民出版社1998年版。

二、回馈自然的绿色精神及实践

此在的地球生态圈是"有人生态系统"，人类如何保护和回馈自然生态，决定着不断处于重构中的生态系统具有何种性质和面貌。回馈自然的力度和水平在人们实践的历史中形成，又成为以后物质文化及其他文化是否可持续发展的一个决定因素。

自然遗产是人的文化的表征，是改造甚至征服自然与回馈自然两种实践处于不断冲突和平衡过程的结果。20世纪自然遗产在全球受到高度重视。从广义文化的视野看，自然遗产是特殊形态的人文遗产，反映人的本性和本质力量外化的历史成果。人类文化创造发展到今天，征服的烙印遍布整个地球生态圈，许多自然资源已消失，而现存的自然遗产多是因人类的保护才幸存的，是生态智慧、绿色文化的一种标志。

岭海人回馈自然的绿色精神在自然遗产中充分表现出来，岭海这一北回归线上少见的绿洲是由多重要素构成的。

一是自然遗产众多。南亚热带常绿阔叶林有中国首个建立的原生态保护的鼎湖山国家级自然保护区、西樵山国家地质公园、南岭国家森林公园和车八岭国家级自然保护区。

丹霞地貌和尚送客

鼎湖山飞水潭瀑布

丹霞地貌，典型的如评为世界地质公园的丹霞山、梅州南台山、河源霍山等。亚热带喀斯特地貌、保持较好的有清远的连南、肇庆七星岩、英德宝晶宫、韶关乳源等地。海岸地貌留存和保护较好的有广州七星岗古海蚀线遗迹、潮安庵埠的梅林湖古海蚀地貌、增城新塘的古海蚀洞和徐闻珊瑚礁。岭南海滩的自然保护成绩卓然。广东海岸线全国最长，优质沙滩很多，全国闻名的有深圳大小梅沙、阳江海陵岛的十里银滩、茂名天下第一滩、汕尾的黄金海岸、南澳岛的青澳湾和惠州的大亚湾等等。南海海岸线上保存了大量红树林和湿地，著名的如湛江红树林自然保护区、南沙湿地公园、惠东港口海龟国家级自然保护区。陆地水域同样美不胜收，如湛江湖光岩、德庆盘龙峡瀑布群、河源万绿湖、广州增城白水寨瀑布和从化温泉等。这些自然遗产是在物质生产过程中保存下来的，以原生态为其特征，它与南粤先人世世代代的保护以及在其中贯穿的绿色文化精神是分不开的。

二是上述多元化的物质生产所呈现的经济作物的多样性，包括桑基、果基、蔗基鱼塘常年覆盖，这使岭南大地上保持着常绿的人工植被。

三是再造自然生态这种回馈自然的实践方式和成果。这在现代"绿化广东"的持续推进中充分表现出来。广东从20世纪80年代起大力推进绿化造林，90年代"十年绿化广东"，在全国率先实施了森林分类经营改革，后来提出"林业二次创业"，使全省现有340万公顷土地成为省级生态公益林。2005年开始实施"创建林业生态县"，继而又提出"建设林业生态省"的规划，用16年时间建立起安全高效的以森林植被为主体的生态安全保障体系，到2015年全部实现生态县，造就绿色的广东大地；到2020年森林覆盖率60%，达到发达国家的生态质量水平。这是岭海人的生态实践和生态意识在现代的承传。岭南的桂系文化区域中，广西南宁市建立起"绿城"品牌；海南省1999年在全国率先提出建设生态省，2004年全省森林覆盖率达到54.9%。这些都是对岭南自然文化精神的继承和现代发扬。这些回馈自然的绿色实践的成果将使岭海继续保持北回归线上的绿洲这一美誉，这成果在后人看来，就是我们这些先人留下的丰厚自然遗产。绿色文化的特色是岭海气候和原生态环境的必然产物，因而也成为岭南文化的一个重要品牌。

三、花文化的独特韵味

花文化是岭海人创造的人文遗产，也是可持续发展的、永传后世的自然遗产。人们培植、改造什么自然物种，反映着各时代的自然文化和理论。"花城"理念集中而典型地表现了绿色文化的传统和现代特征，贯穿于人与自然关系领域，也"长入"人与社会关系和个体生命。

花城理念由文学大家秦牧带给约十数亿中国人。他的优美散文《花城》通过"十里花街"展现了那炎热湿润的神秘雨林之中，南海之滨，珠江之畔，有一个令人神往的南国花城。秦牧于一年一度年宵花市看到，其文化底蕴是在"一两千年"中形成和丰富的。这一令国际友人陶醉的东方节日情调，渗透着岭海人的自然精神。

广州的北回归线标志塔位于从化，广州城区处亚热带，这里花朵四季盛开，品种繁富。海洋文化对岭南花文化也影响深远。2000多年前岭海人就从海外引进各种作物花卉。陆贾《南越行纪》提到的"香特酷烈"的"耶悉茗"（素馨花）和茉莉花即从海外引进，至明代珠江南岸的庄头村甚至全村以种素馨为业。据记载，清初广东番禺、顺德等地已有很多以种花、卖花为主业的村庄。南海丝路不断使异邦的奇花异草移入南粤，经人工巧为，春夏秋冬鲜花四季同堂，连热带和温带的花卉也挤在年宵花市上开放，花城成为省会的文化品牌。

现今广州的花文化保持着许多优势，如鲜花消费全国第二，花卉输出全国第一，广州的花卉拍卖中心属于亚洲一流。花文化不只是广州的专利，广州作为省会，有条件凝聚

广州迎春花市

全省特别是珠江三角洲和韩江三角洲的花文化。两个三角洲传统上都有家居养花的习俗，阳台、窗台一般都种花。因为有这样的群众基础，广州迎春花市只开三天，游玩、买花、赏花的人次竟多达五六百万。"年三十行花街"成为恒久的风俗传统，它与一年的运程相关，这已成为广州人的一种潜意识。花城表征着岭海人的自然家园理念。追求人与自然的和谐可以说是人类的共同追求，而广州人则以爱花、养花、赏花和护花为其明显特征，这成为他们爱护和维护自然家园的文化根基。花文化还培养了岭海人对花的惊人的审美能力，秦牧《花城》描绘道："一盆花果，群众也大抵能够一致指出它们的优点和缺点。"这种审美精神或说审美中的自然精神，孕育了岭南现代生态方面的骄人业绩。广东得以广泛建设绿色城市，开展绿色工程、绿色家庭、生态旅游、生态农业等实践，能够全面铺开"绿化广东"，这都有悠久的传统。花城是广州的文化象征，其绿色和谐的自然文化精神是岭海人的共同追求。

第三章

别树一帜的物质文化门类

上一章我们介绍了岭南农业、制造业、交通运输业、商业、海洋生产和海洋贸易等物质文化的门类，它们共同建构出物质生产的多元一体化格局，促使粤人的物质生产和生活多元发展，富有地域特色。本章着重论述岭南建筑、工艺、饮食文化的特色，它们都是由兼容多元文化因子而建构起来的，渗透着岭南社会生活文化和精神心理文化的丰富内涵。科技在上一章已涉及，不单列。

第一节　独特风貌的岭南建筑

岭南建筑以其浓郁的地域文化特色在中国建筑艺术中独树一帜。不论是独立发展期和百越文化圈期、与中原建筑文化融合时期，还是广采世界建筑文化的近现代，岭南建筑都通过吸纳各种外来文化，建构出显著区别于中国其他地域的多元文化特征，它是本根文化、百越文化、中原和江南汉文化、西方和阿拉伯文化、现代生态文明杂糅一体的类型。建筑的种类和内容广泛而丰富，我们只从其发展线索切入。

一、早期建筑：洞穴和干栏式建筑

岭南人居所在独立发展期和百越文化圈期大体经历从洞穴式到半地穴式，再到地面的干栏式建筑这样一个发展过程。

洞穴是岭南先民最初的居所，横跨旧石器时代，新石器时代早、中期。新石器时代早、中期岭南人洞穴居所的典型代表是距今约6000年，位于桂林独山西南麓的甑皮岩洞穴，洞内面积约200平方米，原始人在此炊煮食物，制作磨制石器、骨器、蚌器和陶器。新石器时代晚期，岭南人居所从洞穴式发展到半地穴式和地面式。广东石峡遗址中文化层、珠江和韩江等流域的贝丘遗址，广西不少遗址，共同反映了这一发展趋势。

大约五千年前，岭南先民就利用竹、木、草等天然材料建造半地穴式和地面式建筑。一种建在江河湖海边的一级台地上，一种建在高一二级台地的山冈上。中山大学南校区内海拔一二十米的红岩山冈、佛山河宕遗址都曾有刚开始锄耕农业，但渔猎经济仍占主要地位的岭南原始部族村落。这类村落以竹木等天然材料建造的地面式建筑为主。

岭南干栏式建筑至迟见于新石器时代晚期，距今4000多年。它横跨岭南文化各个时期，到汉越文化融合期中期，干栏式建筑才逐渐走向衰落。

独立发展期干栏式建筑的典型代表是在广东高要县茅岗发现的新石器时代晚期属早期干栏式建筑的成片遗存。通过建筑结构和布局复原，显示当时干栏式建筑为长方形，形制和大小与近代广东连南瑶族居住的干栏式建筑大体相似。它建于水滨的低洼地带，可防瘴气、猛兽毒蛇、水淹和防潮。干栏打桩缚柱，柱身有凹口以横贯梁木，架设成底部悬空的居住栅架，梁架上再铺以密排树枝，涂上草拌泥或再垫茅草、草席、竹席等。干栏居住面积15—20平方米，屋内布局如同现存我国中南、西南地区少数民族干栏居住形制，在中间封填泥土为火膛，放置几块石头为灶。

百越文化圈期干栏式建筑与早期对比具有几个特点，是吸收其他百越族建筑文化优长的构建。其一，干栏式底基的改变。约春秋后期，先民改打桩深埋柱为砾石垫基立柱的方法，这与武夷山地区古越族的建筑特征相仿，或为文化传播的产物。其二，岭南干栏式建筑民居从早期的傍水或傍山低干栏（主要作用是防潮）向高干栏发展。上屋住人，底层用于容纳家畜和杂物。同时又发展出作为公共建筑物的低干栏建筑。这与江西、福建等地越族此类建筑十分相似。其三，屋顶结构与其他海边越族干栏式建筑相像，金字塔形的倾斜度较大，适合南方雨水多的特点。

干栏式建筑陶屋模型

二、岭南建筑的汉越文化融合

从秦汉到清中叶，岭南建筑的主要特点是广泛吸收汉建筑形制，并与越族风格融合。

其一，初期各越族传统的干栏式建筑形制仍大量保留。东汉晚期以前的岭南墓葬多随葬有干栏式陶屋模型，分两层，"上以自处，下畜牛豕"。

其二，大量吸收汉文化元素。城市公共建筑、坛庙等特种建筑是吸收汉文化的成果。著名的城市建筑是秦南海郡尉任嚣在今广州中心的古番山和禺山上修筑的番禺王城，古称任嚣城。隋唐后城墙和楼阁均有扩建，宋代广州三城规模不断扩大。明洪武十三年（1380）前后将宋代三城合一，城围长21里，并在越秀山顶建镇海楼。明嘉靖四十二年（1563）

在城南筑外城，周长6里多。清顺治四年（1647）进一步扩建，在新城以南增修东西两翼城，直至珠江边。特种建筑上，1973年发现的南越王宫遗址引人注目，王宫内发掘出一段长约20米的砖石走道，做工讲究，中间平铺灰白色砂岩石板两行，两侧又砌有大型印花砖边。岭南墓葬中规模最大的当属第二代南越王赵眛墓，有7室，全长11米，宽12.5米。特种建筑隋唐前有古越王台、朝台、尉佗楼、越王井等。著名的宗教建筑，佛教有王园寺（今光孝寺）、宝庄严寺（今六榕寺）等，道教有越冈院（三元宫前身）等。隋唐后，宗教建筑大量增加，著名的有佛教的大佛寺、海幢寺、华林寺等，道教的五仙观、纯阳观、三元宫等，伊斯兰教的怀圣寺和光塔、濠畔街清真寺等。其中五仙观典型地代表岭南风

广州三元宫

格，其名起源于五仙的传说。五仙观凭借山坡的地势构筑，坐北朝南，用红砂岩凿成的一对麒麟分立在山门两侧，大殿重檐歇山顶，属明代木架结构。坛庙建筑方面有番禺学宫、南海学宫、南海神庙等。书院建筑也是富于岭南特色的建筑类型之一。广州书院建筑始于北宋，明清时有较大发展。一些书院建筑形式上与祠堂建筑十分相似。如两进或三进，前座为仪门，进而为一院落，配以东西两厢为书斋，后座为大讲堂，规模和形式较为堂皇。许家祠、何家祠等是其代表。坛庙建筑方面有番禺学宫、南海学宫、南海神庙等。

建筑工艺和设计上也大量吸收汉文化，有了很大发展。建筑结构方面，吸收中原布局，即以纵轴线为主，横轴线为辅。广东汉墓的铜屋模型便明显表现出这一建筑特点。唐后，建筑结构上民居和公用建筑多采取砖木结构楼层式，竹筒屋和西关大屋是其代表。广州商业街市两侧商店多是两层楼木构建筑，下层是店面，上层是店主及家人住宅，设较陡的楼梯或梯子上下，通常二楼上有一圈回廊，廊顶上有天窗。建筑布局上也有大量改进和发展。

民居方面发展出"竹筒屋"和"西关大屋"类型。竹筒屋是富有岭南特色的院落式民居。其开间小，进深大，两者之比由1：4至1：8，由前至后排列以天井间隔的多个房间，形如竹筒。大家族居住的西关大屋则大气得多，平面布局呈纵深发展，三间两廊，左右对长，中为主要厅堂。中轴线由前而后依次为门廊、门厅、轿厅（茶厅）、正厅、头房、二厅、二房（尾房）。每厅为一进，厅之间用小天井隔开，天井上加上屋盖，靠高侧窗（小窗）或天窗采光通风。正间两旁主要有书房、偏厅、卧室和楼梯间等，最后是厨房。门厅右边一般设庭院小局，与厅堂互相渗透，栽种花木，布置山石鱼池以供游憩观赏。建筑装修精美，室内陈设讲究，有名贵典雅的红木家具，精巧雅致的木雕花饰；室外有小巧玲珑的庭园，轩峻而荫凉，处处散发浓郁的岭南气息。

建筑装饰逐步呈现多姿多彩的面貌。建筑物上已有许多门窗和装饰。广东、广西等地出土的汉代干栏式陶屋建筑模型中的屋顶，有圆顶、悬山等各种式样。广州西村皇帝岗出土的一些陶屋模型中还有造型得体的栏板和门窗等。广西合浦出土的西汉铜屋模型，屋顶为悬山式，檐上前后各饰十二瓦垄，并铸出板瓦状，有两扇门，各置门环，前廊置二横一竖式栏杆，屋建于平台之上，平台下立柱八根呈干栏式；其

西关大屋的客厅

岭南四大园林之一清晖园留芳阁

上层乃至屋顶等造型结构，风格都很接近中原同类建筑，反映岭南人在保留原有合理特点的基础上，已较多吸收中原汉民族先进的建筑构造工艺技术[①]。隋唐后，岭南住宅特别注意装饰。西关大屋门面装修设矮脚吊扇门、趟栊硬木大门等二重门扇；外墙特别是门口两侧，多砌高级水磨青砖墙、花岗石墙脚，坚实而又显高雅大方；室内装修上，间隔门窗安装富有地方特色的满洲窗和槛窗，红木家具讲究木雕花饰的精巧雅致。

其三，岭南园林建筑独树一帜。学界将北方园林、宫廷园林、江南园林和岭南园林并列为中国四大园林。1995年在南越王宫遗址旁边发现"南越国御苑"，它埋藏在现今地表四五米深的地下。考古专家经过多年挖掘、整理和研究，认为"早在两千多年前，东方园林设计的精髓之处，已经在岭南地区被运用得极为成熟和完善了"[②]。它具有许多特色和精巧的工艺。比如，王家花园中有一座仰斗形状的大型水池的遗迹：一条狭长的曲流石渠蜿蜒而过。它从位于其北部的，面积达4000多平方米的石构蓄水池中通过"木暗渠"引白云山之水入园。泉水流过底部密排着的黑色卵石，在急弯处砌着的"水潭"和"渠陂"中产生漩涡，一路蜿蜒180多米，在花园西侧再次顺着"木暗渠"流进珠江，这一池粼粼碧波"来无影去无踪"。这套沟渠结构的巧夺天工，与现今的园林艺术相比也毫不逊色。渠面有石板平桥，旁边铺设奇石。花园中发现大量果核的残骸，表明这里有过硕果累累的荔枝树和桃树等，曾经是绿树浓阴的岭南园林。宫苑北面是层峦叠嶂的越秀山，南临碧波浩瀚的珠江，远山近景与

西关民居趟栊门

① 广西壮族自治区文物考古写作小组：《广西合浦西汉木椁墓》，《考古》1972年第5期。

② 《走近南越王》，《广州日报》2006年5月20日B5版。

岭南四大园林之一余荫山房

岭南四大园林之一梁园知行亭

苑内的小桥流水、芳林绿草、曲廊幽径相互映衬。南越王宫署博物馆筹建处副主任陈伟汉说南越国御苑是中国乃至世界现存年代最早，保存较为完整的园林遗迹，是岭南园林的源头①。古巴比伦空中花园出现在公元前6世纪，但荡然无存；欧洲现存最早的园林遗迹是公元2世纪建于罗马的哈德良离宫的柱廊园，比南越国宫苑晚二百多年；过去认为中国最早的园林遗迹是唐代的曲江池（西安）和绛守居园池（山西），都比南越国宫苑晚一千多年。岭南园林的这一发现和发掘，改写了中国的园林史，使岭南园林再次彪炳于世。

唐代芝兰湖建有西候津亭，宋代时成为广州风景区中心。五代时西园是南汉西御苑，北面有流花桥（南汉时为芳香园），西面从龙津桥至荔枝湾，后称"刘王花坞"，地名今为泮塘。屈大均、张心泰等对此均有绝美的描述。

三、中西文化碰撞中的岭南建筑

自乾隆时广州独口通商到20世纪初，通过吸收世界各种建筑的精华并结合国内各地域和岭南本身的特色，岭南建筑发生了根本

① 《走近南越王》，《广州日报》2006年5月20日 B5版。

性变化。中西合璧和以传统气派为主这两类建筑形态最为
突出。

1. 中西合璧的建筑

第一批西洋式建筑是广州十三行商人为方便外国商人而
建的"夷馆"，俗称"洋馆"。每个洋馆都有几横排洋房，
洋馆周围设花园和运动场。随之而来的是西方古典主义建
筑文化的传入。广州著名的建筑有沙面旧租界的西方建筑，
石室天主教堂，广州海关、邮局等建筑。广东沿海一带侨房
尤有特色。广州以新河浦一带为代表的花园式洋房，建筑形
式多呈西洋古典主义建筑风格，多有柱式门廊，少数不设门
廊，仅在门上方设三角形山墙式屋顶，起雨罩作用，酷似欧
洲乡间别墅。著名侨乡台山、恩平一带的碉楼尤其富有欧洲

位于广州一德路的天主教圣心大教堂，
广州俗称"石室"

岭南四大园林之一可园

广州中山纪念堂

古典主义建筑风味。

接着是传统民族建筑形式的复兴，它主要指复兴传统、中西合璧的"折中主义"式建筑。其杰出代表是与孙中山有关的一些建筑。如中山纪念堂、现广州市政府大楼、中山图书馆旧馆（在今文德北路）、石牌原中山大学、惠州会馆等。折中式建筑中也有一部分主要倾向于西洋古典复兴式即"罗马风"特征，如南华医学校、大元帅府、朱执信先生墓道等。

广州传统形式与西方建筑艺术结合最成功，分布最广，并使广州建筑在中国独具风格的应数商业骑楼建筑。20世纪初在一德路、石室一带扩大商业街时，将西方古典建筑中巷廊等形式与广州传统形式相结合，演变成广州独具特色的骑楼建筑。很快风靡全城，形成广州街景的主格局。它是在楼房第一层设人行道，一幢幢楼房沿马路相互连接而形成宽度基本相当的，可自由步行的楼内长廊。骑楼可避风雨、防日晒，特别适应岭南亚热带季风气候。人行道以内的店铺可得到荫蔽，便于敞开门面，陈列商品以广招顾客。

现代主义建筑的传入也结合了岭南风格。如西濠口一带矗立起新亚酒店、南方大厦等现代主义建筑，均采取骑楼式，气魄最大，是广州骑楼建筑中的佼佼者。黄花岗七十二烈士墓是较倾向于此的大型建筑，其墓门不采取我国古代陵墓习见的传统式牌坊形制，也不采取罗马式。墓门高13米，外观造型简洁而高大粗犷；墓道地形一路上升，到最高处安置陵墓；墓基上用双面各72块花岗石砌成金字塔形，顶上高耸自由女神雕像。

这几个阶段均贯穿一个基

广州文明路骑楼

黄花岗七十二烈士墓

本点，即此期广东特别是广州的建筑是中西合璧的，吸收了欧洲建筑工艺、材料、结构、布局、装饰等的优长之处，又使之与中国传统的，特别是岭南传统的建筑形式结合起来。它与内陆此期建筑的中西结合有几点不同之处：一是广州较早引入欧洲近代建筑形式。二是普及面广，特别是骑楼式建筑遍布广州商业街市，构成了广州区别于内陆其他城市的最大特色，体现了岭南文化商业性、平民化等文化特性，以致珠三角、汕头、海口等中小城市纷纷仿效。三是商业街市极富岭南风情，街道狭窄，最宽处如小路，最窄处一个不大的箱子便可堵住，所有的商店都排成一列，小巧而外观统一，与20世纪七八十年代广州的商业街如高第街等很相似，店门一般高出街道一个台阶，漆制招牌挂在店门两侧的柱子上。此间开市人流拥挤，熙熙攘攘，叫卖声不绝于耳，商业气息十分浓厚。这些都说明粤人善于把西方建筑形式巧妙地与岭南建筑的内涵和形式结合起来，表现出极鲜明的开放性、兼容性和创新性。

2. 传统气派建筑及其中西糅合

近代岭南的建筑潮流错综复杂。汤国华概括其主流有四种，除西方古典式、中西折中式和走向现代式外，还存在固有民族式。民族建筑在近代同样取得了辉煌成就。此期内，中国气派特别是岭南风格的建筑的突出代表是陈家祠、竹筒屋、西关大屋、茶楼、书院等。陈家祠建于清光绪年间，是典型的传统建筑。总面积8000多平方米，分三轴三进，每进之间有庭院相隔，但又利用廊、庑相连，共设九座厅堂和三

陈家祠砖雕"刘庆伏狼驹"

个院落，布局严格对称，厅堂和院落明朗开旷；前后间隔用"品"字形的通花屏风间隔，显得庭院幽深，给人恬静的感觉。

传统民居在此期又有新的发展。竹筒屋至19世纪下半叶基本保持着传统特色，民国后吸收了西方建筑工艺和布局设计，如出现两三层的建筑，楼层和门楣上使用混凝土过梁，屋顶改平顶，上设小阳台，并采用西洋建筑的局部装饰。20世纪30年代广州较出名的竹筒屋在将军东、将军西、霞飞坊等街巷。西关大屋在近代广州仍保留短脚吊扇门、趟

陈家祠的陶塑脊饰福禄寿

枨、硬木大门三重门扇和门口两侧水磨青砖墙等传统形制，但却增加了西洋传入的装嵌着书画图案的彩色玻璃等装饰。

茶楼建筑在此期普及化。传统茶楼密布构成广州岭南风格的一个方面。广州茶楼最著名的有陶陶居、莲香楼和惠如楼等，都表现出传统风格建筑兼具西方建筑特色的风格。如莲香楼茶楼采用华丽的科林斯柱廊装饰，与室内中国传统装修相映成趣。

书院建筑随中西文化冲突和教育被高度重视而迅速发展起来，著名的至今仍存的有双桂书院、广雅书院等五十余所。它们都是很有岭南韵味的建筑形制。

此期岭南建筑的飞跃发展还表现在建筑种类的增加和建

清代广州茶楼

广州陶陶居酒家

广雅书院冠冕楼

筑工艺的发展。在建筑种类方面，比较明显的有西式教堂增多，出现西式跨江大桥海珠桥，近代船坞、码头、港口和工业厂房等。建筑工艺方面，钢筋混凝土结构建筑逐渐取代传统的砖木结构。

四、新时期岭南建筑及其特色

1. 岭南建筑常引领潮流

随着广东率先改革开放和走向市场经济，岭南建筑开始走向现代化，发生了巨大变化。其中有不少是全国具有共性的，如"水泥森林"和千篇一律的"方盒子"。但岭南得天独厚的自然生态，先人的生态智慧，使岭南建筑仍显出自身

目前世界最高的钢塔广州塔

① 杨东平：《城市季风——北京和上海的文化精神》，东方出版社1994年版，第528—529页。

鲜明特色，在城市规划建设及规划理念上取得了符合世界先进潮流的进步。

岭南建筑总体上较为全面而均衡地发展。表现为下列特点：其一，高层建筑常居全国之最。如1968年高27层的广州宾馆为全国最高，1976年高33层114.05米的白云宾馆又夺冠，80年代广东国际大厦高198.4米，再领全国之最。广州塔高600米，为目前世界最高钢塔。其二，大型建筑群的不断崛起。20世纪80年代后先后形成环市东路区庄—淘金坑、北京路—中山路、火车站广场、海珠桥—人民桥四处高层建筑群。此后交易会建筑群在全国率先成为会展建筑的典范。21世纪伊始，广州大手笔地建设"广州大学城"和"广州科学城"，又创下多项全国纪录。其三，特种建筑的高速发展和城市多层级立体交通网的形成。20世纪90年代广东的桥梁及相应的高速交通网就已在全国领先。珠江三角洲河网密布，上千座桥梁星罗棋布。进入21世纪，广东的立体交通网的建设和交通的快速便捷仍在全国居领先地位。其四，岭南建筑装修、装饰等也引领全国潮流。文化学者杨东平在描述广东对全国的众多影响中，将"都市的家庭革命：高级装修、厨房革命、厕所革命、更为合理的大厅小室的住宅结构等等"，也列入重要的引领事项①。新时期40多年，广东的写字楼、酒楼、商铺、商业街的装修，在材料、建筑饰件、装修技术等方面一直走在全国前列。

2. 突出岭南生态优势与"绿色""人居"特色

在经济发展连续多年居全国之冠后，岭南建筑不仅获得了经济动力，而且在文化观念上也获得了新生，表现为注重建筑和园林以及城市的系统规划要符合岭南自然生态和市民"人居"的要求，不仅融入了世界现代"绿色""人居"等理念，也融入了岭南自然文化的传统。

其一，绿色的、生态的理念兴起。绿色理念在现代广东不断丰富和成熟。广东涌现了一大批现代环境伦理和绿色、生态城市建筑的论著和论文，如佘正荣的《生态智慧论》《中国生态伦理传统的诠释与重建》，董真、臧立、韩强等人的"绿色系列"丛书，李明华等人所著《人在原野——当代生态文明观》，等等。在城市生态的理念上，20世纪90年代，钱学森突破了"园林城市"模式，结合中国山水画的人文意蕴，构建出"山水城市"模式。广州吸收了这一模式的优长之处实行小变和中变，后又提出建设"生态型的山水城市"。吸收和借鉴前人城市模式的优长缺短，基于岭南的生态特点，广东创造了"绿色城市"理念和模式。它立足于人的本性及其实践的本性，将城市看作人类实现其本性的实践之文化成果，是由人—自然、人—社会、人自身这三个子系统的相互控制和作用构成的生态系统。在此基础生发出将城市中人与自然的和谐、人与社会的协调以及人自身和谐三者相结合的"天地人合一工程"；在城市建筑群中开展地面绿、空中绿（俗称空中花园）和侧面绿（绿色城墙）全面均衡的"立体绿工程"，构建城市绿色走廊、珠江绿色长廊等理念。

广州海印桥北引桥三角梅盛开的花廊和绿意盎然的公共洗手间

公共卫生间内草木葱茏

其二，家园的理念注入新时期的岭南建筑。1999年，深圳提出要建设一流的花园式生态城市，为人们建造一个天更蓝、地更绿、水更清、城更静、居更好的人文家园。广场的传统建筑模式在现代岭南有了改变。广州产生了"城市客厅"理念：在"珠江文化长廊"和"岭南文化走廊"的交汇处，即珠江新城"七星拱月"建筑群周边地方建设综合岭南文化特色、现代特色、人性化新型骑楼特色，以及生态性、休闲性、商业性特色的，具有文化大气派的城市客厅。广州市珠江新城东中心的"东方之城"部分实现了这一理念。

其三，"立体绿工程"理念逐渐渗透到建筑、园林各方面。地面绿方面，广州提出并实施着"森林围城"规划。广州连年获得"联合国改善人居环境最佳范例奖"即迪拜奖这一世界最高奖项、"国际花园城市"和"中国人居环境范例奖"等奖项。空中绿方面，在珠海、广州、深圳及珠江三角洲发达城市，空中绿岛正在逐渐蔓延。广东城市建设结合岭南地域特点，发扬岭南园林文化传统，将广东人种花爱花的习俗引导到屋顶绿化上。空中绿还在广东许多城市的高架桥、立交桥和行人天桥中铺开。如广州内环路及放射线高架桥绿化面积达15万平方米，市区内40%的人行天桥已成为空中花园走廊。侧面绿上，强调增加立面的绿量，竖起"绿色城墙"，同时重视花园阳台建设。让绿色长满建筑物，这在广东已成为新潮流。

第二节　多元并包的岭南饮食文化

　　饮食文化既有物质文化，也有自然文化、精神文化方面的内容。岭南饮食方面的多元化和广纳世界精华十分典型，与传统中原物质生活模式的区别相当显著。岭南饮食文化最响亮的品牌是"食在广州"。粤菜包含广府菜、客家菜、潮州菜三个支系，是中国四大菜系之一。本丛书《岭南文化读本》中已有《岭南饮食文化》专著，本节重点只在于岭南饮食风格的鲜明特色及其深层的文化内涵。

一、岭南饮食的多元风格

　　选材广博，自然品种繁多，粤人注重享受，不断创新求异，创出众多的花式品种。

　　粤菜制作功夫之精细在海内外闻名遐迩。粤菜最见制作功夫的是鸡馔，有几百种之多，很能代表岭南菜式的多样性。几乎每个著名酒家都有自创的招牌鸡，如广州酒家的文昌鸡和茅台鸡、泮溪酒家的园林香液鸡、北园酒家的金

华玉树鸡和花雕鸡、大同酒家的脆皮鸡、陶陶居的莲花鸡、清平饭店的清平鸡、文园酒家的江南百花鸡、清末新会知县周桂生创制而后成六国饭店招牌菜的太爷鸡、佛山三品楼的柱侯鸡等等，均各具特色。清道光年间巡检司段玉成曾开百鸡宴，不是《智取威虎山》那种百只鸡的意思，而是鸡的百种制作方法。在珠三角尤其是广州，专门的鸡宴能让客人品尝几十种鸡肴而绝无重复之感，就因为每种鸡肴的制作都有不同的要求和技巧。比如最大众化的白切鸡，要选用小母鸡或者育肥的阉鸡，鸡的品种也有严格要求，一般以走地鸡为好。制作过程特别重视火候，以肉刚熟，切开后两腿骨还带血色为佳，这样才能有爽滑鲜美的口感，吃出鸡的原汁原味。

白切鸡

粤菜的多元风格是博采众长的结果，可谓南北荟萃，中西相融。

粤菜形成于秦，以后不断吸收大江南北风味发展自身。一个来源是从秦汉始一直到清朝，治粤官员带来不少官衙大厨，华夏各地的美食名肴和烹制技艺随之而来；大量贬谪岭南的官吏和王公贵族带来大江南北的饮食技艺，大大提升了岭南烹调技术。民间传入的北方烹饪技术，通过历史上四次北方大移民源源不断传入。南宋时期，大批江浙士族南迁，江南菜系的精华随之传入。

烹调方法的多样化就是南北融通的成果。南越国时期已发展到羹、炙、炮、煎、蒸、濯等方法，并开始出现炒作法。岭南文化学者罗雨林认为，宋代以后随着烹食传统的变革和技术的进步，炒作法流行，同时新出现或新改进的烹法有爆、煎、炸、涮、焙、冻等，炒法又分生炒、熟炒，发展出炒、煎、炸、焖、扣、煀、焗、泡、灼、扒、浸、烩、川、滚、煨、炖、煲、蒸、燀、清等20种烹调方法。粤人善于改造北方技巧，发展出自己的特色。如粤菜中的泡、扒、川就是从北方的爆、扒、氽移植而来的。

广州从明至清三度一口通商，南北烹调文化得以在此充分交流与融合，北方和江南菜系大量进入岭南，尤其是广州。当时南北风味在广州交汇，京都风味、姑苏风味、扬州炒卖，淮菜、川味、湘味与广东菜等地方风味的烹调技艺相互影响，岭南厨师们以自己的地方特色为基础，大量吸收了外域食法，使粤菜逐渐形成近代风味特色。岭北风味食馆进入广州，著名的如姑苏风味的聚丰园酒家、淮阳风味的四时春、上海风味的稻香村、三湘风味的湖南馆、京津风味的天津馆和一条龙、四川风味的川味馆、山东风味的五味斋等。

广州是著名的中外菜系荟萃之地。东晋时就有外洋人士传入海外饮食文化。葡萄牙人最早到珠江口叩关求市，带来了葡国鸡、葡式蛋挞等名吃。清中期乾隆帝只留广州一口通商，大大加速了广州中外烹调文化的交流和发展，岭南是西餐厅首开之地，沙面洋行众多，带来世界各国的名菜。著名的北京路太平馆西餐厅光绪十一年（1885）由徐老高创建。他原在沙面旗昌洋行当厨师，融会了西餐和粤菜口味，不仅吸引洋客人，本地居民也趋之若鹜。广州在晚清西餐以英式为主，味尚清淡，精制烧乳鸽、焗蟹盖等名菜，很受欢迎。岭南饮食文化善于融汇海外饮食文化积淀，不仅渗入大量西餐成分，在制作方法上也受到西方烹饪技艺的影响，如焗、煎、炸中的新法就是由西餐借鉴而来。

从晚清至20世纪40年代，百来年历史，珠三角地区饮食业之兴盛，酒楼之众多，在中国首屈一指。清道光年间温训《记西关火》说："西关尤财货之地。肉林酒海，无寒暑、无昼夜。"现代广东改革开放，"孔雀东南飞"，各省各地的饮食文化可以说是全都涌入，光是沙县小吃在广州就开了上千家。广东人又爱吃，贪新鲜，识饮识食，各地菜系得以生根开花。总之，粤菜善于以本地饮食文化为基础，吸取国内其他菜系和海外饮食的精华，从而形成了独特的南国风味。这又带来了粤菜强劲的北进势头，至今不衰。海纳百川的饮食风格，构成岭南文化一个有着独特地域特色的生活方式。

二、海鲜文化

海鲜文化是岭南海洋文化的一个重要特色。

当代广东、香港和潮汕的海鲜酒家开遍全国，以"生猛海鲜"风靡全国。这与以海洋渔业为主要经济活动之一的文化传统密切相关。中国最长的海岸线，使沿海粤人自古以海鲜为主要肉食。西汉桓宽《盐铁论·论菑篇》已载："盖越人美蠃蚌，而简太牢。"晋张华《博物志·五方人民》也说，粤人"食水产者，龟、蛤、螺、蚌以为珍味，不觉其腥臊也"。李调元《粤东笔记》云："粤东善为脍，有宴会必以鱼生为敬。"吃鱼生的习俗可追溯到百越文化圈时代原始先民生吃鱼的时代。以后传承下来，不断发展，到唐代时粤人不但吃"鱼生",还吃"虾生""水母生"。明末清初屈大均的《广东新语》对选什么鱼作主料最佳,如何烹制鱼生,用什么佐料,如何食法等有详细的记录。这种饮食文化风格流传至今,与中原、楚地等饮食文化大相径庭。

岭南人对鱼食的喜爱,有广府俗语"宁可三日无肉,不可一餐无鱼"为证。这促使他们从食鱼中逐步认识海鱼的品种、食性,到不断尝试烹制,创造了多种烹制方法,如焗、干煎、湿煎、焖、窝贴、煎酿等,创制了无数种鱼食的美味佳肴。流传至今著名的如:瓦罉焗鲤鱼、瓦罉焗水鱼、火腩焖大鳝、煎封鱼、香麻虾球、大良煎虾饼、煎虾碌、蒜子鱼、松子鱼、白灼响螺片、红烧鲍片、蟹黄大翅、玻璃虾仁等等。如食蚝的发展,唐代刘恂《岭表录异》一书已介绍岭南"肉大者腌为炙,小者炒食"的食蚝方法,到如今流行的姜葱焗鲜蚝、脆炸酥蚝等,蚝食品系列已成为粤菜菜谱中的名菜。

潮汕地区海岸线长,盛产海鲜,远古时就习惯吃海鲜。韩愈贬谪潮州作《初南食贻元十八协律》,描绘他在潮州任上,一桌宴席吃的海产佳菜就达数十种。现代潮州菜常以海鲜为主,打入内陆的潮州酒家也以生猛海鲜打招牌,海鲜类往往占相当大的比例,烹制方法多样,但以原味、清淡为主。

三、饮茶文化

岭南以茶文化和独特的饮茶习俗闻名于海内外。最为突出的一是广府,一是潮汕。

　　广府饮茶文化有不少自身特色。一是饮茶成为一种普遍的生活方式。广府说的饮茶主要指上茶楼。广州人早晨见面打招呼，习惯说："饮咗茶未？"即喝早茶了吗？你如果回答"在家里喝了"，那显然就不是广州人了。粤人很多社会活动都是在茶楼进行的，如日常交往、亲朋聚会、谈生意、交流信息，或海阔天空闲聊，无所不谈，或消磨时光，边饮茶边看报纸。20世纪六七十年代经济困难，一壶茶，两个点心，俗称"一盅两件"，加一份《羊城晚报》，广州人过得有滋有味。

　　二是饮茶的礼节独特。为广府人斟茶，他们都会食指、中指一起轻扣桌面表示谢意。据说这起源于乾隆帝下江南的典故。乾隆帝微服出行来到一家茶馆，高兴起来，竟随手给随行人员斟茶。这在皇宫里是要跪受的，但不能暴露皇帝身份，随从灵机一动，将食指、中指弯曲代表屈膝姿势，轻扣桌面，代表下跪。这个消息传到岭南人这里成了饮茶的礼仪，表达很强烈的谢意和对斟茶人的高度尊重，相传至今，并在东南亚华侨中盛行。

　　三是饮茶成为一种享受生活的方式。广府人的饮茶不是清茶一杯，不同于外省茶馆"垒起七星灶，铜壶煮三江"，大碗茶加一小碟花生米。广府人冲茶用小壶小杯，冲泡很讲究"茶靓水滚"，重视冲茶技巧，以煮到刚冒气泡叫做"虾眼水"为最佳，冲水后时间掌握十分重要，务必不泡老，以口感最佳为目标。广府茶楼点心之多，令北人咋舌。20世纪30年代，广州有点心"四大天王"，即禤东凌、区标、李应和余大苏。20世纪末广州茶楼业十分兴旺，泮溪酒家特级点

广式象形点心

沙河粉

心师罗坤能做出一千多款点心。前联合国秘书长瓦尔德海姆品尝泮溪点心后赞不绝口，一定要接见罗坤表示谢意。泮溪酒家的方便点心还远销日本和东南亚。

现在饮茶已不止于吃点心，但凡酒席的菜式，除了酒和米饭，什么都能上，主粮的面条、沙河粉、面包都应有尽有，任君选择。现今广府兴起一种"直落"方式，早上饮茶可一直喝到下午，两餐通吃，务求吃饱饮好。

饮茶注重审美情趣，也是生活享受的一部分。清至民国时，茶楼里多摆设字画、古董、木雕、诗词对联等。陶陶居的对联既雅又有教化功能，如上联"陶潜善饮，易牙善烹，饮烹有度"，下联"陶侃惜分，夏禹惜寸，分寸无遗"。泮溪酒家在满洲花窗上用套色蚀刻复制几十件我国历代著名书法家如颜真卿、苏轼等的手迹。北园酒家优美的园林景致，赏心悦目。一些茶楼还有粤曲、广东音乐的演奏，人们边饮茶，边欣赏歌舞，陶冶性情，人生何不乐哉？所以在广州茶楼中少见喧闹，人们互相叩指为谢，平和地聊天，不像饭市时有酒客大声吵闹。饮茶相当程度上塑造了广府人谦和、平淡、兼容的地域性格。

四是饮茶的历史悠久和整体的茶文化氛围浓厚。广府饮茶历史悠久，传说是来自西汉时南越王赵佗，他喜欢带着群僚到珠江边楼阁饮茶，这当然不可信。南海丝路生意兴旺，人们喜欢到饭馆聊天谈生意，专门的茶座、茶楼开始兴盛。明清时饮茶之风更盛。广府专门的茶楼业出现在乾隆年间，现今有物证的茶楼当为老字号成珠楼，有乾隆年代的牌匾为证。咸丰、同治、光绪年间，出现专为劳力和贫苦市民饮茶、歇脚、聊天的公众茶馆，因价格极低，俗称二厘馆。那时广州人将茶楼称为茶居，因为比较简陋，档次不高，较为著名的有，第二甫的荣珍居、第三甫的永安居、第五甫的五柳居。清光绪年间第一间体面的茶楼三元楼崛起，建筑豪华，外部装修浮雕彩门，铺陈富丽，内部则镜屏书画，时新花卉，典雅盆景，赏心悦目。稍迟则有陶陶居、巧云楼、怡香楼、品南楼、陆羽楼、福如楼等，无不装修华丽，有些还建成园林风格，造型、布局、摆设等追求别具一格，吸引人客。慢慢市民将茶

广州莲香楼

居改称茶楼，初期那些茶居大多跟进，提高档次。

潮汕工夫茶闻名遐迩，据说从元代就开始，历史积淀出其独特的茶俗文化。

潮汕人不管男女老少，都喜欢喝工夫茶，可说是人人上瘾，家家必备工夫茶具，一得闲就喝，成了生活中不可少的内容。俗话有云：宁可三日无米，不可一日无茶。婴儿在哺乳期时，潮汕人就给他品尝工夫茶，少年时就已掌握沏泡工夫茶的全部技巧。

在全国饮茶的民俗礼仪上，潮汕茶道是最讲究的。一是茶具考究。工夫茶具包括茶罐（壶）、茶杯、托盘、水壶、木炭炉，全套要齐全。茶罐和茶杯特别讲究。茶罐要用朱砂陶烧制的，以宜兴紫砂壶为上品。茶杯要细瓷的，洁白透明。

二是讲究茶叶的选择。工夫茶要用色香味俱全的乌龙茶，以饶平岭头和潮州凤凰山的白叶单丛为首选，其次才是沙仁、黄旦等。

三是用水非常讲究。旧时潮州人多用大缸储水，泡茶要取"缸心水"即经沉淀的水，以泉水或井水为佳。

四是非常注重礼节。普罗大众在冲茶喝茶中都会比平时更加彬彬有礼。比如，主人将茶冲入茶杯，向客人敬茶要放到客人面前，客人若是小辈，要起身道谢，先回敬主人，再敬周围其他人，然后才能喝。又如，如果三只茶杯一字排开，小辈绝不能拿中间那只，否则会被认为目无尊长。再如，喝茶时不能一口而尽，要细细品尝，说些赞赏的话。

第五"贵在工夫"。工夫茶最大的特点是讲究功夫。

泡茶的功夫包括一整套严格的程序。首先是用刚烧开的滚烫水冲洗茶罐、茶杯，茶杯每喝完一轮要烫洗一遍，各人无专杯。茶叶放入茶罐一般要占茶罐容量的八成，这样，饮前几杯会感苦涩，越到后面越觉甘香清润，这是一种享受茶的方式。冲茶讲究"高冲低斟，括沫淋盖"，一样都不能少。高冲指高提水壶，将水直冲入茶罐底。低斟最讲技巧，茶罐要尽量接近茶杯，快速逐一斟入所有杯子，防止茶香外泄，不能斟满一杯再斟下个杯，这叫"关公巡城"，保证每杯茶浓淡相同，大家平等。茶罐水快倒尽时要将余下的水逐次滴入各茶杯，叫做"韩信点兵"。括沫是指开水冲入茶罐，头两道有泡沫要用盖平括，去除杂质，使茶保持本色。淋盖指开水冲入茶罐，盖上盖后要用沸水浇淋整个茶罐，增加热量，茶叶能够快速出味。

潮汕人饮茶亦见功夫，讲究长时间慢饮细品，陶冶性情，讲究"茶品"，追求一种澄明、返璞归真的境界。这既是世俗的，也是一种高雅的"饮茶精神"。

第三节　岭南工艺的特色

工艺是和物质生产直接联系的物质文化形态，具有自然物质文化和精神文化双重属性。它是生活与美学、实用与审美的结合。从种类上可分为生活日用品和装饰欣赏品两大类。罗雨林从制作和材质特点将工艺分为九类：雕刻、陶瓷、染织绣、编织、漆器、民间绘画、金属工艺、剪纸及其他工艺。工艺美术则属于艺术范畴，是精神文化的创造，不在本节范围。

岭南工艺与岭南文化整体的发展分期基本一致，是岭南人兼容百越、汉、海外等多元文化的成果，文化传播是其主线，但它又融合出自身的鲜明特色。

一、岭南工艺的独立发展

此期大致从旧石器时代至西周，是文化传播最弱时期，岭南独立发展出自身特色的工艺。

旧石器时代的石器，已发现的年代较早的有广东阳春独石仔洞穴下层，封开花岗岩洞第三地点，广西百色第三阶段堆积和来宾、柳江、崇左、桂林、柳州等地洞穴的打击石器。它们大多是砾石石器，以砍砸器为主，器形粗大，制作简单，以单向加工为主，也有两面打成刃部的，并出现了穿孔砾石，但打磨骨器却比较精细和先进[1]。

新石器时代早期文化遗址以英德青塘遗址、桂林甑皮岩、南海西樵山遗址为代表。其中广东南海西樵山遗址发现大量打制细石器石叶、石片、尖状器、雕刻器和石核[2]。中期文化遗址以潮安陈桥村、增城金兰寺下层为代表。陈桥村打制石器多，出现了磨制石器，有肩石锛；陶器丰富，主要是圜底的釜、罐、钵，有夹砂陶、磨光红陶、彩陶等。晚期以曲江石峡下层、中层，金兰寺中层和佛山河宕遗址为代表，石器已出现段式，有肩石锛，以通体磨光为主，数量和形式空前之多，制造较精细，陶器质料多样，造型丰富，纹

① 莫稚：《广东旧石器文化及其若干问题》，《史前研究》1985年第4期。

② 广东省博物馆：《广东考古结硕果，岭南历史开新篇》，载《文物考古工作三十年（1949—1979）》，文物出版社1979年版，第326页。

西樵山出土的新石器

① 杨式挺等：《广东新石器时代文化及相关问题的探讨》，《史前研究》1986年第1—2期。

样多样，并出现了彩陶。从其纹饰看，已出现向青铜器时代的夔纹过渡的迹象。

此期工艺的品种和特色，一是石器工艺。石器工艺在制法上经历打制石器到磨制石器过程；在器形上有一个由粗石器到细石器的过程；在造型上从无段石器到段式石器，从无肩到单肩、双肩和梯形；在装饰上从无纹到划纹、刻纹和雕刻石器。

岭南旧石器时代晚期的石器已具有十分鲜明的地域文化特色。我国旧石器时代各期文化遗存中最常见的是砍砸器，岭南文化遗存则以刮削器、尖状器等石片石器为主要特征，并有先进的因素，如封开、阳春石器文化中的穿孔砾石等。

新石器时代岭南则不逊色于北方汉文化，石器发现数量之多，文化内涵之丰富多彩，以及各个时期和各阶段发展序列比较齐全①，足以与黄河、长江流域文化相媲美。这说明珠江流域文化与它们同是中华民族文明的摇篮。岭南石器文化具有自身特色，如早期青塘遗址的打制石砧，西樵山遗址的细石器、尖状器和雕刻器；中期陈桥村遗址的磨制石器和打制的"蚝蛎啄"类的尖状器；晚期的通体磨光制作精细的石器。

二是陶器文化。岭南陶器文化开始于新石器时代，在器质上经历从夹砂粗陶到泥质陶，从软陶到硬陶的发展。在制作上，呈现从手制到模制

新石器遗址出土的
几何印纹陶片

到轮制的进步；在烧制上从低火候的灰胎到火候较高的红胎、黑胎；器壁上从厚到薄；在面质上从素面到磨光，再到彩绘。在器形上，经历从单一到多样的过程，如早期只有圈底，中期发展出矮圈足的盘和豆，晚期出现泥质陶罐、弦纹细把豆和折肩罐等新器类，器与器座分开等。纹样上的发展更是丰富多彩，从早期的素面无纹或只有绳纹到中期的绳纹、篮纹、划纹、刺点纹及少量几何印纹，再发展到晚期十分发达的几何印纹，器表拍印几何纹达50%—80%。纹样丰富，有波浪纹、曲尺纹、方格纹、叶脉纹、云雷纹、梯子形格纹、编织纹、复线长方格纹、重圈纹等。这些发展反映在造型、线条、色彩上从实用到审美的进步，表明新石器时代岭南陶器文化的成就辉煌。

在这发展过程中呈现出岭南陶器鲜明的地方特色。其一，有鲜明海洋文化印记。梁振兴认为："珠海早在四五千年以前，已有古代先民来到凤凰山、黄杨山周围及其附近海岛，从事渔猎生活，遗址有10处之多。在淇澳岛后沙湾新石器时代遗址所出土的彩陶圈足盘和白陶豆，其器表上彩绘的波浪纹、压印的水波纹；在三灶草堂湾新石器时代遗址所出土的夹砂陶釜，其肩部刻画一周波浪纹，这些艺术装饰都反映了古代先民朝夕与海潮相伴，表达了他们对大海的崇拜。"[①]这可视为海洋文化在陶器上的显现。其二是彩绘陶。岭南特别是广东陶器文化中期多用赭红色彩，晚期则以赭红色和橙红色为主，与仰韶文化常见的黑色不同，以其明艳区别于北方的粗犷凝重。其三，几何印纹陶十分发达，这是岭南新石器时代晚期最主要特色，印纹特色中尤以波浪纹、叶脉纹等纹样和印痕深等为特色。其四，在器形上也有地方特色，如中期以绘彩圈足盘较为典型，晚期以圈足器、三足器和圜底器为主。

三是骨器文化。旧石器时代就出现打磨精细的骨角器。新石器时代早期已掌握选料、切割、磨光等加工技术，骨器种类增加了锛、刀、锥、镞、针、笄等，中期发展出鱼骨、兽骨、贝壳制成的佩饰、串饰，逐渐发展到纯审美的饰物文化范畴。

四是饰物文化。其初始于旧石器时代。新石器时代早期骨器制作技术提高，出现了宗教、审美功能重于实用功能的骨器饰物。中期种类更多，并出现较为纯粹的饰物，如象征男性崇拜的陶祖。晚期饰物种类大增，制作更精美。河宕遗址出土象牙制的大臂环，一男性青年头顶上随葬一对薄如蛋

---

① 梁振兴：《珠海曾是"海上丝绸之路"经过的地方》，载《岭峤春秋——海洋文化论集》，第160页。

壳的象牙饰物。石硖文化有石臂环、石玦、石璜、石琮等佩饰。人们采用当时最先进的切割、磨制、钻孔等技术制作装饰品，可切割硬度达6度的绿松石和水晶石，磨制光洁度很高，形制和组合以及工艺水平与良渚文化相似，已出现向百越文化圈过渡的迹象。

二、百越文化圈期的岭南工艺

岭南工艺此期吸收外来工艺元素，大量的是周边百越各民族的因素，同时也吸收长江流域文化，通过楚湘文化间接吸收中原文化，反映出岭南文化多元兼容的特性。

其一，青铜工艺。岭南青铜器的器形和纹饰中百越文化圈特征最为明显，并具有自身特色。一是西江区域与上游的滇黔越族联系甚密，如青铜器中有钺和戚两种，楚地甚少见到。二是受长江流域影响。如鼎分为折沿直口、盘口半环耳、敛口附耳等式，与江苏、江西、湖南等地的形饰相似。但青铜器的岭南特色也很突出，如匕首、附耳筒、圆球形器、方印形器、篾刀、人首柱形器等都是富有本地特色的器形；装饰上的人物、人面、藤纹、席纹只有广西东部和广东可见，"王"字形纹也为岭南特有。

其二，几何印纹陶。在百越文化圈期有很大发展。一是前期，主要属于春秋时期的夔纹陶，达到了岭南几何印纹陶的鼎盛阶段，陶质胎质硬、火候高，扣之发铿锵声；发展出多种器形，常见的有罐、缶、尊、豆、钵、盘、碗、杯等，并流行圜平底，器表装饰风格与青铜器纹饰一致，盛行拍印夔纹、勾连雷纹、圈点纹、方格纹和组合花纹，清晰规整，阳纹阴纹对比鲜明。二是后期，主要属于战国时期的以米字纹为代表的陶器。但几何印纹此时已衰落。

三、汉越融合的岭南工艺

此期大致从秦征并岭南延续到中西文化碰撞期，以中原汉文化为主体，但仍有强烈的本地域文化特色。这时期是岭南工艺发展最迅速、最鼎盛的时期，保存下来的工艺品数量和种类最多，风格最多样。其总体文化特质主要表现在以下几方面。

一是种类剧增，总体上与其他地域文化平行发展，某些方面还由于其特色而著称于华夏。比如铜器从秦汉的楚式镜、六山镜，到汉代的铜鼓、铜锅、铜鼎，明代的铜锭、铜

南越王墓出土的玉舞人

123

南越王墓出土的银盒

三十一层牙雕球

剑鞘、铜钱。又如石器工艺发展到基本以审美功能为主，实用功能为辅。石雕、石刻从秦汉始全盛发展，玉石工艺呈现繁荣景象，汉墓普遍出土琉璃、水晶、玛瑙、琥珀等质料的珠饰。象牙雕刻是岭南历史悠久的民间工艺，最迟在西汉时南越国王赵眜墓已随葬有琴、弦柱、刀鞘、印章等几十类共300多件象牙雕刻品。清代广州牙球雕刻发达，镂空象牙球内分若干层，层层可转动，技艺卓越。肇庆端砚闻名全国，出土最早年代的是高要县北宋墓的抄手砚。

　　传统工艺外，此期还发展出新兴的铁器工艺、造船工艺及棉织、丝绸、印染、刺绣等织造工艺，还有木雕、琉璃、玻璃、家具、漆器等多种工艺，其品种呈几何级数增长。其中陶瓷工艺、织造工艺发展成就最大，而且最具岭南特色。陶瓷工艺在宋代达到鼎盛，其中广州西村窑、北宋瓷都潮州窑、惠州窑、石湾窑闻名中外，其产品以外销为主。阳江"南海Ⅰ号"沉船中就有不少广东陶瓷种类。织造工艺方面，岭南元代时棉织工艺就很发达，当时黄道婆对中国棉织工艺发展做了贡献。明代"广纱甲于天下"，新会葛布、蕉布生产十分发达。清代广东纺织已自成独立的地方体系。佛山绿绸印花在清代十分著名。刺绣工艺上，粤绣（在潮州的刺绣别称为潮绣）与苏绣、蜀绣、京绣齐名，其艺术特点是花纹繁丽、喜用凤凰、百鸟、鸡等为题材，色彩浓艳、对比强烈，具有明快热烈的艺术效果。粤绣如同广东音乐、广东陶瓷一样，富有浓厚的广东地方特色，是岭南文化中的杰出代表。

二是工艺向精度发展，造型、色彩趋向多样化。陶瓷工艺尤为突出。南越王墓出土的施釉陶器表明岭南自战国以来一直延续的青釉系统领先于中原。三国至五代在汉釉陶基础上转向主要烧制釉色晶莹的青釉陶瓷器。五代南汉国皇帝刘

石湾南风古灶窑

清晚期广绣花鸟博古插屏

南越王墓出土的双耳陶罐

宋代外销的笔架山窑陶壶，
现为日本东京私人收藏

晟的昭陵出土的四耳、六耳和夹耳罐造型美观，釉色晶莹，是同期青瓷中的精品，代表了广东艺人高度的技术水平。唐代岭南潮州窑、梅县窑、石湾窑等地陶瓷各有特色，争奇斗艳。其中梅县窑烧造的圆形十足青瓷砚，圆径45厘米，这么精致的大型青瓷砚国内极罕见，是此时期的代表作之一。宋代是岭南陶瓷发展鼎盛期，光釉色就有几十种，装饰上突破唐代不太看重纹饰，釉色追求似玉效果的旧规，出现刻划、印花、彩绘、点彩等纹饰，题材广泛，图案结构更富变化，各地又异彩纷呈。明代岭南瓷业又有发展，流派众多，风格多样。

三是岭南特色鲜明。汉越文化融合期的主导趋势是岭南受以儒家为正统的汉文化同化，但由于前两期本根文化和百越文化的基础雄厚，岭南工艺保有自身显著的特色，具有先进和优秀的内涵。它在工艺品造型、色彩、装饰图案、

现存于菲律宾的广州西村窑
点彩刻花大盘

工艺技术特点等方面一直有别于中原和其他地区。总体上说，岭南特别是广东陶瓷形式上的追求总是偏重于精巧、精致和较为明亮清丽，绿彩较重。直到清嘉庆、道光年间及其后彩色增多，黄彩大量出现，金彩也倍增，出现一段时间追求金碧辉煌、绚彩华丽的艺术风格。清代后又很快在新的层次上回复过去的风格和特色。

四、中西文化碰撞的硕果

以乾隆只留广州一口通商为中西文化碰撞的标志，始于康熙、雍正时并已初具风貌，成熟于乾隆的广彩瓷器取得了辉煌成就，海洋文化的内涵空前增加。

西方海外输入的大量资本和工艺技术，使岭南近代工艺技术趋于机械化，迅速发展起来。如染织方面采用近代染织工艺；织造方面，纺织原料从采用棉、丝、毛、麻等自然纤维到采用化学纤维；织机方面采用蒸汽机、电机带动的铁轮织机和流水作业；印染方面发展到滚筒、丝网印花；织物提花从传统木机发展到铁机提花。这同时使一部分传统工艺逐渐衰落。

工艺技术的改进促使工艺品种不断增加，

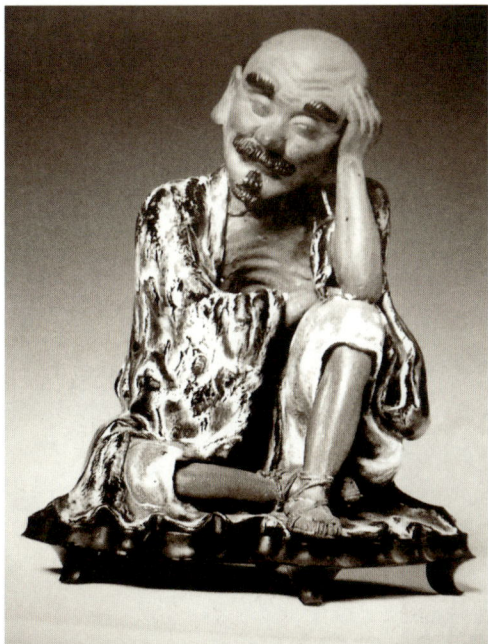

清石湾窑翠毛釉老人塑像

产生了玻璃工艺品、塑料工艺品、铁花工艺品、机印花布、搪瓷工艺品、喷漆工艺品、机绣工艺品、现代装潢工艺等新的工艺品种。水晶眼镜是清代广州名产之一，有好几条专做眼镜生意的"眼镜街"，当时已能制造1200度的眼镜。

工艺品海外文化内涵增多，表现为题材内容上与封建文化、殖民地文化的杂处。杂处情况各时期有所不同。清代中期广彩瓷器外销基本上是在平等的条件下，由西方商人订货，来料加工，由于商业需要而迎合外国商人的品味制造。如17世纪后期法王路易十四的宰相马札兰创立的中国公司派人到广东定做带有法国甲胄、纹章的瓷器。乾隆时，广彩锦地开光神父传教图大碗，画面为一神父打扮的洋人，另有一些群众似在听传教，旁有一只洋狗。鸦片战争后的工艺品始有较明显的殖民地文化味道，表现出崇洋媚外。

潮州金漆木雕小蟹笼

工艺品造型方面吸收了西洋简单明朗的风格，外形趋于流线型和简化，尤其是玻璃工艺、塑料工艺、搪瓷工艺表现得最明显。传统的陶瓷工艺、家具工艺等也发生相当程度的变化。纹饰设计方面，广彩瓷器从开始阶段，就在吸取我国五彩、珐琅、粉彩等艺术精华的同时，仿照西方的艺术形式，加强图案的装饰性，色彩方面由原来基本上采用绿和红的色调，金彩较少，发展到后来黄色大量出现，颜色对比强烈，冲突感强，西方特色逐步增多。家具工艺上普遍接受西方简化的模式，重视几何线条的式样增多。新兴工艺品如塑料、玻璃、搪瓷等图案简单，线条简化，鞋帽、服装、饰物等均呈现这一特色。工艺品尽管西化，中国传统艺术形式和技术特点还是占主导地位。

影响这一时期工艺发展的因素与前面各时期最重要的区别是，以往工艺品主要在内销，而此期输入和出口均表现为历史上最大幅度的增长。一方面，洋瓷洋布洋塑料洋玻璃大量进口，另一方面，广彩、粤绣、中式古董大量出口。清中期后，广彩外销在国内数量最大，主要是根据外商要求，以接近西方的艺术形式，受到了西方人的欢迎。

第四章

粤人社会：独特风情的岭南社会生活文化

物质文化的多元化必然带动岭南社会生活文化的多元和丰富。后者又反过来推动物质文化进一步走向多元化。社会生活文化在第一章中分为生活文化和社会文化两个范畴。生活文化是基础，社会文化是在生活文化之上的组织形式和制约、调节方式。当然，生活文化也是个体人的社会化生活，也包含社会文化的内涵。岭南的生活文化和社会文化相互作用和深度渗透产生一个具有独特风情的粤人社会。

岭南社会生活文化的主要特色集中表现于四种社会形态。重商社会、移民社会、华侨社会、平民社会是岭南社会生活文化区别于国内其他地域文化最鲜明的特征，即第一章概括的岭南社会生活的主要文化特性：商业性、平民性、海洋文化特性、非规范和远儒性。

第一节　重商传统与商业社会

岭南地域的商业气息在国内是公认最为突出的文化特色。重商文化传统是渗透在岭南文化系统中的精神特质，在自然物质文化、精神心理文化中都是积淀深厚的，但笔者将它放在社会生活文化中来谈，因为它是构成岭南社会结构区别于内陆地区的一个极为重要的特色：即使在农业社会中它也不是中国典型的农耕社会，而是一个特殊类型的商业社会。下面笔者将重商文化内涵与商业社会相结合做一阐释。

一、"以海为商"的悠久传统

重商是岭海人一个极为重要和富有特色的文化传统。从发生学的角度看，在岭海环抱的生态环境、海陆贯通、物质生产多元一体的经济发展格局中最易形成重商传统。从先秦南海商路开辟起，这一物质生产多元并存格局就由商业贸易这条中心线索贯穿，并且以海洋交通贸易为主干。"以海为商"是其区别于以中原文化为代表的北方文化的显著特征。

"海商"的传统一直延续至今。南海向南转西，通往太平洋和印度洋的漫长海岸和各民族居住地。岭海人率先接触海外的各种奇珍异宝，在中国大陆人们看来这些都是稀罕宝贝，这给予岭海人大量的贸易机会，所以粤商早在先秦时期就以"海商"而独树一帜。"秦始皇……又利越之犀角、象齿、翡翠、珠玑，乃使尉屠睢发卒五十万，为五军，……一军处番禺之都。"（《淮南子·人间训》）这说明其时广州已是海外奇货集中，以海外通商著名的都会。《史记·货殖列传》介绍国内著名的9个"都会"，偏于一隅的岭南已有番禺在列，是国内商业重镇，原因在于海外通商带来的"珠玑、犀、玳瑁、果、布之凑"。徐闻、合浦两个海港在汉代中原已声名卓著，民谣"欲拔贫，诣徐闻"一直广为流传，可见其海外商业贸易的发达。古徐闻港位于今广东徐闻县五里乡仕尾村，近年出土大量汉代文物如水晶、玻璃串珠和玛瑙等，均由海外而来。今属广西的合浦县现已发掘了上千个汉墓，出土文物逾万件，不少是由海外输入的，如玛瑙、琥珀、水晶制品和玻璃珠饰品等。及至唐代，中国海上丝绸之路名为"广州通海夷道"，是中国唯一的西洋航路，闻名世界的海上商路。岭南的外贸当时冠于全国。何博传描绘道："在海上丝路盛期，从珠江口出发的船队，穿过东南亚到欧洲往返，全是粤人天下，竟无欧洲人插足之地。"①粤人的海商形象是十分豪迈的。

粤人重商，历代史籍有大量论述和记载。清代屈大均《广东新语·食语》曰："又广州望县，人多务贾与时逐……农者以拙业力苦利微，辄弃耒耜而从之。"

重商传统在现代仍然葆有旺盛的生命力。即使在"大跃进"和"以粮为纲"的年代，岭南"资本主义尾巴"割之不尽，广东人"投机倒把"，"走水货"难以禁绝。改革开放伊始，这种传统立即焕发出巨大的能量，多样化的商品马上大量涌现，水货大行其道。广东人冲破一个个禁区，向外商外资开放，广东出口领先于全国，至今依然。20世纪80年代广东的"全民皆商"壮举使全国人为之惊愕，内陆人们评价广东人有"天生的重商意识"，是"商人的后代"，似绝对了些，但挺传神。

重商是海洋文化派生的，粤商的本质特征是海商。对于岭南海外贸易发达的促进因素，除了自然环境等原因外，有人归因于"土田少，人竞经商于吴、于越、于荆、于闽、于豫章，各称资本多寡以争锱铢利益，至长治甲民名为贩川生者，则足迹几遍天下矣"（民国《大埔县志·人群志》），有人则归因于风气。屈大均在《广东新语·食语》描绘过这种内外商贸："又广州望县，人多务贾与时逐，……其黠者南走澳门，至于红毛、日本、琉球、暹罗斛、吕宋、帆

① 何博传：《珠三角与长三角优势论》，载黄树森主编：《广东九章——经典大家为广东说了什么》，广东人民出版社2006年版，第307页。

踔二洋，倏忽数千万里，以中国珍丽之物相贸易，获大赢利。"珠三角与客家山区的情况不同，但都说明海洋贸易利润丰厚，是重商传统形成一种集体意识的主要动因。唐代时韩愈在《送郑尚书序》就指出："若岭南帅得其人，则一边尽治……外国之货日至，珠、香、象、犀、玳瑁、奇物溢于中国，不可胜用。"明清时市民社会盛行"逐番舶之利，不务本业"，下海经商成为普遍的社会风气，以至于岭南地方官多重视海洋商业，不少官员提出重商主张。如明代抗倭名将、广东总兵俞大猷曾感慨广东"市舶之利甚广"。明代广东巡抚林富受本地风气和民意影响，曾向朝廷上书提出开海通商贸易的四个好处："足供御用""悉充军饷""救济广西""民可自肥"。

自古粤商就与浙商、晋商、徽商、闽商等并称于世，但内陆商家主要功能在于内陆流通，而沿海各省自古形成不同的功能：闽商主要面对台湾和琉球，江浙商人主要面对日本，再北的省份则主要局限在对朝鲜半岛和俄罗斯的贸易，其口岸的职能范围也是如此。只有粤商面对整个东南亚，直至印度半岛、波斯湾、地中海和东非，天地广阔，非他人能望其项背。同是濒海之地，直到唐代江淮地区仍需从岭海输入大量海货，张九龄描绘本地域海外贸易："上足以备府库之用，下足以赡江淮之求。"自汉代以来，中央统治者对岭南特别是珠江口的海外贸易都存在程度不同的"政策性偏爱"，甚至在闭关锁国最严厉之时，仍给予广州一口通商的外贸权力，或默认广东沿海"商舶贸易"和私商的外贸活动。现代中央政府重视广东，给予政策支持，自有岭海人重商传统作为深厚的文化基础之考虑。

二、商业社会的文化特色

重商成为岭海人处理现实生活和实践事务的重要价值方法，重商文化传统深刻地影响着社会生活文化的各个方面，岭南形成了中国典型的商业社会类型。下面着重论述三方面。

1. 岭南商业社会的特殊构成

商业贸易活动作为岭南地域一种最为重要的生产和生活方式，使岭南在社会分工和社会阶层结构上具有自身鲜明的特色，建构起商业社会的特殊形态。

中国大陆农业文化传统在物质生产领域表现为刚性的"重农抑商"经济政策，民以士农工商排序，商人最有钱，地位排最后，其发展受到诸多抑制，民众也长期积淀了"贱商"的深层心理，"商人重利轻别离"深入人心。岭南尤其是珠江三角洲和韩江三角洲这些商业贸易发达的区域却反过来，民众多重商甚于重农重工重仕，这是岭南大异于中原地区的一个特色。

在农、工与商关系上，岭南更重视和倚重的是商，但并不表现为明显的抑农倾向，总体上是农、工为商业服务。本地域从未像川蜀、中原、江南那样成为中央的粮仓，却在许多朝代有"天子南库"之类的美誉。岭南粮食时常不能自给。《雍正硃批谕旨》第4册载有清代广东缺粮的事实："广、惠、潮、肇四府"，"所出之米，不足供民间食用"。其形成的原因主要在于经济作物比重大，粮田大量减少。当时珠三角广种各种水果、花卉和其他经济作物，如新会种葵面积清代时多达4.7万多亩；山区或边缘地区则发展自身具有优势的水果、烟、茶等经济作物。岭南发展多元化的经济作物，直接来自商业动力。种植哪些农产品，人们优先考虑能不能通过手工业和工业转化成商品，在市场中谋利，或通过发达的海路交通销往海外，牟取更大利润。这种农工商关系使社会养成了以从商为荣，尊重商人的社会心理。历史上大商人比大地主更受人羡慕，地方志记载更多。"田可耕不可置"的俗语也反映了这一点。

商与士的关系上，岭南并不像传统中原乃至江南那般"重仕"和"重士"，反倒存在一个"商士农工"的商排于前的特殊结构。史书多载岭南地方官府有"保护商民"的传统，商排在前。这在中国农业传统社会是极具特色的，其重商性明显区别于重农抑商的中原文化。除了客家，传统粤人社会流行着"书可读不可试"的观念。《岭外代答》记录珠三角濒海的富庶地区"南海四郡"的读书人多不愿出仕，出钱请人代为做吏，自己经商赚钱，乐得自在。

2. 商业社会的生活方式

重商是岭海人生活文化呈现出明显区别于内陆文化的重要特征之一。重商思想观念是渗透于粤人生活各个方面的无时不在的精灵，构成人们特有的生活方式和社会中浓重的商业文化氛围，这是广东最早形成市民社会和平民社会的动因。

　　岭南地域的商业气息在国内是公认最为突出的文化特色。其一表现为热衷经商，似乎人人都有商人头脑。20世纪80年代广东"全民经商"，大家都在倒卖着水货、商品、票证和证券等，这给计划经济控制下的内陆人留下了深刻印象。八九十年代广东创造了连续保持第一经济大省的"广东奇迹"，北方人将此归因于重商意识，许多逸闻趣话流传开来。比如，没有广东人不敢赚的钱；广东人发现商机眼睛比谁都亮；潮汕人人皆商。末者尤其传得神。广东女人爱做生意、擅长商务也很出名。有人总结，北京姑娘"泡吧"忙，四川姑娘"写真"忙，上海姑娘"上网"忙，而广东姑娘"炒股"忙。对广州三家交易大厅进行调查的结果显示，女股民竟占78.6%。于是有这样的描写：成百张粉脸朝着一个方向，飘红和飞绿不时引发一阵尖叫和叹息。从商、赚钱成为一种潜意识，一种生活方式。茶楼文化的兴旺与此相关，茶楼在广东是"斟生意"或商业信息流通的好地方。在这种浓重的商业社会氛围中，人们注重实务、实利和世俗生活，讲求感官享受而淡化一些儒家和传统理念，就成为必然的现象。

　　其二是呈现遍地皆商的景观。广东历来商业发达，清代开放海禁后，"就粤海而论，借外来洋船以资生计者，约计数十万人"（《庆复折》）。与外贸相关的行业十分齐全。近代广东已有"银行多过米铺"的俗话，可见商业之兴旺。改革开放之初，抛弃"铁饭碗"而去经商，国内都称为"下海"，就是从岭南的广东传播开去的。珠江三角洲地区尤其是其中心广州，有路就有各式商铺，满街都是商铺和商场，马路像是专为商业而设的，这在全国特色彰显。开个商铺是广东人最习惯和熟悉的方式，算是小菜一碟。广东因此在开放初期就最早发展起个体和私营经济，对饱受抑商传统浸润的内陆许多人来说，当时这是很难迈出的一道槛。今天，满街皆商的"西关商廊"展现出岭南最有代表性的市井风情画。它从明代开始就是集衣食住行玩，购物交易为一体的老商业街，包含着生活文化的各方面内容，改革开放中则成为全国第一条步行商业街。在这里你可以看到，"行街"、购物和"斟生意"是广东人的一种生活方式，北方客人在这里则感受到广东人好吃、好玩、贪新鲜、追潮流的享乐型生活方式的特色。

3. 商业社会的文化意识和社会心理

重商作为文化精神而非简单的意识，还在于它渗透于粤人生活方式的各个领域，是在岭南无处不在的精神特质。相对于传统中原文化地区认为有土地最为踏实，粤人则更多地表现为有钱最为踏实，所以"搏命赚钱"，敢拼才能赢，年轻时要"捱世界"等，都成为粤人较为普遍的生活态度。在广州的上下九商业步行街，你可以感受到讲求平等，等价交换的价值观念渗透在市民生活及岭南社会的各个层面。在这个重商社会，遵守契约和重视诚实信用成为人们的普遍共识。

浓重的商业社会氛围是岭海人在近代最早对接起世界海洋时代和资本主义发展趋势的基础。鸦片战争后，西洋商品以其制作精美、价格低廉的优势，在岭南地区大肆倾销并迅速破坏了散落于乡镇集市的各种作坊手工生产体系，重商主义的经济思想被猛烈唤醒。岭南思想家们都曾花费过大量的笔墨去宣传发展工商业的重大社会意义，演化成一种影响中国近代的思潮，成为近代岭南文化在思想构成方面的一个重大特征。康有为在民族危机中很早就意识到民族之振兴在于工商业之发达："并争之世，必以商立国。"他又指出，"以兵灭人，国亡而民犹存；以商贾灭人，民亡而国随之"。郑观应更直接地主张"以商立国"，认为"欲制西人以自强，莫如振兴商务"，并由此提出了与西方列强开展"商战"的主张，一时轰动，影响深远。容闳、何启、胡礼垣、孙中山等思想家对发展资本主义工商业的必要性都曾作过重要著述。孙中山将民生列为三大目标（民族、民权、民生）之一，要求大力发展工商业以满足民生需求，富民强国，这些思想贯穿于其建国方略之中。岭南近代商业文明影响了整个中国近代史，并在20世纪初产生了中国近现代史上的伟大变革和诸多文化巨人。

现代改革开放中，政策功不可没，临海且毗邻港澳的地缘优势和华侨众多的人缘优势也不可忽视，但最基础的还是整体的商业社会文化氛围。邓小平在四个特区中就选择三个广东城市作为试验田，这有深厚的文化根据。重商性是岭南文化特质中起主导作用的基础，岭南物质文化中的多元性、实用性心态，观念文化中的开放性、冒险性、求变的动态心理和兼容的胸怀都与其相关联。改革开放中广东淡化姓资姓社等争论，埋头于实务和赚钱，不怕苍蝇进来而对境外打开窗口，粤人敢于冲破一个个传统禁区，"用好政策，用足政策"，背后的一个动力就是重商精神。商业和消费文化强力催生了广东经济奇迹，一度使大上海黯然失色，岭南商业文化作为当代中国强势的地域文化大举北上，与"京派文化"和"海派文化"互相砥砺，构成三足鼎立之势，可见它是很有力量的。

但它以大众通俗文化，携港澳之势而大行其道，并非长久之计；商业和世俗文化固有媚俗的一面，其"浅薄"使许多外省人觉得它不入主流文化。因此在更广的视野看重商，不停留在重商意识和商业的小范畴，而进入广义文化的视野，我们对重商文化才能有更深一层的把握，同时对其优长和缺短有较全面的分辨。

第二节 华侨社会文化特色与地位

粤人不是固守于土地的种群，而是四海为家的海洋文化种群。岭南是全国最大的侨乡、典型的"华侨社会"，与内陆甚至其他沿海地域比较，其粤人社会的文化特色十分突出。

一、岭南华侨社会的特色

岭南华侨①在国内具有"三最"特色。一是华侨历史最长。岭南在中国各地域中拥有最长的海岸线，海洋孕育了华侨。徐闻、合浦、广州等是南海丝路重要口岸，世界关于海

---

① 本书将华侨、华人华裔、侨眷侨属统一简称华侨。

上交通的最早文字是《汉书·地理志》所载，中国出口船舶"自日南障塞、徐闻、合浦航行"。如果以移居东南亚计，华侨历史早在那时便揭开了序幕。广州港对外通商长盛不衰，使粤人习惯于海外拓展，远涉重洋成为华侨。唐代广州通海夷道阶段，就有粤人海外"往蕃"而成"蕃客"。粤人惯于四海为家，浮家泛宅而成就被誉为"海上广东"的华侨社会。

二是华侨分布最广。粤籍华侨分布于五大洲165个国家和地区，这种分布特点使海外流行一句谚语："The sun never sets on the cantonese community.（太阳永远普照粤人社会。）"。这有点类似大不列颠的"日不落"之誉。国内则将粤人华侨社会称为"海上广东"。

三是岭南华侨最多。广东在明清时便成为中国第一侨乡。1945年前后全国华人华侨人数近1100万，原籍广东的占约700万。20世纪末祖籍广东的华侨超2000万，回国定居广东的归国华侨和侨眷逾1000万，都各占全国的2/3以上。广西有1500多公里海岸线和众多良港，1989年广西籍海外华侨华人260多万，少数民族华侨居全国之最。海南有海外华侨、华人近300万，归侨、侨眷100多万。归侨、侨眷主要分布在文昌、琼海、万宁、海口等地，全省最大的侨乡文昌市，归侨、侨眷占全市人口的三分之二。

开平碉楼

归国华侨冯如，中国第一架飞机制造者，被誉为"中国航空之父"

广西和海南都认为自己是中国仅次于广东、福建两省的第三大侨乡。三省（区）都属岭南，岭南作为一个整体无疑是国内华侨人数最多的地域，这还没有算上港澳的华侨。

至改革开放前粤人大多有"海外关系"和"南风窗"，构成巨大的社会群体。华侨、华人华裔、侨眷侨属等一起构成岭南的"华侨社会"整体，华侨的地位和作用举足轻重。

二、华侨文化的历史贡献和地位

华侨文化的重要性首先表现在，华侨是中国社会的"变革先锋"，是中华文化重要的创新之源。旧民主主义革命时期华侨为推动中国变革牺牲甚巨。辛亥革命前大批广东籍华侨加入兴中会、同盟会，义无反顾地出钱、出力乃至上战场牺牲。孙中山策动多次国内武装起义都有大量华侨参加。黄花岗起义90多位烈士中有粤籍华侨29人。孙中山高度赞誉华侨为"革命之母"。新民主主义革命中广东华侨投身爱国统一战线，4万多粤籍华侨归国投身抗战，中国空军驱逐机驾驶员中华侨占3/4。抗战中华侨汇款广东达54.2亿元，捐款约2亿美元。华侨还是创建新中国的重要力量，典型如粤籍美国侨领司徒美堂1948年宣告拒绝参加国民党包办的"国民代表大会"，呼吁还政于民，成立民主政府。他和蚁美厚等粤籍华侨于1949年到北平出席中国人民政治协商会议，参与新中国诞生的事业。

其次，华侨是中国的"建设支柱"。这在近代和现代都

冯如设计制造的飞机

表现得很突出。近代广东成为中国民族工业和民族资产阶级诞生地之一，华侨担当开路先锋，在粤投资贡献尤巨，创造了中国无数个最和第一。1862年至1949年，华侨在广东兴办企业2.12万多家，同时对教育、慈善、医疗等社会公共事业贡献突出。新中国诞生为海外华人回国投资提供了和平稳定的环境，1950年至1978年广东侨汇收入38.76亿美元，是国家外汇收入的主要来源。

三、华侨社会与岭南再次崛起

华侨社会是使岭南文化继近代后再次崛起为中国主流文化之一的重大动力。这一过程始终贯穿着广东最突出的一个优势和特色，即三个众多：华侨华人和归侨侨眷众多，侨捐项目众多，侨资企业众多。华侨所起的这些作用是一种群体合力的结果，所以应理解为华侨社会的作用。

广东全面落实侨务政策最早最彻底，使华侨受压抑的爱国爱乡热情迸发出来。张明敏一曲"祖国已多年未亲近"道出了他们的心声。1979年至2000年广东侨汇收入达27.17亿美元，是广东经济建设的主要外汇来源。改革开放至2005年，华侨华人、港澳同胞在广东捐赠兴办公益事业累计约350亿元人民币，占同期全国总数的70%。这些对广东迅速搞活经济所起的作用，是国内其他地区难以比肩的。

广东率先开办经济特区并取得巨大成功，与华侨社会的优势密不可分。

林炳熙就指出过，"特别是与岭南地区广大家庭、社会有着千丝万缕血缘关系的海外广大华侨社会的形成"，和其他种种因素一起形成的海洋文化类型的岭南文化决定了特区经济在华南沿海兴起[①]。

广东开办经济特区的理念就源自华侨。1979年3月3日的广东省委常委会议上，吴南生提议广东先走一步，在汕头划出一块地方搞试验，用各种优惠政策来吸引外资。这一设想的雏形就是首先由潮汕籍华侨根据海外成功的发展经验，向吴南生提出的，这对当时十分封闭的国内来说是很新鲜的。广东省委向中央汇报后，邓小平拍板称为"经济特区"。选择深圳、珠海和汕头这些侨乡开办经济特区，这一决策被后来的事实证明是正确的。

对三个经济特区中央只给政策不给钱，华侨投资对于

① 林炳熙《浅议海洋文化与特区经济》，载《岭峤春秋——海洋文化论集》，第92—93页。

改革开放作用巨大。1979—2000年，海外侨胞、港澳同胞在深圳、珠海两地投资兴办的侨资企业有56570家，投资总额634.12亿美元。当时的统计将港澳同胞包含在内，实则他们都属于岭南。选择汕头有着充分的华侨文化根据。改革开放以来华侨投资企业投资额100万美元以上的有2007家，广东华侨投资企业最多的五个城市，深圳和汕头列第一、第二名。我们考察经济特区在广东的成功，改革开放由此在全国沿海铺开对中国振兴的意义，可以看出其中华侨社会及其文化可谓居功至伟。

华侨社会对改革开放成功还提供了巨大的人才库，这是人和因素。历届广东政府高度重视华侨政策，不仅吸引资金设备，而且吸引了大量人才和技术。至2006年6月，在广东工作的"海归"人员达到1.2万人，取得博士学位的约25%，广东日渐成为海归创业的首选着陆地。他们在粤创建了千余家新技术企业。改革开放以来，全省21个地级以上市授予的2534名"荣誉市民"中，海外侨胞、港澳同胞占90%以上。"人和"构成了华侨社会一大贡献。

现代华侨社会对于传播海外文化起着十分重要的作用。岭南的濒海地区许多人家都有华侨亲戚，"海外关系"司空见惯，这与内陆文化大不相同，内陆在"文革"期间，家有海外关系成了很大的政治包袱。华侨与国内亲戚是亲近的，经济困难时期，华侨寄钱寄物资补贴国内的亲戚，家有"南风窗"日子要好过一些，姑娘们也喜嫁"南风窗"。华侨中还有不少嫁娶的是洋人，也成为亲戚。洋人成了家人或家族的成员，亲切感和熟悉感代替了陌生感和抗拒感。这些都使海外文化向岭南传播成为顺理成章之事。华侨频繁回家乡探亲，华侨社团在岭南的活动，使粤人在长期的耳濡目染中对于海外文化比较了解，其长处或一些方面的先进性早为粤人所熟知。新时期之初，"奇装异服"，流行音乐，新式的稀奇古怪的产品，大多是通过华侨引进的，"新、奇、怪"在岭南是普遍现象，人们见怪不怪。

在20世纪80年代南风北渐过程中，通过华侨社会输入的文化和生活方式裹挟在被称为"广东文化"的浪潮中，强烈地冲击着内陆。杨东平形容为"广东文化的入侵"，是广东文化在世纪末的新北伐[①]。华侨对中国现代化建设的贡献，不仅具有时间早，分布广，投资巨大，引进国外先进人才、技术等特点，观念的引进和更新的作用更为重要。通过华侨社会率先引进发达国家的先进管理制度、世界上具有人类共同价值的文化和思想观念，并在岭海一体的疆域中消化和转化，岭南才能在众多领域和方面开现代中国风气之先，其功德不可磨灭。

第三节　平民风范与平民社会特征

岭南尤其是广东，在中国是相当典型的平民社会，粤人以平民化风范而自豪。粤人社会不是典型的封建等级社会，而是具有平民社会的特性和浓厚的世俗气息。

---

① 《城市季风——北京和上海的文化精神》，第526页。

一、平民性与"平民阶层"

平民性是相对于内陆传统社会的贵族文化来说的。古代岭南文化就已显露出平民性特征。岭南是一个典型的移民社会，山高皇帝远，历史上少有世袭贵族，皇亲国戚就更为稀罕，而出身平民之人却可以在商业社会中快速积累财富。这种白手起家的富商在粤人社会中比世袭贵族和财主更能赢得大众认可。粤人喜欢津津乐道于富翁过去的贫困史，称道其奋斗和精明。相反世袭的人常被蔑称为"二世祖"。《岭外代答》记载当时南海四郡人们不愿出仕，从商而出钱请人代为做吏，入仕途当新贵并非生活的主要寄托。当然官本位也存在，也有阶级对抗和差别，但岭南商业发达，较大程度上淡化了封建社会正统意识形态如等级观念的色彩，造就了早期的"平民阶层"，促使"市民社会"明末就已在国内率先形成雏形。粤人的生活是市井化的，这一市井社会孕育的居民，其文化形象不是军人、官吏，不是文人学者，不是地主绅士，不是资本家，也不是工人农民，而是平民。

平民风格在观念文化及其形态上也充分表现出来。岭南学术与中原学术最大的区别，是岭南讨论实际问题较多，一般与工农商业的发展联系得比较密切，着重点在解决实际问题。所以北方文人一度认为岭南文化肤浅、轻巧，缺乏厚重深沉；沉迷于俗世而缺乏崇高追求和忧患意识。岭南学者对此评价多不予反驳，还认为这恰好证明岭南文化的平民性特征。康梁的救国学问和孙中山的治国方略都从"民"出发，以解决实际问题为旨，散发着浓厚的平民气息。当然岭南学术也在中华经典中占据重要地位，《四库全书》就收入大量岭南典籍，葛洪神仙论、六祖顿教、陈湛自然心学等都在华夏文化中占有一席之地。

二、平民性特征与现代性

平民阶层、市民社会和平民化这些概念，描述了岭南社会的人们较少受封建体制下土地、家庭和礼教的束缚，比较追求人际的平等关系、人性的自然性和俗世生活的享乐和情趣。这些日常生活的追求并非无关紧要，近代以来得以强化的这一岭南文化的价值取向不仅具有历史的宏大意义，如今也还有着现实的合理性。因为从世界范围内看，近代肇始的现代化运动本质上是一场世俗运动，是奴隶和贵族等统统归于平民的过程。平民化作为一条主线贯穿始终，不断促进着文化的转型。它是平等、民主和公平等现代意识的基石。

平民社会是与现代性对接的范畴，平民社会在中国的最早形成，是岭南在近代世界海洋时代开启后，率先诞生现代精神和理念，探索现代化的深厚社会基础。海洋文化的最早发育，长期的对外贸易和交往，以及由此培养出来的重商精神和物质生活的多元化等，孕育了岭南的平民文化和平民社会文化，这是近代岭南成为变革之发源地的一个重要因素。这就不难理解：近代改良、变法运动中岭南人当了领袖和领先群体，撼动古老中国的资产阶级民主革命以广东为基地向北进发，现代产生势如狂飙的工农运动，岭南成为近现代民主革命的摇篮。

平民社会的文化特征是岭南文化区别于其他地域文化的重要方面，在改革开放初期让国内许多人难以理解和吃惊。杨东平在《城市季风——北京和上海的文化精神》中描绘了20世纪80年代令内陆人惊诧的许多事例：高干子弟竟然不再那么令人羡慕，钱反而成为畅通无阻的通行证；京城首长前来视察，装配线上的小女工只投以匆忙一瞥和淡淡的微笑；城市公共服务为市民着想，五星级宾馆竟对市民开放，布衣阶层来去自如，门口牌子只标示"衣冠不整请勿入内"。这类文化现象其实都是平民性的表现。

岭南人的平民化还表现在较少挑剔他人的生活，不大以衣冠的贵族化取人。穿得很随便也没人议论，一件T恤，一条短裤就可以上街上班，在上海、江浙，这种自由就难以为人们所接受，相反男人穿得不洋气，不光鲜笔挺，人们就会议论和批评他们的女人。这以上海最为典型。在没有归纳概括出岭南这个精神特质和价值支柱的时候，这些现象似乎散乱地存在于社会中，使人们看不出岭南文化超越传统文化框架的先进性。但杨东平已感觉到它是"进取的、雄劲的"，"造成了一场名副其实的'观念革命'"。

三、平民性与价值共生

岭南文化诸价值支柱是共生的。在近代，平民性与重商、务实等精神的结合，使岭南改革家、思想家多关注民生、民主和民权，其典型代表是孙中山等人。平民化、商业社会的传统淡化了封建等级和特权，现代改革越深化，等级特权就越是受到抵制，市民为了维护自身权益，必然要求金钱、机会和法律面前人人平等，日益要求以平等的身份参与现实社会的改革和各项公共事务。大众传媒劲吹平民风也从广东开始。"不当官而掌印"的观念和市长热线首先在广东产生。人大、政协的畅所欲言的创新被称为广东的"人大政协现象"，其作用的发挥一度引起内陆称羡。政府重视决策的民主化，听取专家意见，这已较为普及。

平民化天然具有世俗性。李权时将岭南文化的特殊本质和特殊类型定位为"原生型、多元性、感性化、非正统的世俗文化"，以世俗文化为统领，这虽不能全面涵括岭南自然物质文化、精神心理文化的内容，但在社会生活文化领域却是抓住了一个重要的特征，见解独到。一个典型代表是惠能佛法，简易、方便、平民化，俗到了极致，将禅定与衣食住行坐卧等世俗活动融为一体，成就了毛泽东所说"劳动人民的佛经"，表现了岭南平民社会的文化特征。岭南主要的艺术品种如音乐、戏曲、绘画、工艺和建筑，呈现的多是大众化风格，俗的甚多，雅又不向贵族化靠拢。广东音乐信奉"下里巴人"也是好曲，多由艺人根据平民阶层的口味创作，但也诞生了阿炳、冼星海等大音乐家。平民之风并非低俗、媚俗或地摊化，它反映粤人的生活、百姓关心的身旁琐事，关注市民的喜怒哀乐。《广州日报》《羊城晚报》《深圳特区报》《南方都市报》等因此创下不少全国第一，《家庭》《家庭医生》《黄金时代》等杂志的发行量还长期稳居全国期刊前列。现代广东已有很强的呼声，不只追求"俗"，雅在文化中也应占重要地位，这是可喜现象。

第四节　移民社会的文化优势

岭南是一个典型的移民社会，相对国内其他地域的移民社会来说，又具有自身特色。

一、多元杂烩广东人

国内学者曾描绘广东人是个"大杂烩"，将现今的"广东人"分成三类：一是本地人，包括长期历史中的移民；二是20世纪80年代至今入籍广东的人口，称为"新广东人"；三是人数众多的春来冬去的内陆打工者，称为"候鸟人"。

岭南在古代发生过五次大规模的移民高潮，分别是秦汉、两晋、南北朝、两宋、明朝末年。现代岭南还有两次大规模的移民，可统称为"20世纪移民潮"。一是新中国成立之初，由于"祖国南大门"和长期备战备荒的军事需要，考虑行政管辖、工农业等建设的特殊性，大批南下军队官兵、科技人员和官员被调到广东安家落户，军垦屯边集体转业数量也很可观。二是改革开放后，民谣流传"东西南北中，发财到广东"，国内掀起一个前所未有的移民广东高潮。先是外省农民工浪潮，后是被称为孔雀东南飞的"新客家"潮，包括外省毕业学子、调动干部、南下知识分子等"新广东

珠玑巷胡妃殿

人"。改革开放以来长期在广东创业居住，数量庞大的内陆商家、港澳台实业家和海外商人，也可视为移民的一种特殊形式。

一个健全的移民社会应该是双向的，岭南向外移民也有悠久的传统，这与国内其他地域的移民社会主要是外省人进入，有很大的不同。广东是国内华侨最多，华侨史最长的地区，现今约3000万海外华侨中约有70%源自广东。走出去又再走回来也算是一种移民现象。

广东于是成就了一个典型的移民社会。多元杂烩广东人不仅标示地理，还是人种学意义上的称谓，文化传播和融合的概念，它构建的是有着独特精神气质的群体概念：粤人社会。

二、移民社会的文化优势

岭南移民社会的多元杂烩，使各族群逐渐融合并具有一些特质。族群的融合可以同时看作一个长期的文化历程和成果。从古代第一次移民高潮中南越王赵佗鼓励汉越通婚，迁来中原15000名无夫家女子开始，汉越杂处互相通婚逐渐成为普遍现象，这使汉族与越族在基因、体质上互相影响，这种融合贯穿整个封建时代，最终使南方各越族大多融入了汉族大家庭，是中国今天的华南各族群逐步形成的重要因素。20世纪移民潮在改善人口结构，提高市民素质上的效果更直观。40多年前的宝安和现在的深圳，人们的形象、肤色和素

赵佗塑像，他公开称己为"蛮夷大长"

南越国归汉塑像

质大不相同，有人用泾渭分明和恍如隔世来形容。当然这有生活水平提高等因素，但"一代俊媳妇，三代好儿孙"，良好基因的遗传也是事实。电视连续剧《外来媳妇本地郎》在广东长播不衰，已演播3000多集，说明粤人对此十分认同。此外还有海外因素。广州作为珠三角中心，外贸口岸2000多年不衰，向有"万国衣冠，络绎不绝"之美称，加上"南海丝路"的其他重要口岸，混血儿在历史上有不少记载。近代广东的混血儿也是全国之最。

人口杂烩的移民社会，更重要的成果还在于文化层次的提升和文化结构的更新。长期的汉越通婚缓和了汉族与越族间的矛盾，稳定社会秩序巩固政权，而且促进了各方面的文化交流与融合。人们为岭南之所以在近代得以辉煌提供了许多答案，笔者认为还得益于人口杂烩。由于侨居和移民众多，与海外有频繁的人员交往和通婚，岭南才能很早接受海外文化，在近代前后又广泛深入地受到西方文化影响，岭南文化才凸显出自身海洋文化特色，成为主流文化之一。20世纪末移民潮中岭南成功地与中国各地域文化、华侨文化、海归文化以及洋人带来的外域文化相融合，从而在很短的时间里造就了岭南的辉煌，成为与北方文化、海派文化三足鼎立的强势文化。有人高度评价外来知识精英对岭南文化发展的作用。高级科技人才迅速提升了广东科研及高技术应用的水平，充实了广东的文化教育基础，对岭南建功甚伟，是广东成功的功臣。所以，多元杂烩在现代粤人看来并没有什么贬损之心，反倒是个褒义词。

人口的多元结构最深刻的成果是培育出岭南独特的文化精神。移民社会对中外文化传播起着重大作用。早在唐代，基督教文化、阿拉伯文化、波斯文化就在广州一带与本土文化和平共处；到了近代，西方文化在岭南广为传播；及至现代，马克思主义文化、西方先进文化在岭南结出了令世人惊羡的丰硕成果。开放和兼容都可以看作岭南移民社会的一个文化成果。这就使粤人社会具有非规范性和远儒性等特征，并不是儒家文化理想的典型。尽管有那么多移民，并且是以移民为主体的多元型文化，但岭南并不会被他人同化，而是继续保持并发展自身的特色，仍然是一个粤人社会。这是为什么呢？它的多元特色正是在长期移民带来多元文化的并存中才得以产生的。岭南的重商文化，在四海商家涌入涌出的潮水中得以强化，在内外贸易相当发达的基础上才培养起来。拿敢闯敢冒敢创新的精神来说，新移民是颇具活力的创新群体，因为能够带来或创造出新东西，有招牌本事、高科技含量或高文化水平，才能成功创业和立稳脚跟。这就不断地在多元上增加多一元，使岭南更多一些新亮点。仔细考察务实、功利、求变、竞争、变通、多元价值、市场导向、专业精神等观念，它们与人口的流动和移民社会的结构都有密切的关联。

第五章

社会生活文化其他重要门类

社会生活文化包括上一章所述各种社会形态和形式，还包括许多门类，各自又包含许多细分类别。篇幅所限，只概述岭南的富有自身特色的门类。社会文化中起主导作用的是制度文化，涉及政治、社会治理、经济等制度，生活文化最富有粤人生活特色的是民俗文化。

第一节　制度文化的特色和贡献

岭南制度文化在封建化过程中与中国其他地域文化的区别不是本质上的，但由于五岭阻隔，处于中国最南端，长期具有远离政治中心的"山高皇帝远"的特点，朝廷"以羁縻视之"，加上由于岭海一体的自然生态发育出多元一体的物质生产格局，长期的发达的海外贸易和交流，文化传播要素的多元化等方面的影响，岭南地域在制度文化上相对表现得宽松一些，从而发育出梁启超所描述的"自外于国中"的民性，产生非正统、非规范、远儒性等文化特质。制度文化方面，既要重视在长期汉越文化融合的过程中，以中原为代表的农业社会的封建制度的主导作用，又要重视岭南在制度文化上的特色和创新。如中央政权对岭南特别是珠江口历来有"政策性偏爱"，中国外贸的开放和制度改革总是在岭南先行先试，这一制度文化的海洋文化特色是本地域文化的一个重点。近代变革和现代改革开放，使岭南制度文化有了更大的发展空间，这些都推动着岭南文化逐渐成为强势文化。

一、各时期制度文化概要

岭南制度文化在各分期中有着截然不同的内涵，但都与内陆差异巨大。

独立发展期的制度文化性质属原始文化，特征是部落群居、集体劳动的财产公有制。"新人"已从流动分散的原始群体向比较固定集中的群体转变，已与动物界分开，步入人类原始氏族公社的雏形阶段。母系氏族公社以穴居为主，小群聚居，每个集体群落一般不超过20人，并以母系为中心。此期所有已发现的遗址分布地区极其广泛，说明定居或半定居的群落生活和生产在岭南已比较普遍和稳定。父系氏族公社父权制确立的明显标志是陶制男性生殖器——陶祖，表现对男性的崇拜和以男性为核心的观念。此期产品交换已经开始，原始的商品意识已开始萌芽。代表性的是石峡文化墓葬中的袋足陶鬶、贯耳陶壶和大穿孔石钺等，均属山东大汶口晚期文化和江浙良渚文化的产物，出现在墓葬中，正是商品交换制度的结果。另外，岭南文化内部的交换也有大量体现，已具备向以财产关系为基础的奴隶制转变的基础。

百越文化圈期制度文化的基本特征是奴隶制的生产关系、财富分配和人与人之间的不平等，都比中原晚了五百年以上。其经济基础是复杂婚姻制度的个体家庭，个体劳动开始产生家庭私有经济。此期内，本地域内部发展极不平衡。

相对来说，西江、东江和北江流域沿岸以及现广州市附近地区最先出现奴隶制生产关系。而海南岛部分地区原始社会的下限迟至明代，从汉武帝平定岭南到明代中叶是海南从原始社会过渡到封建社会的漫长过渡期，并没有完整意义上的奴隶制社会存在。此期岭南已纳入商、周王朝的朝贡体制，从海外输入的奇珍异宝定期进贡给华夏族统治者，存在一些适应朝贡的运作方式或制度性建设。如《羊城古钞》云："商 汤 南越 始定南越献令。"又如《汲冢周书》载，周代成王定四方贡献"东越海蛤、欧人蝉蛇"。此处东越、瓯均为岭南地，秦后属交州。秦征并岭南前，本地域已由众多小种族发展出南越族、骆越族、西瓯族等大族，曾大败征并六国的强大秦军，可见其政治和军事体制已发展到相当程度。可惜当时史料记载缺乏，难窥全豹。

汉越文化融合期，中原汉文化从秦汉起全面占领岭南文化的各个方面，成为主导文化。表现在统治制度上是君主至上、大一统的国家政治制度，具体表现为郡县制。但由于本地域百越居住分散，地域广大，朝廷对非汉区多实施羁縻政策，岭南在制度文化上比较宽松，粤人社会的特质在一定程度上得以留存。上一章已谈及岭南特色的物质文化多元一体化格局体现在生产方式及其经济制度上的诸多原创。教育制度和观念的主体是学而优则仕和严格的科举制度。在道德规范制度上，主体为森严的不可逾越的等级制。

但岭南制度文化又是多样和复杂的，其发展分为三个阶段：一是前期封建制度文化较为松散的阶段。此阶段秦郡县制未落到实处，南越国建立的是王国体制。二是中期即汉武帝时至明初期，封建制度文化取得全面统治地位并渗透到岭南社会生活每个角落的阶段。这两个阶段，岭南制度文化仿效和实行中原文化，自无先进性可言。三是后期资本主义制度文化及其观念通过海洋贸易和武力渗透初步影响岭南文化的阶段。同时，岭南偏远地区还并存着奴隶制文化乃至原始公社文化。此阶段岭南在经济制度上发生了一些改革。如早期资本主义萌芽的作坊工场、商号已引入商品经济体制和方法，发达的商业贸易使地主私有制有所改变，如商号、作坊中合资入股，既改变了隶属关系，也改变了对外经济关系。这方面中原文化改变较小，吴越及东南沿海地区改变较大，但都没有岭南特别是珠江三角洲地区那么明显和突出。同时平民社会的形成近代的制度变革奠定深厚的文化根基。

南越王宫遗址出土的万岁瓦当

开越陆大夫驻节故址

电白冼太夫人塑像

隋谯国夫人冼氏墓

　　对于古代岭南中广东在制度文化上的总体地位，梁启超有一中肯的评价："崎岖岭表，朝廷以羁縻视之；而广东亦若自外于国中。故就国史上观察广东，则鸡肋而已。"

　　近代和现代岭南制度文化的内涵比以往要复杂得多，变革最为剧烈，在第九章中会谈及。

二、岭南在古代中国外贸体制中的地位

　　古代中国通过海路的对外贸易首先是在岭南展开的，本地域对中国外贸体制的进步、变革和完善贡献甚巨，地位十分重要和突出。

海上丝绸之路的主线南海丝路的不断开拓，海外商贸的领先，使岭南的经济地位在中国日渐重要，历朝中央对海洋贸易的管理体制在岭南先行先试，岭南地位不断提升。

汉武帝平南越国，拥有了通向南洋诸国最直接便利的海上通路，汉武航线到达已程不国，即今斯里兰卡，对接起东西方海洋航线。朝廷开始委派官员（隶属于少府的黄门译长，宦官）管理海外贸易，将收益纳入宫廷财政。汉代在徐闻港设立左右侯官，专事收购和贮存货物，沟通海外贸易和与内陆商人的交易。岭南最早初步建立了外贸体制。

唐代在广州首设专门管理海路贸易的使职——市舶

西汉南越王博物馆

使，是中国现代海关的雏形。设立时间有贞观十七年之论，机构设置上有无"市舶司"存在争议。李庆新认为存在"市舶使院"，市舶使的职能是征管海外诸国贡物与税收，掌管海路朝贡事务，及"奉宣皇化""招徕绥化"等外交管理职能①。由于强盛的海外贸易之需，唐朝允许岭南辖区金银流通，给予特殊货币政策，岭南开中国银本位制度之先河②。

　　唐末有一段短暂的衰落，南汉国时，本地复设专门管理海外贸易的"押蕃使"官职。宋初开宝四年（971）平南汉后，即设立市舶司管理海外贸易，以广帅尹崇珂、潘美并兼市舶使。其后泉州、杭州和明州才设置市舶司或市舶务。宋代市舶官制与市舶条例经多次调整，比唐代更加周密完备。市舶司的职责更加专一："掌蕃货海舶征榷贸易之事，以来远人，通远物。"（《宋史·艺文志》）梁启超《世界史上广东之位置》对宋代通商口岸及市舶司的相继设立有一段叙述和评价："宋壹天下……广东商业，自是再振，然其时势力，渐分于各地，杭州、明州（今宁波），以次勃兴。咸平二年（999），已设市舶厅于此二地。天圣元年（1023），改市舶司焉，然犹隶于广州。广州盖袭前代积威也。［熙宁九年（1076）诏诸舶皆隶于广州舶司］……（《文献通考·职官考十六》云：熙宁中，始变市舶法，令各地贾海外者，往复必诣广州，否则没其船与货。……）……崇宁元年（1102），废诸舶司，而广、泉独留。"在叙述宋南渡后口岸增至十二港后评价道，"然十二港中，其握霸权者固在广州"。

<hr />

① 李庆新：《濒海之地——南海贸易与中外关系史研究》，中华书局2010年版，第37—38页。

② 《濒海之地——南海贸易与中外关系史研究》，第105—106页。

元代在七个沿海城市中建置市舶提举司，市舶条例更完备，也更为宽松。广州的地位仅次于泉州。明初太祖和成祖热心朝贡体系，郑和七下西洋是此产物。李庆新认为："广东以政策'偏爱'成为朝贡贸易的首要地区。广州在国家垄断体制下再次跃居首港地位。"①明成祖后，朝廷闭关锁国日甚。明初只许进行"市舶贸易"即海禁政策范围内的朝贡贸易，禁止民间私人入海通番。以后禁海政策变本加厉，致使体制外的"商舶贸易"畸形而又蓬勃发展起来，"海盗"（多为用武力取得海外贸易权利的武装贸易集团）盛行，广东尤烈。明中后叶有所调整，局部放开了广东和福建的外贸。正德、嘉靖年间，广、浙、闽三地市舶司中，只有广东市舶司保持正常运作，闽市舶司只管琉球事务，时废时置，浙市舶司基本废止，所以广州成为这时期事实上的一口通商。

汉越文化融合期后段，中国外贸体制的重大变革首先在岭南的珠江三角洲展开。明中期葡萄牙人首先来到广东的屯门海域，叩关求市，规模狭小且诸多限制的朝贡贸易体制受到前所未有的冲击，商舶贸易蓬勃发展，在屯门海域的南头形成了"南头体制"（或称屯门体制），广州—南头形成两种体制并存的格局。南头成为广州的外港，在广州城内须持有许可证即明朝政府朝贡贸易使的勘合，而没有勘合的即非法的商舶贸易在南头进行，这已得到地方官府的默许而公开化。以抽分方式进行的南头税制形成，为官府带来巨大财富。这种权宜性的贸易规则在澳门开埠后，中葡贸易通过"澳票制"转变为澳门与广州之间的贸

① 《濒海之地——南海贸易与中外关系史研究》，第161页。

易，已得到朝廷首肯，上升为"广中事例"的组成部分。"广中事例"为广东建立了一套与贸易转型相适应的管理体制，它主要体现在三方面：一是商舶"抽分"的出现，以及税收结构的改变如丈量法；二是葡萄牙人获准居澳贸易，形成广东贸易管理体系的"二元中心"结构；三是一些新贸易组织如行商"官牙"出现①。这为国内海外贸易管理提供了体制样板。

清初岭南经历了禁海、开海与一口通商的过程。顺治十三年（1656）清廷颁布"禁海令"，严禁沿海船只出海贸易，不许片帆入口。1661年发布"迁界令"，后由部分复界至废止"迁界令"。康熙三十四年（1695）清廷宣布"开海贸易"，允许四口通商。粤海关设总口七处。乾隆二十二年（1757）清政府封闭闽、浙、苏三海关，只留粤海关一口通商。"广中事例"这一海外贸易体制在清前期得到不同程度的保留，并有所发展。如粤澳和粤港贸易关系体制、十三行体制等。十三行是由官府对外贸易代理人即官商，充当国内商人与外商的中间人，在当时历史条件下，为广州乃至中国对外贸易的发展和体制转型做出了很大贡献。

第二节　民俗文化风貌

广义的民俗文化包括非物质文化遗产、方言、伦理规范、民间信仰和社会风情等方面，民俗存在于社会文化和生

① 李庆新：《明代海外贸易制度》，社会科学文献出版社2007年版，第253页。

活文化的每一个领域，但同时又包括自然物质文化的内容，还是精神文化中最为感性自然的部分。狭义的仅指精神文化方面。民俗常能左右其他观念文化形态的发展进程和方向。大量的民俗可归入非物质文化遗产，是"相沿成风、相习成俗"的成果。民间信仰表现人们的宗教观念，在第七章谈。岭南民俗呈现独特的，甚至奇异的色彩，我们重点介绍几个突出的特色。

一、海洋文化特色鲜明

岭南海洋文化的发育最早，海洋意识这种文化心理历史悠久，是长入粤人骨髓的东西。岭南许多民俗和信仰都渗透着深厚的海洋文化心理。广东省第二批省级非物质文化遗产名录101项中列有民俗32项，其中波罗诞、"辞沙"祭妈祖大典、疍家婚俗（疍家人婚俗、疍家渔民婚俗）和斗门水上婚嫁都属于海洋文化的积淀。

对海洋神的崇拜，屈大均有言："粤人事海神甚谨，以郡邑多濒于海，而雷州出海三百里余，琼居海中，号特壤。"（《广东新语·神语》）"南海观音"是中国传统中法力无边，万事皆灵的神，甚至送子也是她管的事，并不专管海。但南海海岸线有大量的观音庙和观音塑像，主要还是因为她能保佑粤人出海平安。

岭南海神崇拜典型的是位于广州黄埔区庙头村的南海神庙，当地人又称之为波罗庙。随着珠江口海外贸易对中国贡献日重，南海神的地位也逐渐尊贵，朝廷历代对南海神加

西樵山观音像

封不断升级。从唐至清，前后六朝皇帝给南海神共册封十余次，不相雷同的封号有9个之多。从隋代始建时封为侯，到清代封为龙王之神，经历了为侯、为王、为帝、为神的不断显赫历程。这不仅体现了南海神庙在海上丝绸之路中的重要性，而且反映了南海及本地域海洋文化在历代中原统治者和中国人心目中的地位逐步升级的过程。民俗反映最典型的是珠三角极具影响力的千年庙会"波罗诞"民俗节庆，在广州黄埔区每年举办一次庆典，举行"洪圣王出巡"仪式，其路线百年不变，原生态传统保留完整。人们在充满粤人情调的音乐中，拜海神祈求"海不扬波"，出海平安，风调雨顺，国泰民安。俗语曰"第一游波罗，第二娶老婆"，人们吃着波罗粽，提着波罗鸡，游乐玩耍，欢乐祥和，充满着海洋风情。

南海神庙

妈祖崇拜是另一个典型。岭南沿海地区遍布妈祖庙。妈祖又称天后、天妃，在世代相传中成为具有护航保平安法力的海神。沿南海海岸线的潮汕、珠三角、香港、澳门、阳江、湛江、雷州，直到广西沿海，都建有妈祖庙，以前人们出海都要到妈祖庙祭拜，祈求平安。不出海而逢年节民间都对她供奉甚勤，现代还有许多渔民、海商、海员、渡海客，出海都要在妈祖庙或妈祖像前烧三炷香。雷州半岛东北面的硇洲岛仅49平方公里面积，过去就有十几座天后庙，却没有土地庙，可谓典型，充分反映濒海之民重海胜于重土。但这不意味着对土地文化的抛弃。雷州半岛的灵石崇拜民俗，叶春生认为是"传统内核文化与海洋文化交融的产物"①。

海洋生产和海上交通也产生大量海洋性民俗，反映出海

① 叶春生：《南海海洋风俗存疑》，载《岭峤春秋——海洋文化论集》，第134—135页。

洋实践带给人们精神心理文化的特质。疍家人吃鱼时不会把鱼翻身，是忌讳翻船，有深厚的水文化和海文化的积淀。至今广府民系，尤其是广州和南番顺的居民仍保留这种习俗。另一个特征非常鲜明的民俗是岭南人喜食鱼虾蛤蚌等"腥臊之物"的饮食文化习俗也至今不衰。

海洋民俗可溯至百越时代。岭南人有许多独特的民俗，有些至今仍保留着。断发文身是其最明显区别于楚和中原华夏族的民俗，这种民俗为多数百越族所共有。对岭南人特有的民俗文化意蕴在屈大均的阐释中与海直接关联而不止于江河。《广东新语·鳞语》说："南海龙之都会，古时入水采珠贝者，皆绣身面为龙子，使龙以为己类，不吞噬。"[1]文身之俗至今仍能在百越之一的本土骆越族后人黎族妇女绣脸文身的龙蛇纹中找到其遗存。黎族有着蛇图腾崇拜，"旧传雷摄一蛇卵在山中，生一女，岁久，有交阯蛮过海采香者，因与结婚，子孙众多，是为黎母，乃黎人之祖，故郡建庙祀之"（《明一统志·琼州府》）。这就将氏族源起与交阯所处南海直接联系起来。

岭南民俗中海外文化的分量是国内最重的，本地最早传入海洋文化因素。广东华侨文化在全国最早发育，均带回海外风情。近代岭南大批"猪仔"出洋谋生，吸纳了居住地一些习俗，传回故乡，使岭南的民俗文化增添了大量外域尤其是东南亚的风习。岭南新娘最早穿西式白裙，这在当时算是伤风败俗。笔者参加那么多现代婚礼，新娘着白裙已居大多数。其他生活方面，如语言、娱乐、饮食等习俗都受到西方文化的强烈影响，不断染上时代的色彩，这或许是岭南常领

[1] 《广东新语》第498页。

潮流的民俗底蕴吧。

二、奇异、多元而兼容的民俗风情

岭南民俗具有显著的多元化特征。

以节庆、节令来说，一年中就有多样化的民俗活动。如《中华全国风俗志》所概述："迎春日竟看土牛，或洒以菽稻，名曰消疹；啖生菜春饼，以迎生气。元日礼神贺节。上元观灯，或作秋千百戏。十六夜，妇女走百病，撷取园中生菜，曰采青。十九日挂蒜于门，以辟恶；广州谓为天穿日，作馎饦祷神，曰补天穿。二月祭社，分肉小儿食之，

佛山祖庙舞狮

岁末逛花市

使能言。入社后，田功毕作。十五日，花朝。至三月，上巳
被禊。清明插柳于门，其前五日始。一月中扫墓郊行，谓之
踏青，亦曰铲草，俗曰压纸，以楮置坟上也。四月八日浮屠
浴佛。五月朔日祀祖先。五日饮蒲酒，饷角黍，镂艾虎，书
朱符，为儿女佩采莲竞渡，至五日乃止。夏至日，擘荔荐祖
考，磔犬以辟阴气。七月七日曝衣书，家汲井华水贮之，以
备酒浆，曰圣水；儿女以花果作供，捕蜘蛛乞巧。十四日，
浮屠盂兰盆会，剪纸为衣，以祀其先。望日以龙眼花果相馈
遗，曰结缘。二十五日，士庶多为蒲涧游。八月望夜，赏
月，剥芋食螺。重阳有墓祭者，亦曰登高，细民放风鸢。十

月朔日，以五敛杂芥菜食，辟寒气，举火星醮。冬至，作冬糍祀祖，有祭墓者。腊月念四日，为小年夜，祀灶，用爆竹饴糖。除夕祭祖，家人聚饮，曰团年酒；围坐达旦，曰守岁；相遗以物，曰馈岁；易桃符，小儿卖痴呆。此粤俗大较也。"①

岭南自古民族众多，是狭义的百越之地，地理上隔山阻海，南岭山脉中群山又阻隔各越族，封闭的环境产生独特的实践和相异的生活方式，历史上形成的多样化奇风异俗带着强固的粤人之根。自秦汉起，历史上四次移民高潮使汉族人口大量增加，但与少数民族的比例，宋代为"民三蛮七"②，元明时升至"民四蛮六"，清代升至"民七蛮三"，少数民族人口仍占相当大比例，这与中原和江南大不相同。现今岭南居住人口中，五十六个民族都有。各民族在各异的生存环境中发展出具有自身特色和奇异风情的多样民俗。在此以婚俗为例。岭南三大少数民族各有其独特的婚姻习俗。

壮族有同姓不婚、禁止地域内婚的族规，所以采取歌圩这种民俗活动方式便于相识、恋爱。歌圩期间青年男女通过对歌选择配偶，性开放完全合法，不再禁忌同姓，"婚不避姓，时节男女答歌苟合"（《庆远府风俗考》）。依歌择偶的歌圩形式保留至今。答歌苟合带着浓重的原始群婚色彩。广东粤北壮族有新娘洞房期间"汲新水""坐时"等习俗。

瑶族"入赘婚"很流行，招郎入赘是光荣和体面的，故仪式也特别隆重热闹。因为这源于祖风。传说盘瓠所生六女

① 胡朴安：《中华全国风俗志》上册，岳麓书社2013年版，第219页。

② 古籍记载中，民指汉族人，蛮指少数民族。

均招郎入赘，所生六子与入赘郎结为十二兄弟，发展出瑶族的十二个宗支，瑶族才得以后代繁盛。粤北排瑶婚礼有"喜花贵""耍歌堂"等俗，又别有风情。

海南黎族的"放寮"风俗是青年男女恋爱和结合的一种普遍形式，很独特。男孩子发育了就要在寨边盖茅草寮房，吸引女孩子前来。他们夜间在村边吹鼻箫，弹乐器，唱山歌来表达彼此爱意。双方情投意合了就进入寮房。以后不合则分，互无怨言。这同时是一种试婚方式，关系能保持一段时间，或有了孩子，就结成配偶。

瑶族和黎族都有"不落夫家"的习俗。黎族新娘婚后几天就可以回娘家住，也可以住在寮房中与没有血缘关系的男性交媾，社会舆论不会谴责，丈夫也不会干预，也会与丈夫情投意合时性交，怀孕了就回夫家定居，所以黎族人并不计较女方怀的是不是自己的孩子。瑶族的"不落夫家"习俗与黎族基本相同，新娘回门有权与男性自由交往，男性也一样。史载壮族和布依族也有"不落夫家"之俗。有学者认为是母系氏族社会传承下来的遗风，还是有道理的。他们都较晚脱离母系氏族社会，女权比较受到尊重，女性在社会和家庭都享有较高地位。表现在性关系和婚姻上，男女享有平等的自由权利。

珠三角广府民系的"不落家"风俗则反映汉族地区粤人的远儒性和对封建正统的非规范性。"不落家者，嫁后不与丈夫同寝处，越日仍归母家，与同党姊妹为伴，谓不失落于夫家之意也。"①与少数民族不同的是，珠三角的"不落家"讲究女子处女贞节和夫家的传宗接代。"不

广州番禺沙湾飘色

"落家"后，夫妻名义永远保留，有的妻子会于年节时令"裹粮归夫家，住宿一宵而去"，并无夫妻之实。富裕女子会用"输款于夫"的办法，让丈夫纳妾生儿育女。这种风习产生于几百年前早期资本主义萌芽时期。珠三角物质生产多元化，遍种桑田，妇女皆擅长养蚕、缫丝、织布，经济上一般都能自立。"不落家"风俗反映了妇女不愿受封建婚姻的约束，追求个人自由的倾向，与正统儒家和封建规范大相径庭。

"自梳女"这一独特民俗也反映岭南妇女独立自强和反抗封建婚姻的观念，几百年前已在珠三角盛行。这是经济独立的结果。因为有了生活保障，部分妇女对封建家庭给予女人的重负或畏惧，或深恶痛绝，视嫁人为耻辱之事，于是乡邻闺密共同约定终身不嫁，采取的仪式叫"梳起"。她们把辫子梳成新妇发型，对着神灵喝下鸡血酒，发终身不嫁的重誓。"梳起"后的女子俗称自梳女，穿统一服饰以标识，以白上衣黑长裤居多，这在顺德的缫丝厂特别盛行。自梳女多结金兰之契，饮食起居形影相随，祸福与共。遇金兰姐妹的父母

---

① 胡朴安：《中华全国风俗志》下册，岳麓书社2013年版，第658页。

姑婆房的家具

逼嫁，则聚同党相救，劫往他处，使不能成礼。如姐妹自愿背盟嫁人，则会聚众姐妹来声讨，除了痛骂，还会痛打，务使其回头。

粤人民俗多样而奇异，不可尽数，有一条是应当重视的，那就是这些民俗多元并存，贯穿着岭南文化的兼容精神。北人走进岭南会惊讶于这样的现象：在市民的家里，人们享受着各种高科技的电子用品，书架上摆满现代科技书籍，墙上挂着现代派绘画，但大门外有礼敬土地公公的香火，大门贴着门神或福禄寿偶像，神龛中高坐着财神、关帝或太上老君等精神偶像。科技与迷信并存而相安无事。

当代岭南民俗各区域、各民族差异很大，但总体上看，

老竹形态的福字雕刻

都是百越、汉文化、海外文化融合的结果。岭南民俗既表现出古南越族、骆越族、西瓯族的特别禀赋遗传，又在日常生活、饮食、衣饰、人际交往等方面接受其他百越族、中原汉族和海外文化的影响，所以其民俗别具特色。节日习俗既有中国汉文化传统的重要节日，如春节、元宵节、清明节、端午节、中秋节和重阳节等在岭南也是重大节日；也有广府、潮汕、客家、桂系、海南、雷州各区域各自的传统习俗，少数民族更是千差万别，融合了各种文化因素。上述广府地区的"不落家"和"自梳女"民俗现象，融入了西方现代的自由理念、女权理念，是西人资本主义进入岭南，海外贸易空前发达，近代工厂替代手工业作坊的产物，同时又贯穿中国传统儒家的妇女贞节观念，还与南越族母系氏族社会的女权遗风有关。

三、世俗生活精神

岭南民俗是本地域最具世俗精神的文化现象。它渗透于粤人生活、实践的方方面面，联系最紧，并且渗透着世俗生活的各种精神。李权时将岭南文化的特殊本质定义为原生型、多元性、感性化、非正统的世俗文化，适用于社会生活文化，尤其对于民俗文化更为确切。

物质文化方面，一个代表性的民俗是广府每年的岁末花市。它大致产生于19世纪中期的广州，是广府物质生产特点和粤人生活风格的产物。不少古籍记载当时盛况。"粤省藩署前，夜有花市，游人如蚁，至彻旦云。"（潘贞敏《花市歌小序》）"每届年暮，广州城内双门底，卖吊钟花与水仙花成市，如云如霞，大家小户，售供座几，以娱岁华。"（张心泰《粤游小志》）岁末花市的形成，是以广州当时工商业的发达为物质基础的，但却有着悠久的历史沉淀。广州"花城"之称，其源悠远。广州周边种花爱花的民俗，历史记载最早的是西汉陆贾出使南越国所写《南越行纪》的记述，越女喜欢头戴素馨花、茉莉花，身带芳香。这些花是"自别国移至"的。其时广州地区鲜花常开，品系众多，有沁人香味，成为越女钟爱的衣着饰物。宋代周去非《岭外代答》载花农卖花："开时旋掇花头，装于他枝，或以竹丝贯之，卖于市，一支二文，人竞买戴。"明清时广州近郊大量农户成为种花卖花的专业户。屈大均《广东新语·草语》记载："珠江南岸，有村曰庄头，周里许，悉种素馨，亦曰花田。……涉江买以归，列于九门。……城内外买者万家，富者以斗斛，贫者以升，其量花若量珠然。"粤东的客家人有"沤猪古堆"的习俗，腊月二十六和二十七打扫庭院，将杂草等物堆成大堆，"年三十晡时"点燃，祈望下年养猪又肥又大。

民俗还贯穿于社会生活文化的各方面。广府民系新春有插花、盆花装点居室的习俗，过年无花，生活就没有情趣，不美满。将春天移入，营造一角小小的大自然。在喧嚣劳累、紧张单调的都市生活中，添加大自然生机勃勃的色彩和天趣，其乐悠悠，这同时是岭南自然文化的民俗表现形式。客家新春有年初七吃"七样菜"的年俗，将葱、蒜、韭菜、芹菜、芫荽、鱼、肉这七种菜一起烹调。芹、蒜、葱、芫分别谐音勤、算、聪、圆，都是美好圆满生活的象征。年三十夜有长辈给小孩和未婚者压岁钱的习俗，每人要给一个柑，取意"分甘同味，老少谐欢"，提倡互相关照，家庭和睦，族群和谐。潮汕有未婚女子"十六夜，坐大菜"的风习，大菜即芥菜，潮汕话"菜"与"婿"同音，坐大菜寓意未婚女子当年就可找到好夫婿，具有象征美好姻缘的意义。

精神心理文化方面，岭南民俗充分表现粤人的各种现实追求，带着浓重的世俗生活色彩。民俗贯穿于物质文化各领域，同时作为规范和引导人们社会行为的习惯力量，是以粤人价值观念和精神追求等为核心的。

其一，求财求富是粤人民俗事象中的普遍心理，在长期的重商社会中培育起来。广府人买花，除点缀居室新春气氛外，多数还与"花开富贵""桃花盛开鸿运来""花开灿烂，今年好生意"等愿望相联系。广州过年喜吃生菜，郊区各乡以正月二十四为食生菜节，乡民聚集，大啖生菜。吃生菜取其谐音，象征"生财"。岭南多地有醒狮采青风俗。各家各户在正门上方高悬一棵生菜，下吊一封"利是"，醒狮在锣鼓爆竹声中昂首起舞翻腾，舞罢腾空而起将生菜利是衔去。采青风俗寓意的就是生财。现今我们走进珠三角人家，厅堂通常摆有赵公明元帅神位和关公神位，前者象征财源；后者象征财富的保护神，取其义薄云天，寓意诚信生财，时令年节必不能少香火供奉。岭南之地，财神享受的香火之多，远胜观音菩萨、弥勒佛、太上老君诸神。这种信仰现通称迷信，其实更多地反映岭南民风中那种浓郁的重商和现世功利追求。

其二，粤人风俗中求吉利的心理处处有所表现，"讲意头"是一种传统。卖房时对已经空出来的房子不能讲"空房"，"空"在广州话中与"凶"同音，所以讲成"吉屋"。广府年夜饭要有发菜，意发达、发财；要有鱼，寓意年年有余。花市有独特的花卉语言，柑橘都叫"桔"，与"吉"同音，金桔除吉利义外还带金字，更象征大吉大利，价格比四季桔要贵不少。

第六章

海洋文化的异质性与精神心理文化

前述自然物质文化和社会生活文化中呈现出岭南文化的独特风貌，精神心理文化子系统的建构是其最深刻的积淀成果，是整体文化的硬核。就像一个人是什么人，关键看他的精神和价值观，他有怎样的命运来自性格，"性格决定命运"，我们都体验过。岭南文化的主体是粤人，他们的精神心理文化是由土地文化和海洋文化的双螺旋结构凝铸的，海洋文化精神于是成为岭南文化与内陆单一的土地农业文化模式具有异质性的内核。异质性不是在国家层面说的，而是在国家内各地域文化比较中，在种族、种群区分上所说的特异性。

第一章概括了岭南精神心理文化的几个定位，本章通过展开粤人精神心理文化这一子系统的内涵和特色，回答它是封闭的还是开放的，是一元的还是多元的，是独尊还是兼容的，是保守的还是进取的，是求稳的还是具有冒险性的，是静态守成的还是动态求变的，是务实的还是务虚的，是死板的还是变通的，等等。

人自身系统决定着人的精神心理文化内部结构像一个"小宇宙"，呈现为两个层面。一是经过理性锤炼的显性的文化精神，二是隐性的，以无意识、非理性方式存在的文化心理。两个层面的关系打个比方，文化精神是在文化心理的土壤中孕育的大树，大树作为文化心理土壤中生长出来的精华，必然吸收和蕴藏着土壤中各种养分，表现着文化心理那些隐性的、深层的内涵。笔者先阐述文化心理，再展开大树的树干和枝叶。承载文化心理和文化精神的观念表现形式即通常所说的观念文化，则是这两个层面的外部构成，内容很多，留待下一章再叙。

第一节 粤人异禀——文化心理概要

文化心理层面是潜藏在心理结构深层次的价值结构。人个体的心理既有表现于外的理性精神，也有非理性、潜意识和无意识。就地域文化来说，文化心理凝成一种"集体无意识"，文化研究中人们常用"集体记忆""历史记忆"来表述群体文化心理的历史积淀。相对来说，文化精神可以通过文化传播来引导或灌输，可以是舶来货。如长时期的汉越文化融合期，内陆农业传统的各种观念，特别是儒家正统、封建规范和重农抑商观念等，通过长期强有力的管制和教育，而成为岭南制度（包括经济）文化中占主导地位的、显性的精神传统。但文化心理却主要是由本地域自然生态及其所决定的实践和生活决定的。海洋文化在夹缝中顽强地生长，积淀为深层文化心理，成为粤人感受社会生活，判断和选择行为方式的基本价值。

粤人文化心理的内容和表现形式非常丰富多样而且特异，集中而典型地表现为三个文化品性：海洋意识、粤人之根、"自外于国中"的文化心态，笔者由此切入，旁涉其他文化心理。

一、海洋意识

岭海一体的独特自然生态、物质文化和社会生活文化的发展必然产生和铸就该地域种群的精神心理文化特质，它一旦形成文化传统，便有自身相对独立的发展逻辑。粤人的精神心理发展，古代条件下是在五岭和南海双重因素作用中形成的，又在内陆农业文化与本地海洋文化的夹缝中发展。近现代，其最直接最本质的联系在于世界海洋时代。

岭海人濒临中华各地域最长的海岸线，必然生成根深蒂固的海洋意识。粤人是海洋的子孙，广府民系，潮汕民系，湛江、雷州、广西沿海、海南岛的人们是"喝咸水长大的"，海洋成为其积淀着的深层"潜意识"。明代丘濬就将粤人的特异性归于海洋："广南居岭海之间，受天下山川之尽气，气尽于此而重泄之，故人物之得之也，独异于他邦。"（《广州府志书序》）在粤语中"凡水皆曰海，所见无非海也。出洋谓之下海，入江谓之上海也"（《广东新语·土语》）。尤其是岭南地域中东部至南部沿海的扇形区域，"人多以舟楫为食"，"逐海洋之利"。现代珠三角居民仍习称珠江为海，广州人把去江边说成"去海皮"；"六脉皆通海"指六条水脉都通入珠江，而珠江是与海一体的，咸潮常渗入市中心。

重商意识和以海为商的文化传统更深层地表现了海洋意识。渔业和海产资源丰富，使粤人培养出重海甚于重农的意识，不是只耕田，而是同时发展渔猎经济，更强调"耕海"和"以海为商"。中国沿海各省大都背靠一马平川的陆地，多数还地近或毗邻中原，中央集权政府管束很严，重农抑商的正统文化发达。闯荡海洋造就了海的儿子海外开拓、进取的价值倾向，长期的海外经商，粤人视野开阔，恋土情结就没有内陆族群那么强烈，养成了四海为家的品性，这是其华侨文化在国内最为发达的原因。

二、粤人之根

历史和现实孕育并不断发展着岭南的海洋文化内核，反作用于实践，形成独特的发展轨迹。岭海人的精神文化传统与岭北各地域的相异，表现为粤人三方面的特异性。

其一，粤人的民性特异。历代文献典籍和文化大家对此有诸多描述。秦征并岭南前本地域越族被称为"南蛮"，秦时称其性"陆梁"，表现出崇尚勇猛、冒险的原始粗犷的精神风貌。汉高祖称"粤人之俗，好相攻击"。与内陆阻隔和与江河湖海相近的边缘地理，造就了岭南越族勇武好斗、熟习水性、开拓冒险的精神心理文化。

近代西方人有大量关于岭南民性的描述。如19世纪初西方传教士施莱格尔感觉岭南人的变革意识十分强烈："西江流域的民族和一些别的民族一样，因为靠近海洋，很自然地就成为中国许多次巨大起义或暴动的策源地。"当时中国问题专家梅多斯描述广州人是"中国的盎格鲁－撒克逊人"，即认定要做的事非常专心，不容妨碍，不达目标决不罢休①。近现代不少名人描绘过粤人特异的民性。如林语堂描绘："其人民饮食不愧为一男子，工作亦不愧为一男子；富事业精神，少挂虑，豪爽好斗，不顾情面，挥金如土，冒险而进取。"（《吾国与吾民》自序）孙中山曾说过："吾粤之所以为全国重者，不在地形之便利，而在人民进取心之坚强。"

其二，粤人的品格特征也很独特。粤人的生活是市井化的、平民化的，其生活风格偏向感性化，往往用感官享受和

---

① 中华续行委办会调查特委会编，蔡咏春等译：《中华归主——中国基督教事业统计（1901—1920年）》，中国社会科学出版社1987年版，第13页。

实惠心理来代替科学抽象，因而思辨性、理论性和历史感不够强，深度也不够，但却真实、顺任自然、生动、敏捷、易变、明快、洒脱、通俗，富有个性，追求趣味性、猎奇性、情节性和形象性，甚至追求刺激，具有强劲的生命力。

大量关于粤人品格特征的描绘还蕴含着一些看上去对立或冲突的特征。如粤人具有享乐性的特征，但又具有事业上"揾世界"，拼命搏杀的性格。李权时认为："从道德类型来看，岭南文化不属于禁欲主义，而表现出享乐的倾向。相对于某些地区的生存价值观念，岭南的主题是干得更欢，活得更好。……岭南文化的享乐性不仅表现为追求舒适、快乐、美好、享受等美的生活和幸福生活，更重要的表现为通过劳动，获得成功，取得胜利，实现人生价值，达到目的，以及对个人利益、事业成就的满足。成功、自豪、满足是一种莫大的享受。拼命地干活，尽情地享受，就是这种享乐型文化功能的真实写照。"[1]这明显区别于中国传统农业社会强调节俭，宁过穷日子的文化。还有古时中原人觉得岭海人"性慢"，《风俗通》云："蛮，慢也，其人性慢。"称为"南蛮"就是根据南越族人的这个性格特征。后来人们解释这与炎热、潮湿的气候和多"瘴疠病毒"相关。这种描绘与上述南蛮"其性强梁"，与近现代名家对粤人进取、说干就干品格的描述都大不相同，其真伪或演化历程值得认真考究。

其三，粤人身份的坚守是粤人之根的突出表征。本地域的独特民性和粤人记忆或意识是在五岭和南海环抱的自然生态中长期生成的，南越族群的特殊禀赋发育于独立发展

[1] 《岭南文化（修订本）》，第24页。

期，越族之根强固于百越文化圈期。随着海洋文化的发展，与北方重农文化的差异更加凸显粤人的独异之处，这是粤人身份认同的历史渊源。林语堂描绘："复南下而至广东，则人民又别具一种风格，那里种族意识之浓郁，显而易见……广东人含有古代华南居民'百越'民族之强度混合血胤。"（《吾国与吾民》自序）

随着南海丝路的开拓及在国内和世界地位的提升，粤人的自豪感逐渐培养起来，这可能是粤人身份意识的重要基础。岭南先贤们常称"吾粤"，以"粤人"自居。屈大均《广东新语·文语》说："先是时吾粤有《岭南文献》。"梁启超《世界史上广东之位置》一文中描绘和论述广东交通贸易和文化传播"重于世界""重于国中"后，面对近代西人开发和占据东南亚和印度半岛，发出感叹："使有政府以盾其后，则今日此诸域者，恐无复英、法、荷、班人插足之余地也。此真粤人千古之遗恨也。"（《世界史上广东之位置》）他俩同是岭外移民后代，但粤人身份意识跃然纸上。

粤人的粤族之根强固，还在广东（粤）的合称中明显表现出来。原百越（粤）之大族群名称由广东独揽专利。国内原百越之地，仅余福建保留简称闽（闽越），云南简称滇（滇越），是越族称谓，但却以越（粤）族的小分支（即百越之一）指称。原百越之北部地区，苏、皖、浙等简称已将其种族底片清洗干净。广东（粤）的合称含有很强烈的种族意味和对本根文化的执著。其历史原因，在于一代代居民（包括移民的后裔）对文化身份的认同，对粤语的坚守，对民俗的继承，尤其对水文化、海文化的承传和出新，这些都在国内地域文化中相当突出。

三、"自外于国中"的文化心态

梁启超概括粤人"自外于国中"的独特文化心态："崎岖岭表，朝廷以羁縻视之；而广东亦若自外于国中。"20世纪初仍这样判断，点出了粤人到现代仍保留着对中原文化的非正统性、非规范性、远儒性、忤逆性等文化性格①。"国中"不是"中国"，不是国家层面之论，而是可以指涉地理中心或中原、经济中心、政治中心、文化中心或儒家学说。此论有历史根据。突出表现为几方面。

1. 对岭北正统采取内外有别，敬而远之的态度

粤人对内陆和对海外有两种不同的态度和行为方式。对内或顺从于中原政权的管束，或取敬而远之态度，不与北人较真，不向内竞争，而是向海外竞争，不断拓展海外商贸和文化传播的优势，对外竞争力强而重于世界。岭海之人多自认"偏于一隅"，"边缘之民"，示弱显柔，不对中原说三道四。这是近代以前普遍的文化心态。我们现在还能够感觉到粤人对国内政治并不像北方人那么热衷。改革开放至20世纪90年代，广东人以"低调"著名，对广东是姓资还是姓社"不争论"，闷声发财。国内风潮中广东人不闹事，"没火气"，是出了名的。

2. 远儒性

岭南人的远儒性引起了一些争议。其实远儒性只表明粤人文化心理的一种特性，即与国内地域文化比较，它不是那

① 《岭南文化》，第21页。

190

么正统的儒家社会，而是具有许多异于和超出儒家正统的精神成果，对儒家文化"具有较大的游离性和再创造性"，总体表现出非儒家正统文化类型①。远儒性之论并不否认在封建时代的岭南，儒家思想在官方体制中的主导作用，以及它对岭南文化各领域的渗透。但当我们不局限于封建时代，而将岭南文化分为三个时段进行研究，岭南文化的远儒性便凸显出来。

我们先看中间一段，即从秦并岭南到西人近代叩关，儒家在中国传统文化中树立其独尊地位并全面主导岭南意识形态的时期。即使在这一时期，粤人文化也大异于正统儒家。白沙是中国大儒，入"住"孔庙，但陈湛心学开辟以自然为宗的学风，强调"静坐"以"自得"，不以圣贤之是非为是非，与孔子从周而克己复礼，程朱理学读书格物致知之法均大异其趣，对孔孟正统有重大改造。岭南七教并存，神仙众多，信仰庞杂，并不独尊儒教。岭南道教兴盛，粤人香火多聚于此。梁启超就认为这一时期"孔子之见排于南"。六祖禅宗顿教对佛教进行了重大革新，使之平民化和世俗化，对佛教中国本土化做出了巨大贡献，并深刻影响着中原佛教革新和中国人的精神世界建构。其世俗化、布衣农夫皆能成佛的平民化理念，与儒家的圣人追求、等级观念均大相径庭。岭南士子读书做官，修齐治平观念抵不过经商赚钱享受的价值，二十四史中立传的广东历史人物，唐代3人，宋代7人，明代50人，仅在云、贵、桂三省区之上②。这些与其文化心理上的远儒性肯定是相关的。文化心理的基础是物质生产方式，在岭南商业社

① 《岭南文化》，第27—28页。

② 《岭南文化》，第27—28页。

会，粤人文化心理上是不信儒家"君子谋道不谋食"教条的。屈大均《广东新语·事语》描述广东全民经商的社会现象说："民之贾十三，而官之贾十七"，"无官不贾，且又无贾而不官"。这种求财求富心态是粤人的普遍心态，至今犹存，与儒家正统简直就是对着干的。

再看前面的先秦时期。儒家中兴于春秋时期，而此期为岭南的百越文化圈期，是岭海人本根文化和越族文化发育长成的时期，粤人实践具有百越文化和海洋文化的浓重色彩。百越之风穿越各个时期，至今流韵犹存。粤人迷信，偶像和信仰广泛，图腾崇拜名目众多，民俗的特异性都是其遗存。粤人之俗深刻影响着深层的文化心理，与汉越文化融合期强行输入的儒家正统必然有所抵触。如婚嫁风俗保留较多古代婚嫁风俗残余，抗婚哭嫁，不落夫家，明清自梳女的不嫁等，这些悖于儒家纲常礼教的习俗，均源于百越文化。岭南缺乏儒家思想的土壤，只能由外部输入。但输入的儒教与本土文化心理格格不入，这是后来远儒性的深层基础。

后面的近代，世界海洋时代西方文化、思想输入，与越族传统混合，远儒性在近代岭南表现更加突出，从游离、疏远发展到迥异、突破，大异于儒家正统。粤人四海为家，浮家泛宅而形成最大的华侨社会，与儒家"父母在，不远游"的伦常相悖；平民性和市民社会与儒家等级观念相左。粤人重海、多元、兼容等与正统儒家重农重土、一元等，都是对着干的。近代粤人文化精英大都有远儒倾向。郑观应的商战理论、洪秀全把孔子骂得一塌糊涂、康有为托孔而改制、孙中山的治国方略等等，共同成为广东作为近代中国民主革命策源地的思想基础。

3. 非正统的意识

非规范性、远儒性和忤逆性这些文化心理表现出来的特征，都是粤人非正统意识的表现。这一"非"字并不表示没有或反对正统和规范，另搞一套，而是顺应岭海一体的环境，发展农耕的同时拓展商业贸易尤其是海外贸易，所以要常在正统和规范之外另寻出路，时不时"出轨"。比如海外贸易需要大力发展经济作物，农田不种粮，清代广东缺粮现象惊动雍正帝，严厉斥责其重商逐利倾向，"在广东本处之人，惟知贪射重利，将地土多种龙眼、甘蔗、烟叶、青靛之属，以致民富而米少"（道光《广东通志》）。在长期的"贡舶贸易"体制下，濒海之民顽强开展"商舶贸易"，甚而不惜发展宏大的船队武装走私。在中国各地域文化比较中，岭南文化并不属于农业社会文化形态的正统，而是重商的文化类型，这是可以认定的。

它还是非内陆传统的文化。长期开拓海上丝绸之路，粤人文化心理自然养成与中原为代表的农业文化的隔阂和疏远。而与海外文化的交融，特别是近代率先处于与海外文化冲突和交融的前沿，岭南文化与内陆农业文化更格格不入。近代岭海人有强烈的发展民族工商业，对外商战的愿望，于是产生许多非封建规范的实践，对封建制度的许多方面提出质疑，最后才有粤人北进改造中国的文化北伐和军事北伐。海洋文化与粤族强固的文化基因，是岭南文化不仅区别于正统内陆文化，而且区别于江南文化的文化特质所在，这是其他文化精神的心理根基。

这种非内陆、非农耕、非正统的文化，使粤人表现出忤逆性。李权时说广东人有忤逆的文化性格，这有深厚渊源。《隋书·地理志》就记载南海、交趾"其人性并轻悍，易兴逆节"。上述也多方面地表现了对中原文化的忤逆性质。中原人亦称粤人非我族类。

以上显示，在中华各地域文化的比较中，尤其在与传统主流中原文化的比较中，粤人的文化品性表现为异类。粤人梁启超将其概括进"自外于国中"这一文化心理中是很有道理的。"自外于国中"使得中原正统文化一直将粤人称为南蛮。

四、粤人文化心理的视角问题

对粤人文化心理，海洋意识、粤人之根、"自外于国中"的文化心态的阐述，归根结蒂在于海洋文化发展的特异性。梁启超在《中国地理大势论》中指出："粤人者，中国民族中最有特性者也"，"其民族与他地绝异，言语异、风习异、性质异，故其人颇有独立之想，进取之志"。这些都来自海洋文化，梁启超就在《世界史上广东之位置》一文中详细考证和论述了海洋文化对于粤地"重于世界""重于国中"的至关重要，这是粤人异禀的文化根基。

在北方一直盛行的广东无文化的"文化沙漠说"，是站在内陆、农业和正统文化的角度和立场看岭南的结果，岭南缺乏内陆那么厚重的正统和规范文化，当然就是"无文化"，这忽视了岭南发达的海洋文化必然发展出特异的文化品性、民性和"自外于国中"的文化心态，这是一种特异的文化，而不是"无文化"。站在世界海洋时代的视角、当今全球化的视野，粤人文化在本质特征上更多地代表近代性和现代性的文化，而不是内陆传统或正统。简单地说，它相对缺乏正统的农业时代文化，但相对富有海洋时代的文化，具有先进性。

这里给予我们中华及其地域文化研究一个重要的方法论启示。应该树立中华文化是多元文化构成的意识，承认各地域文化的合理性和它们对于中华文化的贡献，不能以农业社会、封建制度、内陆文化、儒家正统的观念为是非和高下的标准，不应以中原的是非为是非，以是否赶上或超过了中原传统文化作为文化进步和先进的标准。历史早已跨过了这道门槛。地域文化研究应与时俱进才是。

第二节　文化精神与"价值支柱群"

精神心理文化的第二层面文化精神包含了贯穿于经济、政治、社会所有领域中显性的价值观念和思维方式等，是经过理性思考而总结和锤炼出来的。在文化各领域，文化精神显现于表层，是指导人们生活实践的方法，文化心理则是深层蕴含的。但粤人的深层文化心理，却生长出开放、多元、冒险和敢为人先等文化精神；文化精神又渗透着并表现了粤人的文化心理。所以后面各节重点论述显性的文化精神，但将文化心理层面的内容融入其中。

价值是人们处理与自然、社会和自身所有关系的观念、方法和实现（价值）的方式的总和。文化精神则是价值观念和方法的提炼。运用价值哲学研究岭南文化精神，有两点是需要强调的。

第一，要注意在岭南特殊的生态系统中把握其多元价值和价值支柱。

价值的本质在于多元价值的建构，这种建构的结果就是系统结构。精神心理文化系统是众多价值形成的体系，包括心理习惯、民间风俗、对各种事物的具体观念、信仰和宗教、道德规范和美学观念，它们大体呈现一个由浅入深，由特殊到普遍的层次结构，后者往往包含前者于其中，建构成地域文化的总体"价值观念体系"，即文化精神系统。

各地域文化，由于其特殊的自然生态系统、人的特殊的实践方式，必然携带着强烈的地方因素，其价值模式体系都是特殊的，价值选择、取向和方法的重点不同，在历史中形成的它们之间的相互建构和作用不同，必然产生不同于其他地域的价值支柱。

以往地域文化研究中，对精神心理文化子系统中的精神内涵，基本上局限于罗列一些特征，并将其称为某地人精神。这不能说没有价值，但还不够。岭南文化精神的特色需要放在岭海环抱这一独特的自然生态中进行考察。这一自然生态使先民发育出中国最早的海洋文化。在长期的耕海、闯海中，粤人培养起包括开拓、进取、敢闯敢冒等内涵的"敢为天下先"的精神特质，表现出"海国超迈之意量"。这是一组重要的文化精神支柱，它使岭南发展出中国最高层次的开放文化，勇于接受多元文化，在其中养成了兼容的品格，从而其精神支柱就有不同于其他地域的内涵、气息和丰富的形式。这是一种特殊的建构过程，其中主要的影响因素，也是岭南文化区别于其他地域文化的，是空间最为广阔、时间最为久远的海洋实践。航海又使粤人养成灵活变通的思想品格，粤人深入骨髓的务实精神就有不同于其他地域的特点和表现形式。这样看，岭南文化精神是在海洋文化的价值支柱相互作用中建构和显现出来的，它总体上突出地显现海洋文化精神，这是与其他地域文化精神最显著的区别。

第二，要注意文化精神的系统建构，挖掘和构建岭南文化特殊的价值支柱群。

价值支柱本质上是粤人在价值选择时主要的思想倾向和价值取向，价值支柱群则是岭南精神心理文化中起主导或支柱作用的那些精神的结构形式。

一些地域文化研究提倡核心价值而忽视系统建构，以为纲举目张，就包含其他文化精神内容在内，或就可以概括说明该地域的主要文化精神。用这种方法难以对岭南海洋文化总体做出符合实际的概括。地域文化研究中，需要建构系统的价值支柱群，一枝独壮甚至是有害的。纽约世贸双子塔从底部轰然坍塌，震惊了全世界，也引发人们对这种单一"核心"支柱的建筑进行反思。支撑一座大厦，较为稳固的还是框架结构。这种结构中，价值支柱并不是一根，而是由一组支柱构成的框架，其中各支柱都称不上中心，但又不可或缺，它们共同将各种力构成稳固的系统。大厦是这样矗起的，国家或地域文化的精神也如此建构。在地域文化研究中笔者将此概括为该地域特殊的"价值支柱群"。

岭南文化精神在整体上鲜明地区别于中华其他地域文化，根本原因在于这些价值观和价值方法在不断建构的过程中，适应岭海自然环境和社会生态，与文化心理相互作用，形成了有序的并且独特的结构：价值支柱群。岭南文化总体上是不走极端和定于一尊的，用价值支柱群来概括广东人居于重要地位的那些精神及其相互作用，才是符合实际的。

上述价值支柱中，敢闯敢冒、开放、多元、兼容、务实、变通等等，在面临要解决的问题时，不断生成互相作用，相互制约，互为建构的状态。在这种状态下，它们就构成一群价值支柱的特殊结构状态，这在让·皮亚杰那里称为具体情势下的"格局"（或译为"图式"）[1]，在库恩那里又是稳定的"范式"[2]。比如开放在任何地域文化都是强调的，没有谁说自己的文化是封闭的，而且各地域能发展到现在的文明水平，一定是在开放中接受其他地域其他民族的文化传播，逐步发展出来的。但岭南的开放主要表现为海洋文化的开放，它向更为多元的海外文化开放，因而兼容的空间范围更为广阔。开放的形式也与务实精神相互建构，在务实之风盛行的粤人那里，开放并不是目的，而是服务于取其多元价值。多元价值也不是为了它本身，或为了于其中选择有用的、有效的价值。粤人对多元价值的引进紧紧地与兼容联系在一起，发展出杂处、共生、糅合、融合等等创新形式。岭海人的兼容也是一群价值支柱共同构成合力的，包括多

① 参见王宪钿：《发生认识论原理·中译者序》，皮亚杰：《发生认识论原理》，王宪钿等译，商务印书馆1981年版，《中译者序》第3—4页。

② 参见T.S.库恩：《科学革命的结构》，上海科学技术出版社1980年版。

元、开放、重商、务实、和谐等。这些都与海洋文化创新中的价值支柱群建构相关。

阐述这一价值支柱群，笔者将其分为几组结构，在各文化精神支柱的论述中旁涉与其他价值支柱的相互建构关系，力图呈现岭南文化精神与其他地域不同的特色。第一组是粤人海洋实践培育出的敢为天下先，以及它引领的开拓、进取、动态求变、敢于冒险、敢闯敢冒等精神。第二组是海洋孕育的开放性、多元性和兼容性，这是自然生态长入人自身基因的文化成果，是岭南文化特异于内陆地域文化的一个根源。第三组是重商、务实和变通。岭南在土地和海洋的不同实践和生活中培育出土地文化和海洋文化两个并行的传统，其中有内陆文化皆具的精神素质，但在岭南却是以重商精神为主线进行相互建构的，其特色由此显现。这样分组是一个初步尝试。各组中的价值支柱放在一起论述，其相互之间的建构可更加直接和紧密，利于说明那些在其他地域文化中或也存在的文化精神，在岭南是如何突出其特色，特别是海洋文化特色的。广东改革开放典型地表现了这些内涵，下文着重叙之，并不避其瑕疵。

第三节　敢为天下先引领的一组价值支柱

邓小平南方视察时总结广东经验，用了"敢闯""敢冒"这些字眼。这既是对它的文化性格的凸显，也是对现代改革开放中粤人一种突出精神所进行的描述和概括。而这正是岭南文化自古以来所积淀下来的宝贵财富和文化硬核。岭南海洋文化所孕育的敢闯敢冒的文化性格、敢于第一个吃螃蟹的冒险精神、动态求变的文化品格、勇于创新的精神，都是深入粤人骨髓的，开一尺堤就会波涛汹涌而出。这些精神从文化哲学的角度概括就是"敢为天下先"的精神。

一、冒险：杀出血路的精神支柱

近现代的改革，在中国历史上是一个艰难的冒险过程，而冒险精神正是岭南几千年培育出来的，是岭海环抱的自然生态向人生成的过程中长入粤人基因的。古代五岭阻隔对

花县莲花塘汉生李公祠，洪秀全在此成立拜上帝会

岭南反而造成另一种优势，使岭南相对独立地发展出包含深厚海洋内涵的本根文化和百越文化中的一支——南越文化。岭海在世界海洋交通航路上的地理优势，直面太平洋，向南转西有广阔的市场，比国内其他地域更接近其他三大世界古代文明区域，所以粤人对外开放最早，也最为频繁，这使岭海人塑造出敢于冒险、勇于创新、敢为人先的文化精神，遗传下冒险的文化基因。费正清分析中国地域特点时说："总之，海洋鼓励了小规模的冒险事业和开拓精神，而陆地则便利了官僚政府。"[①]梁启超也有类似的看法："广东人于地理上受此天然优胜之感化，其慓悍活泼、进取冒险之性质，于中国民族中，稍现一特色焉。"（《世界史上广东之位置》）粤人是极具冒险精神的族群。梁启超曾论证了广东人是最有殖民勇气的。殖民南洋并称王的八个中国人，除一名福建人外，其他都是广东人。关于他们之精神，梁启超是这样描述的："六朝、唐间，商船远出，达于红海，尚矣。即自明以来，冒万险，犯万难，与地气战，与土蛮战，卒以匹夫而作蛮夷大长于南天者，尚不乏人。"（《世界史上广东之位置》）

近代和现代岭南常开风气之先，引领中华文化所进行的变革是令人咋舌的。洪秀全、康有为与梁启超、孙中山敢于说"不"，大胆叫板并逐鹿中原，冒的是天大的风险。岭南在中国近代上彪炳史册的人物很多，都具有博大的开放胸怀和大无畏精神，他们代表了历史上融汇了海洋文化的岭南文化，向中原正统文化叫板。

现代岭南人敢于向在"文革"中被描绘为魔域的资本

① 费正清主编：《剑桥中华民国史》，章建刚等译，上海人民出版社1991年版，第14页。

主义世界开放，勇于冲破一个个旧体制、"祖宗之言"和规矩的禁区，所冒的风险同样可致灭顶之灾。冒险的历程显现为"杀出一条血路"，是这种文化精神不断发扬的艰难旅途。广东人民和政府敢闯敢冒，其艰辛在2005年关于广东省委原书记任仲夷的系列报道中体现出来：每一步都可能踩到地雷，时刻都会被口水的海洋（口诛）淹没。于荆棘中杀出血路，自不免遍体鳞伤。1979年3月3日的广东省委常委会议上，吴南生提议广东先走一步，在汕头划出一块地方搞试验，用各种优惠政策来吸引外资。当时他说了一句后来成为改革开放经典的话："如果要杀头，就杀我好啦！"[①]现在的人们恐怕已难以理解：搞个经济特区，竟然还会有杀身之祸？看看后来的情况就容易明白。20世纪80年代初开始，大批内陆干部涌来广东考察，不少外省高官看后如丧考妣，有人竟号啕大哭："辛辛苦苦几十年，一朝回到解放前。"甚至有位外省副省长不肯走出宾馆房间去吃广东那"资本主义的饭"，请也请不动，只是不停地流泪。国内许多报纸，其中包括最有影响力的大报大刊，大量而密集地发表对广东"口诛笔伐"的文章。极左思潮和旧观念孕育着浓密的荆棘丛林，要想砍出一条路，那是非得见血不可的。

40多年来广东敢接受敢做的，往往若干年内仍在内陆争论不休，视为雷区、禁地。广东"香三年，臭三年，香香臭臭又三年"。这类"五四青年对阵封建遗老"的故事在国内曾常演不衰。

① 《血路是这样杀出来的》，《广州日报》2008年4月26日特2版。

二、动态求变的文化底蕴与创新精神

敢为人先不仅需要冒险精神，还包含着动态求变和创新精神。粤人的动态求变和创新精神在改革开放40多年中凸显于国内，具有鲜明的现代特征。

内陆有人赠给广东一句话："穷于思考，勇于接受。"除了批评的意味，"勇于接受"还是道出了岭南人强烈的求变意识。岭南近代处在中外贸易、文化碰撞和军事政治冲突的交汇点上，各种新思想、新潮流不断涌进和互相冲击，客观上迫使岭南人面对日新月异的新事物。西方传教士最早从岭南传入进化论，资本主义向东扩张和侵略最早在岭南进行，岭南人的生存危机和竞争意识很早就深入骨髓。不想被淘汰，就要勇于接受新事物，主动迎接挑战。所以动态求变在岭南常常以"先接受了再说"的态度开始。近代以后迄今百多年的社会变革中，岭海人适应了动态地看待世界，必须求变的思维方式，他们面对新事物习惯于首先充满自信地接受，不像一些地域，先来一番无休无止的争论，往往结论未出，更多新事物又涌到面前。这样比较，勇于接受中蕴含的敢闯敢冒的品格就显现出来。

粤人祖上就有"不安分的广东人"的名号，其动态求变心态与海洋有着最为密切的关系。海洋造就了"不安分的广东人"。"不安分"这种精神状态，表现了岭海人强烈的变革意识和求变心理。粤人两千多年前就具有强悍的个性和冒险精神，最早受海外文化影响，历史上对外通商、南海丝路上的冒险、经济革新、政治动荡、鸦片战争反侵略、20世纪资产阶级革命的历程、现代改革开放的杀出血路，这些都强化了岭海人不安分的文化心态。动态求变使得粤人不断地闯禁区，于是即使低调也在国内冒尖，成就了"不安分的广东人"的名号。

动态求变与创新精神是孪生兄弟。动态求变离不开思想的力量。改革中岭南人的创新层出不穷，创造出无数个"第一"，引领国内潮流。虽然常出现"开花在广东，结果在内地"的困窘，"流行音乐的黄埔军校"一度式微就是典型例子，但这不能否定岭海人注重前瞻性纵向思维还是有着一定的优势；与此相反的是传统社会的后顾式横向比较的文化习惯。粤人最早开眼看世界，常有前瞻的目标。近邻同属岭南的香港粤人同胞于20世纪六七十年代崛起，令广东人眼热，改革开放更见识到发达国家的富庶、亚洲四小龙的繁荣，巨大的反差强化了前瞻式的思维模式而弱化后顾式思想定式。这有利于强烈地刺激起创新的欲望。广东富起来以后，十分警惕后顾式思维的回潮，对"富而思进"讲得更起劲，表现出不安分的文化心态。对国内紧盯有多方面优势的京、沪、江、浙等地；对国外则追赶西方发达国家。

动态求变这种精神是与一组价值支柱群共同作用的。动态求变心态与岭南文化的开放性和兼容性特征有着互动的关联，开放和兼容必须有民众普遍的动态求变心理作为基础。岭海人于海内外频繁的商业贸易中，进行大空间范围的流动和交往，接收了众多信息，吸取了大量经验教训，这比半封闭的华夏内陆有较多的优势。他们自古以来习惯于向海外拓展，远涉重洋，明清时就已在世界每个角落踏上了粤人的足迹，当时西方人誉之为"冒险性强，有海国超迈之意量"。粤人这种思想的无拘无束，富于幻想，又利于他们形成开放的文化心理和不拘一格地兼收并蓄的文化性格。

第四节 海纳百川：开放、多元与兼容

40多年前改革开放迄今，广东一直担任中国改革开放的"排头兵"，内里有着深厚的文化底蕴。偌大个中国，总设计师首先选中广东作为重点，除濒海，拥有一大片海上国土外，文化是最重要的考量因素。改革需要敢闯敢冒、不安分的精神特质，开放更需要的则是开放、多元和兼容的文化品格。这一组价值支柱具有紧密的相互作用和建构关系，共同构成强大的"胃动力"，吸收和消化着世界的精华。从价值支柱发展的因果逻辑看，岭海人敢闯敢冒而有中国最早最长期的对外开放历史，开放引入多元价值，而有兼容的各种形式。而从价值支柱发展的系统逻辑看，敢为天下先、开放、多元、兼容这些海洋文化精神又是互相砥砺、互相影响和作用的。开放、多元和兼容既是敢为天下先精神的必然果实，又反过来强有力地促进改革开放中粤人的敢闯敢冒精神的发扬。

一、开放：岭海人的文化基因

开放是本地域海洋文化的一根重要价值支柱，一种精

神特质。它是在岭南悠久的海潮音中长入粤人心底的文化基因，是贯穿岭南历史，经过深厚积淀的价值取向和行为模式。《汉书·地理志》已载，中国出口船舶由日南障塞、徐闻、合浦开行。这是迄今为止世界上关于海上交通最早的文字。但先秦时代粤人独立开拓的先秦南海商路就已经成为岭南对外输出先进工具和输入海外珍奇异物的通路。唐宋广州通海夷道是传播"海潮音"的一条主要通道。这条航路以广州为起点，经马六甲海峡，穿越印度洋、波斯湾而抵达东非海岸，经山、洲、域、国百余处之多①。中国从南海丝路走向印度洋、非洲和中东并传播文化于欧陆。中国内陆人们从未见识过的近代科技和西方人文精神，大都首先从珠江口或交趾进入中国，明中期后更是集中于从广东管辖的澳门和香港进入。广东中心广州作为中国唯一的两千多年从未关闭的对外通商口岸，自然成为中国得（海）风（咸）气之先的"南风窗"。清代张焘在《津门杂记》中已论述过这一点："广东通商最早，得洋气在先。"包括洋面、洋菜、洋画、洋建筑、洋园林、洋瓷、洋机器和洋科技等，当然同时也率先带进了两大著名洋毒——鸦片和梅毒，这是不应讳言的。

过去人们只提广州港明清两度一口通商，忽略了宋代一口通商，更忽略了中华人民共和国成立后对西方屏蔽得最为严实的27年，中国还是在广州进出口商品交易会和深圳罗湖桥留下了狭窄的通道，令珠江口垄断了中国的进出口。这显示出一个令粤人最为骄傲的图景：在世界海运开始后的两千多年，岭南始终保持着开放的态势，始终是开着的国门，虽然有时国门只开了一条缝。开拓海洋，开放自身，不同民族

① 见《新唐书·地理志》。

文化在这里交融，使岭海人骨子里饱含着开放基因。

　　始终开放的态势，使引进海外文化成为岭南对中国的重大贡献之一。中国之外的世界三大文明古国的文化，海洋时代西方新兴的启蒙理性、科学和工业文明，通过岭海人输往内陆，使黄土地的人们见识到奇特的海洋文明。文化的交流上，岭南是佛教、伊斯兰教和基督教最早传入中国的两条路线之一的大门。在理学一统时，岭南通过基督教的传教和华侨等多种途径大量吸纳西方科学知识，士人商贾在国内率先学习和传播格致之学。鸦片战争前后，引入西学以岭南为先，中西文化交流在岭南广泛展开，讲授自然科学知识的西式学堂在岭南首创并大量涌现。郑观应、容闳、康有为、梁启超、孙中山等一大批岭南先贤引进并介绍西方的各种社会、经济和政治学说。这里最早开眼看世界，各种思潮汹涌激荡，由此开中国近代启蒙、改良乃至民主革命风气之先，

虎门激战

岭南由此盛产近现代文化巨子。岭南的开放与内陆地域的开放，显著的区别之一是岭南面向海洋，其空间之广阔无与伦比，面对的是世界各种肤色的人种和众多民族的文化风情。岭南文化是土地文化与海洋文化的相互碰撞和砥砺的成果。而内陆的开放则重在土地文化的内部交流。

开放作为岭南文化的主要价值支柱之一，原因还在于它既是粤人的文化精神，又是他们的实践模式和生活方式，是精神和实践相结合的一种价值取向。岭海人习惯海外拓展，浮家泛宅远涉五大洲。今天粤人子孙均以祖先"有海国超迈之意量"的精神为骄傲，以中西海上丝路上"全是粤人天下，竟无欧洲人插足之地"的形象为自豪。明清时海外就已有"太阳永远普照着粤人社会"之说。至20世纪80年代，我国海外华侨华人中粤籍人占70%。

这些海洋实践使岭南的开放是全方位的，这是与内陆地域的另一显著区别。从对外开放的方向来说，不仅向南转西对印度教、佛教、伊斯兰教和基督教地区文化开放，也向北向东开放。岭南之广东的对外出口一直保持全国第一，商人走遍"地球村"。20世纪80年代初广东最早提出"三引进"：引进资金、引进项目、引进人才。这于现在是那么稀松平常，但当时却是非常大胆和富有创意的，也只有在这个最富开放精神的岭南地域，才可能率先提出来并站住脚。20世纪80年代极左思潮一度猖獗，"广东搞资本主义"之论甚嚣尘上，国内主流媒体已经忌讳和尽量少提"开放"这一字眼。此时，任仲夷代表广东省委进一步提出三个放：对外更加开放；对内更加放宽；对下更加放权。这种气概只有在开

林则徐画像

放精神长入骨髓的广东才能产生，才能为人接受而化为实践的力量。内地不知多少高官有开放的思想和胸怀，可惜他们没在广东任职；林则徐不当两广总督，恐怕也成就不了"开眼看世界第一人"的永恒美名。

广东经济上的成就最早彰显出面向海洋，全方位开放的优势。40多年来，广东以对外开放拓展成长空间，以政策性倾斜启动经济，以市场体制改革作为根本保障，通过市场与投资双重拉动，推进了工业化进程，实现了经济起飞，经济增长取得了举世瞩目的成就，使"广东奇迹"令世人振聋发聩。对海外的开放在20世纪80年代至90年代初一度形成岭南文化对内陆文化的强烈冲击，杨东平形容为"广东文化对内地的三次冲击"。开放是渗入岭海人骨髓中的精华，已成为粤人的生活方式，而不只限于精神品质和生产实践模式。开放之初人们惊呼广东"香港化""西方化"，从一个侧面反映出开放成为广东人生活方式的开放状态。

在前述最早和最大量地引进世界海洋文明的史实中，我们可以看到，粤人的敢闯敢冒、敢试、敢干，都与开放紧密联系。任何地域文化精神都有"敢"的一面，冒险甚至可以说是人类的一种天性和共性；但岭海人的"敢为天下先"却始终与向海外、向世界的开放密切相连。这些价值支柱共同建构起在开放基础上的冒险、在冒险中的开放。这些精神的子宫就是岭海一体的土地和南海，所以是独具特色的。

二、多元文化状态与多元精神

多元是岭南文化的一种常态，也是粤人的一种观念追求和精神品质。

就特性而言的文化多元性，指的是多种性质、多种类型、多种层次文化的并存。当今岭南文化的构成十分丰富复杂，与中国特色的社会主义文化并存的有外来文化、资本主义文化、古代越族的遗风、汉文化的封建传统、中原文化和内陆文化的各种因素，以及华侨文化、港澳文化、特区文化等等。地理区域上划分有山区文化、三角洲平原文化、海洋文化，后两者都属于海洋文化的区域范畴。还有学者从珠江文化的概念出发分出东、西、南、北江四个文化支系。从层次上区分，岭南文化有阳春白雪，也有下里巴人，存在适合不同层次需要的文化。这种多元并存的格局，使岭南文化多姿多彩、生动活泼、富有活力。确实，在中华各地域文化中，文化的多元性少有像岭南文化那样明显，那样有特点。文化的这种多元性蕴含着的就是多元价值观或多元性精神。

岭南文化各时期有其主体文化，但多元性却在各期都存在。从岭南文化的结构和历史发展中，两者的统一清楚地浮现出来。在文化传播和价值融合的意义上，岭南文化的历史分为五个时期：独立发展期、百越文化圈期、汉越文化融合期、中西文化碰撞期和现代化开放时期。各时期有其主体文化，但多元性在各期都存在，是贯穿岭南文化的一根红线。

任何地域的文化都不可能是一元的，中国各个地域文化都可以说是具有多元性的。但岭南在两方面与之有明显区别。第一是相对于内陆文化区域来说，岭南同时具有土地文化和海外文化两大因素。人类具有航海能力以来，岭南文化的各个发展时期都包含着海外文化这一要素。这是内陆各地域文化不曾具有的文化现象。内陆文化自身的多元，在世界海洋时代开启，西人向古老大陆叩关求市继而武力"经商"的时代，就成为封闭的、固守传统的、排他的、面对多元世界却又"一元"的文化。第二是相对于其他临海地域来说，岭南对海外文化的引进最早，在先秦的百越文化圈期，岭南就已并存着本根文化、百越文化、中原汉文化、海外文化四个内涵要素。岭南以从海路输入的玳瑁、翡翠和珠玑等珍品、工艺与奇异的植物、动物，与其他百越民族、楚文化及中原文化交流，鲜明地亮出自己海洋文化和开放型文化的特色。同样临海，并属于水文化系列的吴、越等地域文化，在对外经济贸易方面也难望岭南项背。起码到唐代，岭南仍是将海外文化向江淮之地辐射的对外口岸。唐相张九龄评价岭南的海外贸易对江淮的影响是："上足以备府库之用，下足以赡江淮之求。"至少到唐代，广州已是"万国衣冠，络绎不绝"的国际大都市。黄巢造反攻占广州时，属于伊斯兰教、印度佛教、犹太教和基督教的人口有12万多人[1]，其义化的多元性在中国无疑是领先的。

　　岭南文化在近代和现代两度崛起，起主要作用的是海洋文化发育早、规模大、引入外域文化种类多而且比较全面。海外文化本身在岭南就已构成了多元性，加上中央政权强力推行的内陆文化和国内民间往来输入岭南的各地域文化，岭

[1]　张星烺编注，朱杰勤校订：《中西交通史料汇编》第2册，中华书局1977年版，第207—208页。

南文化的多元性在国内是非常突出的。多元性成为文化的常态，积淀为深厚的多元精神和追求多元化生活的文化心理，这些长期对海外文化的开放态势和多元文化态势的文化底蕴，使粤人习惯于或更容易接受海外世界，包容各方文化，容纳各路神仙。这既是西人在近代首先选择香港和澳门的考量因素，也是邓小平在现代首先选择广东率先尝试改革开放政策的一个重要原因。

40多年改革开放，岭南海洋文化呈现出愈益多元化的趋势；同时多元精神渗透在敢于改革旧体制，创新和建立社会主义市场经济体制的全过程，取得了丰硕成果。重大成果之一如推动多元所有制结构的形成。林炳熙对特区经济发展与海洋文化的关系有一中肯评述："特区既发展公有经济，也发展私有经济和个体经济，还引进了大量'三资企业'，形成了多种经济成分并存的局面，从而在经济成分上突破了传统经济的单一性……实践证明，内陆文化的单一性和排他性违背经济发展规律，不利于经济的发展；而海洋文化的兼容性符合经济发展规律，有利于经济的发展，为特区经济的形成和发展提供了理论依据。"[1]所以说，多元性表现出与敢闯敢冒、创新等综合起来的一种主导的文化形态，即海洋文化。"广东奇迹"是海洋文化造就的。

因为海洋文化带来的多元性，岭南文化在中原正统文化人看来是"怪怪"的。对立异质文化的共生现象就是岭南文化多元价值和开放性的典型表现。岭南许多民俗文化、娱乐活动中并存着传统色彩和现代气派，如最现代化的宾馆大堂，姑娘却梳起古装的髻，穿着紧身的又亮丽的旗袍，而

[1] 林炳熙：《浅议海洋文化与特区经济》，载《岭峤春秋——海洋文化论集》，第95—96页。

能相映生辉。在岭南常可见到，高度文明的科学技术与极为传统的风俗习惯在许多家庭和市民身上并存，而又相安无事。不少人孜孜以求现代科学，家里书架上摆满科技、运筹学、经营管理学等现代书籍，神台则祭供着财神，门上贴着门神、福禄寿等超自然偶像。这种现象在内陆人看来太奇特了，初来乍到的内陆人的第一感受是"怪"。这"怪"又不怪。具有开放性的文化是一种"混血文化"，两者有机联系，必然呈现出多元化的风貌。

岭南文化存在很多缺点和不足，引来的批评自然也不少，最热烈的算20世纪八九十年代。那时有此讥讽：广东人对西方文明的模仿，就只差天生的黄皮脸、黑眼睛不能与白皮肤、蓝眼睛相同了。人们对广东开放引入的多元现象颇多微词，较有代表性的是两种指责。一是认为广东对欧美潮流表现出狂热病态的刻意模仿，美欧时装和化妆品装饰了广东大批"嬉皮士""雅皮士"，少男少女头发染成一圈圈金黄色，俗不可耐。广东人引进了情人节、愚人节等西方节庆带着对欧美文化的盲从无知，冷淡了春节，更是"丢了亲娘认他娘"。另一种批评则说广东人一切向香港看齐，广东的经济成功归功于香港，"香港打个喷嚏广东就感冒"。"怪文化"一说提醒粤人，这可能是因为自己在融合方面还存在许多缺失和不足。多元和开放是应该在兼容上多下工夫，没有兼容这一价值支柱，大厦也矗立不起来。

多元精神与开放精神是互相建构的。这两个价值支柱难分谁是核心，谁为附属。文化多元性是岭海人将多元精神运用于实践创造出来的，这种实践展开的恰恰正是岭南的开放历史。岭海人不是为了开放而开放，而是为了追求多元而开放。这是其现代性品质的突出表现。这样，开放就不是被动的，而是或因多元的"诱惑"，或因多元所带来的实利而主动地追求多元，也是动态求变心态的必然结果。没有向其他文化开放，促进相互文化传播以达到一定程度的融合，多元的文化架构及人的多元文化精神也是无源之水。开放的结果是多元文化的并存，而多元文化格局又使岭海人养成了开放的心理模式。它同时不断巩固和丰富着岭海人的多元精神。可见，多元精神与开放精神是密切相关，相互建构的。

三、"混血文化"与兼容精神

在岭南文化的主流态度看来，开放和多元相对于兼容来说还不是人创造文化的目的，而是手段，是兼容的有利条件和发展契机。

兼容的实质，在与包容的区别中可以更加清楚地表达出来。包容从实践的意义上来说是积极的、有意义的，但却是立足于本土的观念，带有本土文化强势之类的意味，如包含、包涵、容纳等意思，是包含他者于自身中。"大肚包容"表达的是主体对于外来价值的态度，其关系主要是单向的。而兼容首先是双向的，表现比较平等的地位，没有强势意味。"兼听则明""兼而有之"，就带有较多的融合之意。而且它更多的是一种文化精神概念，不同于主体的实践操作概念。它包括主体的宽容、容纳、包涵等意思，也包括客体的文化参与，标示着这一地域中，大家是兼而有之的，并不表示主体的特殊或崇高的地位。

粤人的兼容还包含了双重意义。首先是对外来人、外来文化，要取开放、容纳、包涵等包容态度；其次是对内，在自身内部，对自身文化，承认多元文化要素兼而有之，各文化是平等的、互为价值的。甚至粤人承认一些文化要素强势进入岭南文化那种"兼并"的优势，这并没有贬低自身之意；如果将"兼"理解为外来文化所携带的价值强势进入，也符合古代四次移民岭南高潮的历史真实；而且如果用于现代两次移民高潮，也表示岭南地域承认外来文化的优势，倒是一种承认多元合理性的，谦虚和学习的态度。这正为"容"或融合做好了准备。岭南文化研究中，我们就承认中原汉文化、海外文化在不同历史时期强势进入岭南，这丝毫无损岭南文化，倒是丰富了它的形象。所以，作为现代岭南社会的一个实践概念，可以用"包容"，因为这是对于广东本土居民的一种精神修养要求，他们确实需要接受、包涵和宽容外来人和文化；而作为概括整个岭南文化历史的精神或价值概念，还是应当用"兼容"这个概念。

兼容是岭南海洋文化的一贯品格和魅力所在，是海洋文化的一个本质特征。海洋文化相对于内陆文化的优势就是开放、多元和兼容。内陆文化容易造成眼界狭窄，妄自尊大，唯我独尊；而海洋文化正因为开放，交往的范围更加广大，眼界更为开阔，深知海外有洋，洋外有天，世界并不以"我"为中心，谁也不是天朝上国、世界中央，这就易于形成多元并存的心态，清楚兼容的必然性和优势所在。屈大均《广东新语》充满着海洋意识，其述珠江出海口："出虎头咫尺，则万里天险，与诸番共之。诸番非表，而吾非里也，大唐之地止乎此，然止而不止。天下山川之气，亦止乎此，然止而不止。止者地之势，而不止者天之行也。""诸番非表，而吾非里也"，这种博大胸怀是内陆文化难以接受和形成的。

兼容是岭南文化的一贯品格。国内就有人用"混血文化"来描述。从历史过程看，岭南文化在开放引入多元价值时，都重视兼容的功夫。从横向结构分析，岭南文化中所具有的本根文化、百越文化、中原汉文化和海外文化这四个内涵或要素，历史上看虽有形成的先后顺序和在各时期的主次之分，但总体上自秦汉起，它们就并存于岭南文化的自然物质文化、社会生活文化和精神心理文化三个子系统中，其发展和并存构成岭南文化的动态结构。如精神文化中的务实、重商、兼容、多元、非正统等具有特色的内涵，就是这些文化要素融合为一体而产生的。岭南始终处在与不同文化相互作用和沟通的状态，但却不存在严重冲突和对抗的局面。即使在中西文化碰撞期，主要的文化成果还是造就了粤人多元及兼容的文化心理和处世心态，形成了以兼容为主要特征的社会实践方式，如移民社会的多元并存、平民社会的平等和民主风气等。这种稳定的文化结构正是不断兼容的果实，它造就了岭南这个在中国难得的开放、多元而兼容的平民社会和市井社会。

改革开放以来广东面对过无数的批评、批判甚至"声讨"，但粤人似乎并不善于强烈地表达自己的主张，申明自己的正确，其内里的实质是采取"兼听则明"的态度。在关于广东搞资本主义的怀疑和批判甚嚣尘上的那段日子，粤人不反击、不争论，这并非"不理他那一套"，而是默默做好自己的事，更内里的是不断在听，在辨析、吸收和融合。这里起作用的是兼容这种精神特质或价值支柱。在内地为外资这种"资本主义"进入而争论不休时，广东最先用外商独资、合资、股份制等多元形式将资本融入社会主义现代化建设中，使"左"的势力面对卷起的刺猬，想咬却无处下嘴。

岭南文化的兼容方式是多种多样的，杂处共存是一种形式。粤人信奉"拿来主义"。饮食上既有传统的多元美食，又引进西餐、日本寿司、韩国料理等以及国内各菜系。"吃在广州"成为海纳百川的文化品牌。娱乐上，传统的舞龙、舞狮、粤剧、粤曲，与现代的迪斯科、国际标准舞、卡拉OK甚至摇滚、街舞并行不悖。人们既穿旗袍、唐装，又着西装、牛仔裤、超短裙、露脐装。另一种形式是糅合，它在语言上表现得非常充分。粤语以汉语词汇为主，但古越语的词汇大量保留；同时吸收外来语又是其他地区所不及的，如康素（cancel，取消）、晒士（size，尺寸）、卡士（class，等级）、飞士（face，面子）等，这些糅合在一起构成完整的粤语句子。再者，融合形式则包含以上两种形式，其特点和优势在于，岭南文化不是加入或掺入，而是融入了外地、西方等外来文化。这在粤人生活中也俯拾皆是，如"向左转"，粤语说成"转左"，与英语语法一致，虽不同于汉语习惯，但却还符合汉语规范。总的来看，岭南文化的开放是一种兼容的开放，融合了其他地域文化、海外文化的各种价值要素。

这种兼容是将多元文化进行整合的过程，呈现出一种既有杂处、糅合，又有融合的现象。它最后达到的效果不是模仿，而是在自身系统中各种文化要素共存、共生、重新建构和共同发展。粤人的多元精神表现为一种通过吸收各种文化要素，摒弃成规，摆脱传统束缚而创造新文化的精神和状态，并在现代运用于各领域改革开放的实践中。兼容则是将多元价值进行系统构建的文化态度和方法。这在价值哲学上看就是价值共生。它们都是岭南文化的价值支柱。从时间上看它比北大校训形成早得多，只不过"兼收并蓄"在岭南是粤人普遍的心理素质，这一下里巴人，传到蔡元培时演化成了阳春白雪。

第五节　重商、务实和变通

相对前述两组价值支柱的宏大叙事性质和写意笔法来说，重商、务实和变通更像是微观的工笔细描。作为价值方法，它们更多表现于人们的日常生活。但这并不意味着不重要，不需要用宏观视野审视。事实上，它们都是在广阔的海洋中实践的产物，是海洋文化培育的。重商精神是在长期的海外贸易的外引内联中培养起来，渗透在自然物质文化和社会生活文化各个领域的主要精神，深刻地影响着众多精神支柱及其表现。其文化表现已在第四章中论述，本节主要阐述务实和变通这两种文化精神，其中涉及它们与重商精神的相互建构关系。

一、务实与重商

务实之风是在岭海一体的自然生态中生长起来的原创作品，有自身历史和种族的传统本根支撑。岭海人讲求实际的文化品格历史久远。有人认为，古岭南条件恶劣，粤人祖先深深意识到生存的艰难，因而讲究实在。这是问题的一个方面。在岭海环抱的自然生态中，根据自然生态的要求进行实践，根据自然生态的特点来生活才能生存，这必然产生顺自然而为的务实态度。问题的另一面，五岭阻隔使古代岭南人受中原传统文化的影响并不像其他地域那般根深蒂固，加上动态求变和变通等文化特征，传统并没有成为自己的思想枷锁，儒家文化中注重形式等务虚的精神对粤人影响没有那么深。岭南大儒陈白沙的自然学说就是在这种土壤中生长出来的。自古岭南因拥有广阔南海，其海洋开拓铸就了以海为商的重商传统，讲求物质文化的实用性，它表现在农业、手工业、渔业等的多元架构上，整个经济生活方式都朝着有利于发展商品贸易、发财致富、满足大众的生活需要和享受的方向发展，具有大众性和享受性等特征，其整体构成务实的文化氛围。

务实作为岭南人的一个主要价值支柱，还是兼容海洋文化和土地文化两个传统的结果。自古海外贸易发达，粤人长期受外域求实精神的熏陶，务实甚至在很多时候是在经商中用吃亏和教训"买"回来的。岭南能够在近代和现代两度崛起，务实精神居功至伟。这两个时期都属于中国人追求现代化的时代，整个时代世界的文化潮流发生了根本性的转变，从追求本质、道德、形而上，逐渐向注重实践、注重实用、高扬个体生活等人文精神转化。不仅受欧风美雨浸润，两千多年来粤人同时受到中华内陆农业文化中实事求是精神的丰富养分，在岭南构成其容纳内陆和海洋两个传统的务实精神，这是其区别于内陆务实风格的重要特点。

粤人有着悠久的经世致用传统。明宪、孝两宗时国家重臣丘濬一方面倡导德治，践行以德治国，另一方面提倡经世致用，发展国家经济，是经世实学派的先行者。发展到近代，岭南思想家的一个显著特点是将变革中国与务实结合起来，落实到民族工商业的发展、民生问题的解决上，郑观应"商战"理论突出地表现了这一点。近代容闳主张"勿为大言，只求实际"，这成为岭南务实精神的警句。

务实作为粤人文化的价值支柱，还贯穿于岭南社会和粤人生活的各个领域。经济活动讲求循序渐进，少讲空话。具有深厚商业传统的珠三角人民更是精明能干，工于计算，较少好高骛远，多具经济头脑。"时间就是金钱，效率就是生命"是深圳人的精神，也是珠三角人实干精神的写照。当年广东小富伊始便受全国关注，满天议论，时"香"时"臭"，时"社"时"资"。粤人并不逞口舌之利，而是多做少说。争论期间新华社记者到顺德一家中外合资工厂，问一位年轻工人喜欢社会主义还是资本主义。那回答很巧妙："你看我们这里搞的是资本主义还是社会主义？是资本主义我就喜欢资本主义，是社会主义我就喜欢社会主义！"这个回答典型地体现了粤人重内容超过重形式的价值方式。一位外省学者认为，广东人不喜争论而重务实，不少人对玄之又玄的学问感到头疼；他们喜欢能收实利的东西，这造成广东人普遍修养比较低。这或许有道理，但只有用不唯上不唯书，只唯实的精神，才能突破计划经济体制和封建主义的禁锢。广东"四小虎"都是从本地实际出发走出了各具特色的工业化道路。故有人说现代广东成就是粤人务实之风的应有回报，这也是中肯的。粤人一般不好争论，报纸杂志少见长篇累牍、旷日持久的争鸣文章。不是没有自己的见解，广东文人多不以辩论、抬杠的方式，而采"正面"阐述自己观点之途径。所以北方文人到广东常"茕茕彷徨"，大觉英雄无用武之地。王朔恐怕只能产于北方，长于风沙肆虐之地。但"不争论"也使广东文化批评的力度不够，甚至有大量"甜蜜的批评"，文化发展的内在动力不足。

由此看来，务实之风体现在粤人日常生活的方方面面，但发扬务实精神，要防止庸俗化理解的倾向。粤语的"口水多过茶"形容或责怪那些语言多于行动的人。但在现代条件下，粤人"先干起来再说"的旧式务实方式往往产生后遗症，增加补救的功夫和成本。务实是一种人文精神，但沉溺于眼前利益、鸡毛蒜皮又是"务实过度"，是人文精神的缺失。所以发扬务实精神又应同时结合其他人文精神，在价值支柱的相互建构上多下工夫。

前面的论述中已涉及重商精神与务实之风的关联，概括起来，以海为商所孕育的重商社会是务实精神的深厚基础，重商作为文化精神而非简单的意识，不是只与商人相关联，而是渗透于粤人生活方式的各个领域，构成浓重的文化氛围，是岭南最早形成平民社会、市民社会的动因。在这种文化氛围中，人们注重实务、实利和世俗生活，讲求感官享受而淡化儒家传统理念。而务实之风成为社会的主要文化氛围，又使人们更加注重实利，从实际出发，这对商业社会和重商精神的培育又起到丰富、巩固之效。重商与务实两者互相砥砺，并且共同与其他价值支柱产生相互作用，造就了岭南物质文化的多元性、实用性心态和观念文化中的开放性、冒险性、求变的动态心理和兼容的胸怀。

二、"精崽"与变通

岭海人的非正统意识表现于外是"精崽"形象。粤人信奉"精崽哲学"。粤语中称人为"精崽"带有赞赏之意。除去利益计较外，多赞其顺应环境做事融通，人际关系方面具有圆润通达的本领；从文化学的角度说，这些都是变通的内容。

在岭南，变通是渗透于所有社会实践和生活实践中的一种文化精神。人们认为"凡事都可变通"，或"做事都有变通的余地"。粤人大事小事都喜欢琢磨如何变通。花力气在质量、特色、包装、策划和销售上变一变，"珠江水"就汹涌北上。从来卖鱼都整条卖，改革开放之初广东商贩却将鱼分成鱼肉、鱼尾、鱼头、鱼骨、鱼腩、鱼肚来卖，后来竟分出鱼鳃、鱼皮，甚至鱼唇、鱼舌集起来也做成大生意，一切依顾客的需要来变通。

"变一变，路路通"是一个影响广泛的实践案例。20世纪80年代，广东人要外省司机"留下买路钱"，一时"民愤极大"，全国哗然，一些人当成天方夜谭。因为计划经济下都是政府修公路，行车不用钱，设站收费让人想起绿林响马。广东在骂声中却成为全国公路、桥梁建设大省，交通快捷方便，引起全国纷纷仿效。

仿效相对容易一些，开风气之先则要有相当的文化底蕴。"收买路钱"的变通背后有务实精神的支撑。改革开放之初广东经济的发展被计划体制压得"没路可走"，广东先是集资建桥，过桥收费，没几年竖起上千座公路桥，后来又集资修路，设站收费。这些变通符合广东发展实际，在"改革开放试验田"框架内也说得通，虽有些冒险，但与实利相比是值得变通的。广东经验很重要的一条是：把中央在新时期的政策和规定，结合本地情况加以灵活运用，用足、用够、用好；文件上没有规定不能做的，就是可以做。这经验具有丰富的文化内涵。当时内陆是文件上没规定可以做的就不敢做，文件没规定可收买路钱，他就不敢收；而广东人思维则不同，你没规定不能收，那就是能收，收了再说，上面问罪下来再检讨。仔细体味，这变通里还有敢闯敢冒、创新和动态求变等精神在起作用。

变通这一种长入潜意识的文化精神与粤人的祖先"遗风"有很大关系，这遗风又是长期的生存境况中养成的。整个汉越文化融合期，在内陆农业文化和儒家的强力控制下，为了发展适应自身生态的实践，先民必然在体制外出轨、犯规、打擦边球，进行各种变通，这就不断形成有异于正统的思想观念和价值方法，从而逐步强化"自外于国中"的集体无意识。古代社会粤人作为"边民"，其非正统很少表现为激烈的对抗，而是在心理意识深处并不认同这一套，有一套自己的价值观念尤其是价值方式。比如务实、开放、重商是处理问题时立即想到的，长入无意识、潜意识深处的东西，是不假思索地冒出来的，继而才是理性的考虑：官府定了什么规矩，能不能做，怎样做，是否可以变通来做。

变通特别与粤人的海洋实践和其他海洋文化精神相关。梁启超比较过沿海与内陆各自的环境对其文化精神的影响：海能发人进取之雄心，陆居者以怀土之故而受累。陆上一条路走到黑没什么，航海则发觉不对必须变通。当然大海诡谲难测，也使航海者置利害于度外，以性命财产为赌注，冒万险而一掷之。可见变通是祖先实践的成果，又与敢闯敢冒、外向型性格和开放胸襟等价值支柱相互砥砺。粤人中曾去角逐中原的那些先贤都是此类精神的继承人和集大成者。他们的变通包含着开放、多元和敢闯敢冒等精神特质。太平天国洪仁玕提出吸收西方思想需要很强的应变能力，在《资政新篇》中提出"夫事有常、变，理有穷、通"，主张变通以行"新政"，如仿效西方资本主义国家经济制度，对中国进行改造，建立以机器工业为主体的经济体系，改革政治制度，同时破除旧的思想文化观念。康有为有名言道，"盖变者，天道也"，"能变则全，不变则亡"。变通旧法才能图自强。他和梁启超都曾说服皇帝变通祖制，把儒家文化与西洋文化结合起来，变法维新。孙中山对建构中华民族精神做出了杰出贡献。他提出"中国传统，西洋精华，自己创见"的主张，认为"文明有善果也有恶果"，"取其善果避其恶果"。其建国方略大胆而宏伟，处处透出一种在敢为天下先的冒险征程中力求变通的品性。

务实与变通的相互作用在岭南相当明显地表现出来。比如，当有多种选择时，"务实"精神深入骨髓的粤人会主动选择那些更有可能实施，更有效益和实惠的方面，而不是按照既定原则和规范来选择。进一步说，面对海外文化，特别是改革开放之初人们谈虎色变的"资本主义文化"，富有开放精神和变通精神的粤人首先判断其是否符合实际，能不能带来效益，如果其带来的效益大于守旧的效益，粤人常倾向于"先接受了再说"，然后根据实际情况，绞尽脑汁灵活变通一下，既冒险但又将自己团成刺猬状，让你想咬却无处下嘴。深圳经济特区创建初期，引进外资并无政策明文，舆论上，国内"左"的势力异常强大，视外资为洪水猛兽，口诛笔伐；深圳人巧用外资参股的方式，将资本主义那"罪恶"的资本，变为中国社会主义企业的资金。引进外资的同时必然带来资本主义文化，一时"广东已经变成资本主义"的讨伐声铺天盖地，广东用排污不排外，一手抓对外开放，一手抓精神文明等方法成功化解了危机。这里，运用变通方法与务实的价值取向就促成了价值支柱的相互作用和良性建构。

任何地方的人都会变通，但变通成为一个地域中群

体长期形成的文化精神，津津乐道，珍视如珠，呈现一种
"精崽文化"现象，却是岭南的一个特征。变通这种价值
建构方式或思维方式，由于有上面提到的那些岭南特色的
文化价值支柱作为底蕴，并且相互砥砺，才建构起岭南文
化独特的结构和精神风貌。这里蕴含着研究地域文化的重
要方法论。

第七章

特殊风格的观念文化门类

上一章阐述的粤人精神心理文化的内部结构中文化心理和文化精神两个层面，承载和显现它们的是观念文化的各种表现形式和文化门类，后者是精神心理文化的外部构成。岭南精神心理文化的内容十分丰富。岭南历代人才辈出，创造了内涵丰厚而特异、形式独特、门类齐全的观念文化，在许多方面表现出与中国其他地域的异质性。梁启超阐述粤人"其民族与他地绝异，言语异、风习异、性质异，故其人颇有独立之想"，在许多方面均具异禀，即有特异性、特色性甚至异类性。

梁启超所言"广东亦自外于国中"的文化传统，包括非儒家正统、非内陆农耕文化规范的各种文化心理；粤人具有好斗，勇于进取的禀性，而又与求财、务实的计较结合起来；独特的世俗化的美和艺术，民间艺术追求感官享受和心情愉悦；感性化的思维方式，直指实际问题的思想方式，以实用为主导倾向的学术思想；多元化的宗教、偶像和信仰，见神就拜，见庙就烧香，迷信风气浓厚；等等。这些综合起来表现了粤人的独特的文化心理，又与文化精神相互作用，凝铸出濒海种族的特殊风情。独一无二的方言承载着粤人的集体记忆，更使岭南文化整体上表现出强烈区别于中华其他地域文化的异质性。

岭南观念文化是一个巨大的宝藏，在有限的篇幅中要基本涉及，这是一个难题。笔者想重点应该放在观念文化中较多体现岭南文化核心、深层内涵的门类，所以本章重点概述岭南思想学术、信仰和宗教、近代教育、方言和艺术美各门类。新闻出版在第九章有论述；岭南名人不属于门类范畴，散见各章；科技在自然物质文化的两章中涉及；少数民族文化主要在民俗和信仰中谈。此套《岭南文化读本》丛书有许多门类的出版安排，本书对上述门类不展开其发展过程和整体面貌，只集中论述其特异之处和对中华文化的贡献这两方面。

第一节　思想学术

本节简述岭南古代[①]学术思想，较详细论述近代岭南学术思想和岭南思想家群体。这两个阶段岭南思想家对中国传统文化都常有破墙而出之举，这是本节重点。现代思想界情况复杂，学术之贡献和思想影响的显现需要时间，一般交由后人评述，笔者只在第九章提及。

一、古代学术成就概略与三大贡献

明末清初的屈大均这样概括岭南之广东的学术发展："广东居天下之南……天下之文明至斯而极，极，故其发之也迟，始然于汉，炽于唐于宋，至有明乃照于四方焉。故今天下言文者必称广东。"（《广东新语·文语》）天下之南、之极表明岭南在中华的最边缘位置，古代早期，岭南的学术发轫较晚，学人在中国思想史的地位也与中原有相当差距，但正因为边缘，粤人非儒家正统、非封建规范的精神心理发育出来，使岭南学术常有背离正统思想之学说，发出

① 本书"古代"以乾隆帝只留广州一口通商开启中西文化碰撞期为下限。详见第一、第八章。

新声，突破中国正统文化圈的樊篱。"光照四方"说的是岭南思想、学术发出的光芒对中华贡献巨大，"天下言文者必称广东"即中国学人评价各地域的学术贡献，广东占有不可或缺的重要地位。

岭南学术自汉代以后门类逐渐齐全而广博，人才辈出，学术成就斐然。广东省人民政府文史研究馆主编的《广东历史文化名人巡礼》①选出116位广东历史文化名人，主要成就在思想、学术领域的古代名人列有17位。汉代经学家陈钦、陈元父子是岭南经学的先行者，对岭南早期思想文化具有重大影响，陈钦著《陈氏春秋》，陈元著《春秋训诂》《左氏同异》，为"岭南之儒宗"。三国时经学家、教育家虞翻，著有《周易》《老子》《论语》《国语》的训注。东汉末佛学家牟子，所著《理惑论》为中国第一部佛学专著，他以本土道家—道教观念理解佛教，"道"是最高实体范畴，并用"无为"诠释"涅槃"，佛被描绘为可以变形易体的神仙。三国时康僧会注《安般守意经》，编辑《六度集经》，其学说糅合儒、释、道三家学说，与牟子一样为佛教中国本土化做出了重要贡献。博物学家杨孚，著《南裔异物志》，是中国第一部地区性物产志，贡献卓著。

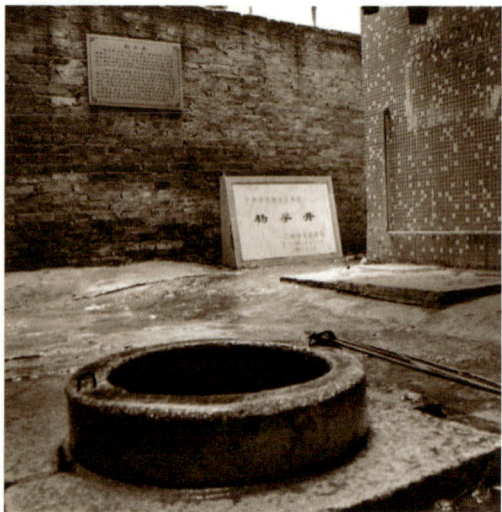

杨孚井，在今广州市海珠区下渡村东约一巷

① 广东省人民政府文史研究馆编：《广东历史文化名人巡礼》，南方日报出版社2007年版。

道教学者、医学家、化学家葛洪，著《抱朴子外篇》《抱朴子内篇》，在中国道教史上占据重要地位。中国佛教禅宗南派创始人惠能，传世之《六祖坛经》是唯一一本中国人自己创作的佛经。政治家、科学家余靖，有《武溪集》等传世，收入《武溪集》的《海潮图序》为我国古代有着很高学术价值的海洋学论文，其很多论断论证与近代天文学和海洋学的科学结论基本吻合，是历代治潮的标准，对中国科学理论和海洋事业的发展有重要贡献。思想家、理学家周敦颐建立了以儒家为主的三教合一的哲学体系，对后来中国理学的繁荣产生深远影响。崔与之开创的"菊坡学派"是岭南第一个学术流派。

明代岭南大儒、经济思想家丘濬的代表著作是《大学衍义补》，其经济学思想主张大力发展商品经济、扩大南北贸易和海外贸易，取消海禁，推广经济作物生产等，在闭关锁国的情况下离经叛道，产生振聋发聩的影响。理学家、教育家陈献章和湛若水师徒开明儒心学先河，在明清思想界影响巨大，对后世影响深远。史志学者、教育家黄佐主纂《广东通志》等地方史志，成就卓著。海瑞的政治思想中，力主重典惩治贪官，"海青天"对中国政治清明产生长远的影响。学者、诗人屈大均有《屈大均全集》传世，《广东新语》在史界盛名至今。医学家何梦瑶撰有《医碥》，运用经络学说作精确医理论证，后人称誉为"粤东医界古今第一国手"。

此外还有许多著名学者，如东汉士燮参与京师学者对于古文《尚书》的大辩论，博得较高声望，著有《春秋经注》

屈大均《广东新语》

《士燮集》等。其他不一一列举。

地方史志学术成就斐然。王范的《交广春秋》开启岭南地方志书，历代史志著述如雨后春笋。仅宋元两朝就有《广东会要》《南海志》《南雄州志》《雷州志》《潮州图经》《广州图经》等59部。明清两代多次修撰《广东通志》，有戴璟、黄佐、郭棐等修本，带动岭南各府、州、县志修撰，有明一代广东共修志162种。清代有金光祖修《广东通志》30卷，郝玉麟修《广东通志》64卷，阮元修《广东通志》334卷。广东计有省、府、州、县及乡土志共249种。可谓洋洋大观。

这些学术成就涉及博物学、地理学、天文学、海洋学、医学等科学技术，以及哲学、历史、经济、政治、文学艺术、教育、宗教等众多学术领域。不能一一详述，在此重点概述三者：两晋葛洪新神仙论和炼丹术对道家思想和道教理论的贡献卓著；唐代惠能禅宗顿教对佛教的发展和佛教中国本土化的贡献巨大；陈白沙开创明儒心学先河，经湛若水发展和推广，使岭南心学彪炳华夏。道教、佛教的内容既属于宗教，也属于学术，放在此处评介，主要因为儒、道、禅是中国人的三大精神支柱，也是"天下文明"鼎之三足，属于思想史的范畴。这三家学说，学术内涵十分深厚，构成了岭南学术对中国儒道禅三大精神支柱的全方位贡献。

1. 葛洪新神仙论

葛洪，生卒于晋代，籍贯是江苏句容县。但其道教思

阮元像

想研究主要是在岭南进行的，思想的完善也在岭南罗浮山。他年轻时儒法思想混杂，积极入世，曾官至伏波将军，封关内侯，但终无意仕途。葛洪两次到广州。第一次时年24岁，五年时间遍寻丹砂。第二次时年48岁，是听闻交趾多丹砂而来，上岭南名山罗浮山研究道教神仙论和炼丹术13年，最后卒于罗浮，留下《抱朴子》之名著。

　　冯达文评价葛洪的主要贡献："葛洪以前的道教，主要讲求以符箓、咒语为人们祛祸祈福，带有巫术的色彩。葛洪著《抱朴子内篇》的意义在于：吸纳了两汉流行的元气本源论论证修炼成仙的可行性，从而为道教神仙论提供了一种自然哲学的基础，并使之获得某种经验科学的意味。"[①]葛洪吸纳东汉王充的元气本源论，却把这种理论引向了与王充相反的方向。一是肯定万物的可变性，否定王充万物禀气而成

①　《岭南文化（修订本）》，第285页。

葛洪像与三元宫

性定形就没任何变更的自然命定论。他说："夫存亡终始，诚是大体。其异同参差，或然或否，变化万品，奇怪无方，物是事非，本钧末乖，未可一也。"（《抱朴子内篇·论仙》）二是肯定人的主观努力和创造性劳动能够改变事物的性质，使万物朝着利于人的方向改变。他为此做了颇有科学性的论证："越人救虢太子于既殒，胡巫活绝气之苏武，淳于能解颅以理脑，元化能刳腹以浣胃，文挚怠期以瘳危困，仲景穿胸以纳赤饼。"（《抱朴子内篇·至理》）这与王充否定人的主观努力的思想完全相背。

这种哲学思想是葛洪神仙论的根基，他由此认为通过人的努力，炼出元气的精粹即金丹，服用永不变质的金丹能够固精保气，补充人体损耗的元气，人就可以不老不死，并且回复到万物之本源即元气的绝对纯和状态，由此获得元气千变万化的功能，人就成为神仙。由元气本源论的哲学走向神仙论和神学，这种思辨在当时是奇特而深邃的。

葛洪神仙论将道神化，是中国道家思想走向道教的重要一环。葛洪的"道"是人如何修炼成仙的方法，但"道"又是玄道："凡言道者，上自二仪，下逮万物，莫不由之。"（《抱朴子内篇·明末》）"其唯玄道，可与为永。不知玄道者，虽顾眄为生杀之神器，唇吻为兴亡之关键。"（《抱朴子内篇·畅玄》）道由此被神化，与外丹术结合，不仅对岭南，而且对中国道教思想发展具有重大影响，罗浮山成为中国外丹术的重要发源地，是以后历代中国道教的一个重要基地。

罗浮山冲虚古观葛洪炼丹处

罗浮山还是中国内丹术的初发地。苏元朗（号青霞子）于隋朝开皇年间居罗浮山青霞谷，著《旨道篇》论说道教内丹术，即人通过提炼自身固有的精、气、神可以成仙。罗浮山因内外两丹术的发源地，在中国道教史上居于十分重要的地位，此为岭南对中国道教的贡献。

2. 惠能禅宗顿教

惠能创立的禅宗南派顿教，在思想史上有着众多的创新。

第一是人人自有佛性，将佛和佛性安置在有血有肉的每个人的心性中。"我心自有佛，自佛是真佛。自若无佛心，向何处求佛？"（《六祖坛经·五二》）"佛性无南北"之说确认了众生平等的思想。

第二，把人人本来就具有的佛性解释为"清净心"。"本元自性清净"，故"识心见性，自成佛道"，"见自性自净，自修自作自性法身，自行佛行，自作自成佛道"（《六祖坛经·一九》）。这个佛性和修行的自力说，明确否定了外在彼岸世界的实存性，作佛不再是以往理解中的对外在神灵的信仰与崇拜，而成为主要是个人内在的一些心性追求。此岸与彼岸世界不再绝对分隔。

第三是顿悟说。人人有佛性，佛性、本性自清净在理论上必然引导出六祖独特的修行成佛方法。佛性不在彼岸世界而在自性之觉悟，所以他将见性成佛的方法归结为"顿悟"。他明确说："故知不悟，即是佛是众生；一念若悟，即众生是佛。故知一切万法，尽在自身中，何不从于自心顿现真如本性。"（《六祖坛经·三十》）于一念之间"顿现真如本性"即成佛，就是一种顿悟功夫，这是惠能创立的禅宗顿教在理论上的重要主张，也是此教派被称为"顿教"的缘起。

惠能真身

第四，顿悟说引导出对其他佛教教派和以往禅宗在修行方法上几个重大突破和创新。其一是否定以往对佛祖的盲目崇拜，反对死背传统经文，强调自心觉悟。其二是反对外修说。"外修觅佛，未悟本性，即是小根人。闻其顿教，不假外修，但于自心，令自本性常起正见，烦恼尘劳众生，当时尽悟，犹如大海，纳于众流，小水大水，合为一体，即是见性。"（《六祖坛经·二九》）其三，反对禅宗北宗的"渐修"说，否定北宗将在世与出世、在家与出家、俗世界与佛

《六祖坛经》

世界绝对分隔的理论前提，也就否定了北宗通过"十住地"的逐级升进，甚至累世修行的方法。所以在六祖顿教中，不一定要出家当和尚，不一定要长久坐禅，不一定要戒、定、惠的修持功夫。他说："若欲修行，在家亦得，不由在寺。在寺不修，如西方心恶之人；在家若修，如东方人修善。但愿自家修清净，即是西方。"（《六祖坛经·三六》）这大大淡化了佛教的宗教色彩，重新肯定现世、现生的世俗生活与追求绝对、无限的佛的境界（清净心）并无分隔。所以毛泽东曾说，《六祖坛经》是劳动人民的佛经。

第五，惠能顿悟说认为一念若悟即可成佛，也就确认了当下之一瞬间与永恒本体是贯通的，世俗生活就具有本体意义。这是十分睿智的哲学本体论。冯达文指出："惠能指佛为性，以清净释心性，也就把佛教从宗教信仰转变为心性修养与境界追求。正是在这一意义上，惠能真正完成了佛教中国化的过程。因而，惠能及其所创立的禅宗顿教在中国佛教以至中国思想文化发展史上有重要意义。"①

他的整套禅宗体系，对传统佛教来说是一次伟大的革命。而这场革命是在有着非正统、非规范精神，具有梁启超所指出的各种异质性的岭南社会产生出来的，并有着岭南世俗精神和平民精神的强力支撑。

六祖禅宗对中国佛教发展和中国人的精神均影响巨大。唐代武则天、中宗都曾诏请惠能北上长安，他都推托不往。可见其在全国的影响力。他圆寂后，唐宪宗追谥为"大鉴禅师"，宋太宗加谥"大鉴真空禅师"，宋仁宗加谥"大鉴真空普觉禅师"，神宗加谥"大鉴真空普觉圆明禅师"。惠能

① 《岭南文化（修订本）》，第296页。

237

国恩寺第一地牌坊

江门陈白沙祠

身后，其众多高弟北上传法，尤其神会、行思、怀让三系将南宗发扬光大，南宗在唐代就确立了作为禅宗正统的地位，信众及地域范围远超北宗。五代以后，中国佛教形成了一枝独秀局面，中国禅宗即指六祖禅宗或南派禅宗，成为盛行全国的主流佛教，全国佛教名山几乎被禅宗占尽。

3. 白沙心学

在中国和岭南思想史上，明中期的陈献章（字白沙）创立白沙心学，打破了程朱理学一统格局，其弟子湛若水（字甘泉）继往开来，开创了明儒心学之新说，不仅对岭南学术思想，而且对中国儒学的发展做出了重大贡献。下面重点介绍陈白沙的两个理论贡献。

第一，陈白沙提出"以自然为宗"的理论。他吸取道家学说，建立了"以道为本"的宇宙本体论。认为"道本自然"，并无主宰世界的意识和目的，由道衍生的大千世界都处于"无心"，道是自然的道，物是自然的物。在此基础上他提出了"以自然为宗""宗自然""学宗自然"的学说，承认了世界存在和变化之规律的客观性。这个"自然"是什么呢？弟子湛若水有精到的解释："夫自然者，天之理也。理出于天然，故曰自然也。"（《重刻白沙先生全集序》）陈献章高度强调"自"字，"自"是自然，具体展开是"自流形"、"自动"、"自静"、"自信"、自开自合、自舒自卷等等，并非心所主宰。湛若水曾阐释白沙"自然"的多元含义：其一，"自然"是"丝毫人力亦不存"的客观自然，即天地万物自身的存在与变化，如日月之照、云行水流、天花开放，各自红的红、白的白，各自的形与色无不在自然而然中呈现，没有谁的"安排"，没有谁的"作为"，一切都是客观存在；其二，"自然"，是其"文言"；其三，"自然"，是其"胸怀"；其四，"自然"是其"学术"。而多种含义间又存在可推演的内在联系[1]。白沙的自然学说兼容了道家，强调了宇宙万物自身的唯物或自然因素，这是岭南心学区别于程朱理学、陆九渊心学和后来的王阳明心学的根本所在。

第二是"学贵乎自得"之说。之前中国儒学奉程朱理学为圭臬，将"理""心"分割，只凭格物（读书）求理，程序非常繁琐，解决不了实际问题，极大地禁锢思想和学术的发展。白沙反对此学说，独树一帜强调"心"的作用，如

---

[1]　黄明同：《明代心学开篇者——陈献章》，上海古籍出版社2013年版，第141页。

"君子一心，足以开万世""此心存则一，一则诚""一体乾坤是此心""若个人心即是天"等。如何实现此心的作用，他提出了在静坐中寻求自得的方法。他说："舍彼之繁，求吾之约，惟在静坐。久之，然后见吾此心之体，隐然呈露，常若有物。日用间种种应酬，随吾所欲，如马之御衔勒也。体认物理，稽诸圣训，各有头绪来历，如水之有源委也。于是涣然自信曰，作圣之功，其在兹乎！"（《复赵提学金宪》）学贵自得关键在于独立思考，勇于怀疑。"学贵知疑，小疑则小进，大疑则大进。疑者，觉悟之机也。一番觉悟，一番长进。"（《与张廷实主事》）他不是反对研读圣贤，而是主张不做书本的奴隶，"求之吾心"，用自己的眼睛看世界，通过自己独立思考来明辨精华与糟粕。他说："千卷万卷书，全功归在我。吾心内自得，糟粕安用那？"（《藤蓑》）

陈白沙形成"学贵乎自得""以自然为宗"为核心的思想体系，这一新说对中国儒学和思想界的影响是巨大的。首先他对理学发出强有力的质疑，打破了朱子学说"定于一尊"的垄断局面，给当时思想界打开了一扇明亮的窗口。清初理学大师张伯行说："自程朱后，正学大明，中经二百年无异说，阳明、白沙起而道始乱。"（《论学》）其次，陈白沙对心的作用提高到天、道、乾坤的高度，对王阳明心学体系的形成也产生重要影响。再次，陈湛心学对岭南理学的繁荣发展起着重要作用。对此屈大均说："白沙氏起，以濂、洛之学为宗，于是东粤理学大昌。"（《广东新语·学语》）最后，白沙先生对后世中国学术和儒家学说的发展

湛若水墓

都具积极作用。黄宗羲评价曰："有明之学，至白沙始入精微。"（《明儒学案·白沙学案》）黄明同评价陈白沙说："陈献章的重要贡献，是在兼容儒、道、释之后，创立了别具岭南特色的心学——白沙心学，开启了中国文化由宋代理学向明代心学转换的契机。"①

　　值得注意的是，这三家学说都提倡自然之说，葛洪在岭南为道教神仙论奠定自然哲学基础，粤人惠能强调佛性之自然、本性之真如，粤人陈白沙提出"以自然为宗"的哲学思想，都有粤人尊崇老庄，非儒家正统的思想倾向为基础。三家学说以岭南文化为底蕴，深刻影响了古代中国人三大精神支柱儒道禅，对岭南文化地位的提升无疑意义重大，所以屈

① 《明代心学开篇者——陈献章》前言，第1页。

大均说，"至有明乃照于四方焉"，"故今天下言文者必称广东"，从此岭北不能小视岭南矣。

二、异军突起的近代岭南思想学术

岭南思想学术在中国具有举足轻重的地位，是在近代才呈现出来的。岭南思想学术作为正统封建文化的异端，一度进行"文化北伐"，为改造中国传统文化做出重要的历史贡献。

近代岭南学术思想，尤其是政治、经济领域的新思想之活跃，冲击旧学之有力，在全国首屈一指，形成了异军突起的思想家群体。著名的有：《海录》作者谢清高、《粤海关志》作者梁廷枏、《四洲志》作者林则徐等对近代西方世界探索的志士，近代广东第一位科学家邹伯奇，爱国思想家朱次琦和陈澧，岭南国画"居派"大师居廉、居巢。对中原产生冲击的岭南思想家及其著作或思想有：早期维新思想家容闳的《西学东渐记》，郑观应的《救时揭要》《盛世危言》的改良主义思想和商战理论，何启、胡礼垣的《新政论议》和《新政真诠》等新政思想，洪仁玕《资政新编》的建设方略，维新运动中康有为的《新学伪经考》《孔子改制考》等著作及仿洋改制运动，孙中山、陈少白、尤列、杨鹤龄"四大寇"大力抨击清廷，孙中山《上李鸿章书》，孙中山的开放思想与建国方略，梁启超的文学理论和新史学，等等。

岭南近代思想启蒙不是仅在某个领域突出，而是在广义文化的三个子系统即自然物质文化、社会生活文化和精神心

邹伯奇发明的七政仪

理文化上全面展开，在国人中产生了耳目一新、振聋发聩的影响。所以在中国历史上、文化史上，岭南作为中国近代思想启蒙的摇篮，这个地位是公认的。

1. 自然物质文化领域

岭南的启蒙和改革思想家们在救亡图存的严峻形势下，不约而同地高度重视在物质生产上学习西方工业文明，使中国尽快富强起来。

洪仁玕《资政新编》的建设方略提出了学习西方的自然科学和工艺技术，走向工业化的大量主张，如"兴车马之利，以利便轻捷为妙"；"兴舟楫之利，以坚固轻便捷巧为妙"；"兴宝藏，凡金、银、铜、铁、锡、煤、盐、琥珀、蚝壳、琉璃、美石等货，有民探出者准其禀报，爵为总领，准其招民采取"；保护个人资本和创造、发明专利，发展各

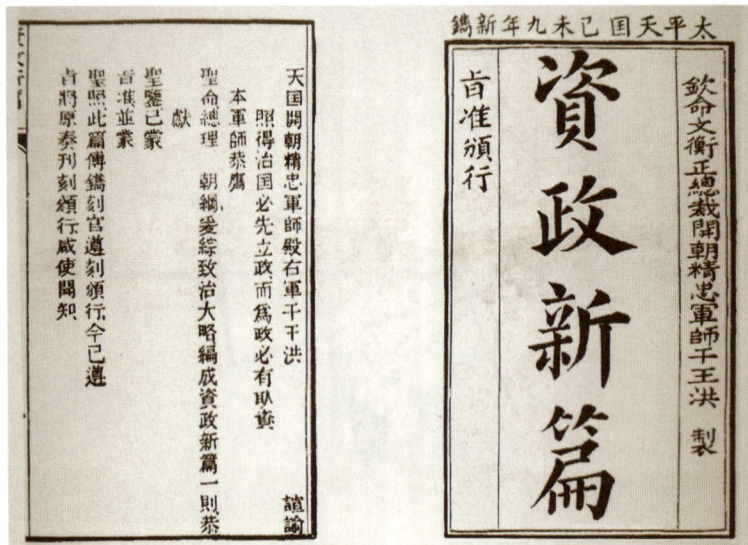

洪仁玕著作《资政新篇》

种资本主义经济成分；等等。洪秀全及其太平天国的社会理想在近代中国思想史上有着与众不同的特色，它是中西文化在岭南全面碰撞并初步融合，产生早期改良思想背景下形成的。这表明他要求打破传统农业经济模式的束缚，全面地发展近代工业文明的先进性。这些思想客观上代表了一种新型生产力的发展要求，其在思想领域的开创精神彰显于世。

早期改良图强的思想家最早提出了"工商救国"的一系列主张。最有影响的是郑观应、何启和胡礼垣。郑观应的商战理论是一杰出代表，见于《救时揭要》《易言》和《盛世危言》等。重商主义是郑观应思想体系的核心，认为民族工商业发达，才能使中国赶上西洋列强。早期的《救时揭要》强烈批评了洋务派官办商务政策，主张大力发展民族商办企业。《易言》则进一步对国家发展民族资本工商业提出多种

郑观应

规划与设想。重商主义思想中影响最大的是"商战论"。他分析得出，重兵战而轻民族工商业的发展，是中国在近代历次战争中失败的重要原因，也是洋务运动的致命弱点。"吾故得以一言断之曰，习兵战，不如习商战。"因而他提出"以商立国"，认为"欲制西人以自强，莫如振兴商务"，并由此提出了与西方列强开展"商战"的主张。他主张使商业成为政治、军事、工业、农业、教育等领域的根本物质基础，增强中国的整体国力："士无商则格致之学不宏，农无商则种植之类不广，工无商则制造之物不能销，是商贾具生财之大道而握四民之纲领也，商之义大矣哉。"（《盛世危言·商务》）他先后向清廷提出裁撤厘金、设立商部、提高商人政治地位、授予商人自由投资权等一系列推进商战的措施。

何启、胡礼垣代表作《新政真诠》提出的"新政"学说，主张在中国全面地发展资本主义的农、工、商及交通运输业，是中国与西方列强进行竞争的物质基础。他们反对洋务派官督商办政策而提倡首先要使民族资本企业迅速发展，主张听由私人投资兴办工矿、农牧、水产企业，由国家出租土地，给予轻税、免税等优惠政策。他们高度重视交通运输业发达对于经济繁荣的作用，在《新政论议》中提出"天下之利莫大于通商，通商之利莫大于轮舶"。水运与铁路运输发达才能货畅其流，城乡经济共同兴旺。在修筑铁路方面，他们主张由民间集资组成股份公司来经营，资金缺乏，国家可以给予资助，但不能向外国高息借贷，否则路权就可能落于洋人之手。这些主张与洋务派的思路大不相同，总体上是提倡以西方经济自由思想来改良时政，进入西方自由资本主义的发展轨道而不是国家垄断。

大部分近代岭南重要思想家都曾花大力气宣传发展工商业对于变革中国的重大意义，因此同时也重视经济结构的改革。康有为指出"并争之世，必以商立国"，"以兵灭人，国亡而民犹存；以商贾灭人，民亡而国随之"。认为民族之振兴，在于商业之发达，将发展工商业与国家命运和民族危机紧密联系起来。他认为只有全面系统地改造农业社会的经济结构，发展工商业与新型农业，使之成为国家和社会的强大经济基础，才能改变人民贫困的现状，使人民富裕，这是国家强盛的起点。由此他提出改造旧的经济形态的措施，如在全国各地建立商会，兴办商学和商报，宣传新经济思想等。黄遵宪认为农耕文化的经济结构必须改变，农村的家庭经济在孤立封闭的小圈子里运转，商品流通和贸易往来很弱，在西方列强工业化强势进入中国的情况下已无法适应国际环境的开放需要，认为要改变中国的经济困境，必须推行"殖物产，兴商务"的新经济政策，因此他提出尽快地使中国走向资本主义工业化道路的许多举措，如政府为民族工商业发展大开绿灯，促进各地商人合作，建设各类新型工厂，兴办商法会议所和商法学校，培养为工商业发展所需的大量技术人才，等等。孙中山1894年《上李鸿章书》中提出"人能尽其才，地能尽其利，物能尽其用，货能畅其流"的四条"富强之本"，以重商促进民生和国家富强的思路非常清晰。

2. 社会生活文化领域

社会生活文化领域包涵广泛，对物质文明进步的强烈诉求使岭南思想家们于其中更重视社会各种制度的变革，重点又集中于政治制度的变革，逐步发展出改良维新、维新变法和资产阶级革命三大中国主流思潮。

虽然与洋务运动有很深的渊源，早期改良维新思潮的思想家明显偏离了洋务派维护封建清廷的初衷。郑观应《盛世危言》提出了君主立宪的维新思想，首次提出开设议院等思路。他指出，君主专制国家帝王将所有权力集于一人，却又深居简出、孤陋寡闻，所作决策远离社会民众的实际需要，君主立宪的政体则较易于反映民众需要；开设议院是使中国"富国强兵为天下之望国"的"治乱之源"。何启、胡礼垣的"新政"学说主张以西方列强的议会制度来改造和取代中国两千多年来凡事一决于君王的封建专制制度，议会和议员的职责在于对君王官吏的行政决策及任免等事宜进行节制和有效监督，维护民众利益不受侵害。其新政学说已带有近代民主、民权的浓郁气息。《新政安行》一文曰："天下有无君之国，不闻有无民之国。民权在则其国在，民权亡则其国亡。"认为君王是适应人民生存需要，为人民办事而设置的，权力来自民众，用西方的议会制度是恢复民权的有力手段。黄遵宪是近代中国重要的改良维新思想家。他主张中国应效法日本明治维新运动，将君主独裁的清王朝转变为君主立宪制的国家，日本施行的三权分立制度最适合于当时中国的社会环境。首要目标是以改革官僚制度为重点的政治体制改革，议政与行政分立可以起到相互约束与监督作用，有效防止官吏欺凌百姓和独断专行，保证各项改革措施和政策顺利地推广和遵守。他反对资产阶级暴力革命，其思想主流是温和的改良维新，但一些方面却有激烈的反抗精神，如对清王朝的文化专制政策的攻击批判异常尖锐，对文字狱尤为愤慨："其文字之祸、诽谤之禁，穷古所未有"，"俾一切士夫习为奴隶而后心安"，正直磊落之人受到打击迫害。

民主、民权是近代岭南启蒙思潮的一大主题。这在维新变法思潮中有进一步的发展。他们意识到，民主学说是近代西方资产阶级反对封建独裁、发展资本主义经济过程中所倡导的最有进步意义的社会政治思潮。康有为希望借鉴日本的经验，走明治维新道路，建立君主立宪的政体，认为政体选择是定"国是"以"治本"的根本问题，理想目标是建立"君与国民共议一国之政法"，即三权分立的君主立宪政体。"三权立，然后政体备。"其三权指的是议政、行政和司法权。维新变法理论还包括改革官吏选拔考核制度、发展民族工商业、开设报馆鼓励言论自由、鼓励自然科学研究和

黄遵宪塑像

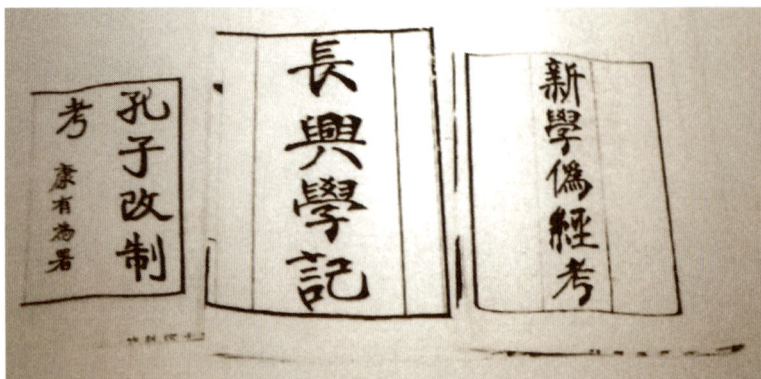

康有为在万木草堂时的著作

技术发明等主张。梁启超认为铲除孕育奴性的政治土壤和文化氛围，培育具有时代精神的新民，关键在于对专制政体、超强控制的文化专制和旧的文化传统进行彻底扬弃。这是维新变法的文化维度，意义深远。

维新变法的代表人物都有其历史局限性，康有为就表现得很明显。百日维新失败后直到五四运动前后，他始终站在君主立宪的立场，倡言尊孔、保皇，极力反对资产阶级民主革命，1917年还积极参与张勋扶助清废帝，为之起草复辟登基诏书。但维新派创立多种启蒙学说，他们对封建制度的批判精神，对中国实行君主立宪的政治改革主张，影响和培育适应时代的新民；反愚昧、反迷信、反旧道德、反小农经济等思想，都反映了力图融入世界工业文明的主张，都代表着一种时代先进文化即近代海洋文化。

三民主义是孙中山最重要的政治学说，其中民权主义是这一思想体系的核心。在他看来，中国社会革命的中心问题首先在于推翻暴君独裁制度，建立以自由平等为原则的民主共和国，这是浩浩荡荡的世界潮流，顺之者昌，逆之者亡。而通过改良、维新并不可能使封建专制自动退出历史舞台，必然以暴力革命的方式取而代之。民生主义是其三民主义学说的经济基础，它包括平均地权和节制资本两个经济制度方面的重要内容。平均地权方面，他反对"夺富人之田为己有"的暴力剥夺方式，不同于太平天国的"耕者有其田"，而是主张核定全国地价，按地价征收地税以节制富者，社会改良后土地增价部分全部归国家所有。节制资本方面，他提出采取节制私人资本、发展国家资本的办法来克服私人资本发达后造成的贫富分化；但在节制资本的同时，也要重视私营经济的高效率。在选择未来经济所有制方面，孙中山主张国营与私营并举。在他看来凡是可以由个人经营的竞争性行业，"应任个人为之，由国家奖励，而以法律保护之"。政府还应改良税制和"紊乱之货币"，为私营经济发展"辅之以利便交通"。

康梁领导的维新启蒙运动与孙中山的三民主义，在反对暴君独裁，解放民权的根本精神上是相通的，但其在追求目标和手段上却有着巨大分歧，当时中国的政治改革只有到孙中山这里才找到较为可行的道路。

3. 精神心理文化领域

近代岭南思想启蒙的一个重点在于改造中国人的心智、国民性和其他精神传统，这对内陆农业文化造成了前所未有的冲击。

洪秀全将西方基督教的上帝改造成中国特色的"皇上帝"，确立了"皇上帝"至尊无上的地位，反对源于佛道两教和各种信仰的一切偶像崇拜。他对基督教的教义做了许多重大改造，否定其逆来顺受、听天由命的思想，主张扫除一切"阎罗妖"及其"妖徒鬼卒"，清廷、孔子和洋鬼子都是皇上帝要扫荡的妖人。洪秀全的社会理想是在皇上帝的指引下创建一个太平公正的世界，以此作为天国将士的信条。

早期改良思潮中，朱次琦和陈澧都继承了岭南务实的文化精神传统，对近代岭南思想家的成长有很深的影响。朱次琦学宗宋儒，推尊朱熹的性理学，又崇尚顾炎武、黄宗羲

梁启超

的重气节的禀性，反对空谈而务求实用。因而他批判了源于阳明心学的脱离实际，不切实用之弊。陈澧之治学注重经世致用，强调结合社会实际，反对空谈心性，其于近代岭南思想文化的贡献在于"引导人们从乾嘉年间埋头考据的狭窄天地破墙而出"[①]，从而开创了一代新学风。陈澧自己就长期在自然科学领域探索，并在地理学的研究方面取得卓著的成绩。所著《水经注提纲》《水经注西南诸水考》至今仍有重要参考价值。他的不少思想观点，在以后康有为、梁启超的身上留下了深刻印记。

重视开发民智、改造国民性、提高国民素质是维新变法思想家一个普遍特点，比之前阶段更深入到了国民精神和心理培育的层面。倡导新式教育的内容将在教育一节再叙。

黄遵宪认为，实现建立君主立宪的现代国家这个维新运动目标，有待于民众素质的极大提高。他考察现状，中国百姓大都"懵然无知"，对强者唯唯诺诺，不敢抗争，没有权利意识和独立精神，这样的国民素质使经济和政治的变革举步维艰。因而提出开办新式学校、组织学会、开设议院等主张。

梁启超不限于民智，而是深入到奴性的改造、国民性和国民精神的变革这一更深的层面。"夫列国并立，不竞争则无以自存。其所竞者，非徒在国家也，而兼在个人；非徒在强力也，而尤在德智。分途并趋，人自为战，而进化遂沛然莫之能御。"（《论进步》）他认为国民的总体素质，尤其是国民精神是国家强弱的关键，中国自鸦片战争以来屡战屡败，各种改良、变革运动往往半途而废，难成其功，应

① 丁宝兰主编：《岭南历代思想家评传》，广东人民出版社1985年版，第179页。

251

梁启超主编的《时务报》

当溯因于国民精神上的种种痼疾和弊端。梁启超强烈批判国民大众的奴性，认为这是中国国民性的基本特征，国民不论地位尊卑、学问深浅，都无不染有奴性，特别是在八国联军破关入侵后，奴性显得更为突出："君相官吏，伺外国人之颜色，先意承志，如孝子之事父母；士农工商，仰外国人之鼻息，趋承奔走，如游妓之媚情人。"（《论自尊》）国民精神是一个民族世代相传的观念传统，它直接支配着国民素质的发展和民族力量的发挥。中国自秦汉起奠定了君主专制的大一统格局，专制荼毒愈演愈烈，民智民德受尽摧残，遂致缄口闭言，养成今日奴性泛滥，汉武帝罢黜百家，定儒术于一尊，一国之人皆以孔子之言为信，放弃了是非观念判断的独立性，于是奴才充斥于社会各个阶层。奴性的危害并不仅止于躯体遭人驱驰，更在于整个国民精神中都浸染着这种自我屈辱的因素，压抑着人的个性，使人的灵性完全丧失，从而彻底堵塞了国民的创造力和社会进化的源泉，造成现在众多的社会灾难。这是封建专制和独尊儒术的恶果。梁启超提出和大力宣传改造国民精神，塑造"新民"这个文化学命题意义深远，深刻地影响着五四运动的一大批文化人和思想家，这一命题在当代改革开放中重新引起国人的深度思考，至今仍是中国的重大课题。

第二节　信仰与宗教

宗教具有较为系统的理论架构并且衍生出具有一定规模的宗教组织，发展出一系列特有的仪式。岭南人的信仰主要表现为信鬼、信神、图腾崇拜、多神崇拜等原始宗教观念及其传承，始终没有定于一尊，独立发展出宗教。岭南宗教都是从外部传入的。

一、"粤人迷信"：多元而奇异的民间信仰

"粤人迷信"，见神就拜，是外地人的普遍印象。经典的说法见于司马迁《史记·孝武本纪》的"粤人俗信鬼"。信仰与科学并存是人类文化的普遍现象，如何解释是文化学、人类学、哲学的巨大和永恒的课题。从文化哲学的角度看，信仰是人类沟通人自身生与死的关系，人与神、与宇

宙、与外在于人的绝对权威和无限力量之间关系的一种特殊
贞问方式。这些贞问所形成的风俗、礼仪对于人类生存和发
展的作用，是文化学当为之事。下面笔者将那些在当代科学
看来属于迷信都归入信仰，作为一个中性的文化学概念，并
非全是贬义，重点放在岭南人在特殊环境和特殊实践中形成
的信仰具有哪些鲜明特色。

1. 崇信神鬼的心理和习俗源远流长而强固，是岭南人信仰的一个突出特色

这在岭南越族演化出的各少数民族的信仰中清晰地显现
出来。瑶族信仰盘瓠，认定他是本族的始祖。盘瓠在传说中
是帝王神犬。盘瓠信仰渗透于瑶人生活的每个领域，多种多
样的风俗，都与盘古王的传说有关，至今祭祀不辍。屈大均
描述瑶族对狗的信仰风俗："七月望日，祀其先祖狗头王，
以小男女穿花衫歌舞为侑。"（《广东新语·人语》）至今
瑶族还保留着禁食狗肉、吃饭敬狗、小孩戴狗头帽等习俗。
黎族文身起源于蛇图腾。蛇图腾崇拜和妇女文身是黎人不可
抗拒的俗规，普遍存在于黎族所有支系。畲族人祭拜祖公图
之俗，历史悠长，至今不衰。

岭南百越信仰的一个特点是图腾崇拜与祖先崇拜合而为
一。文身的龙蛇图腾是一个典型例子。文身是百越族的共同
特征。一个解释是蛇图腾崇拜。黎族传说中，他们的始祖是
蛇变的，所以以蛇作为氏族的图腾标志，文于身上，还建庙
祭祀。蛇图腾崇拜起源于母系氏族社会，在父系氏族社会发
展为父系祖先的崇拜。黎族女子文身按夫家祖先图腾纹式刺

身，当作加入夫家图腾组织的入社仪式，此信仰风俗至今犹存。另一种解释是龙图腾。蛇是山的产物，龙则是江河大海的产物，生存环境决定了沿江濒海种族信仰的是龙。对于粤人"断发文身"之俗，史载不少关于龙图腾的诠释。如《淮南子·原道训》："于是民人被发文身以像鳞虫。"许慎注曰："文身：刻画其体，内墨其中，为蛟龙之状。以入水，蛟龙不害也，故曰以像鳞虫也。"又如《说苑·奉使》曰：越人"剪发文身，烂然成章，以象龙子者，将避水神也"。屈大均对越人文身"以象龙子"有精辟见解："南海龙之都会，古时入水采珠贝者，皆绣身面为龙子，使龙以为己类，不吞噬。"蛙图腾在不少越族中存在。广西壮族民间就有尊蛙、护蛙风俗，形成不捕不杀不吃的禁忌，带有祖先崇拜意味。广西早期流行的铜鼓面上都浮铸通体镂空的立体青蛙图像。铜鼓是人们借助于蛙的神力，"声闻百里以传信"（《滇海虞衡志·志器》）及"欲相攻击，鸣此鼓集众"（《太平御览·四夷部》）的用器。

积淀深厚和信仰的多样性，使南越信仰得以较早成熟，而能"挺进中原"，影响到中央政权。《史记·孝武本纪》载越巫师勇之说服汉武帝："越人勇之乃言：'越人俗信鬼，而其祠皆见鬼，数有效。昔东瓯王敬鬼，寿百六十岁。后世怠慢，故衰耗。"东瓯为岭南百越之一。武帝笃信之，对粤人信鬼之俗给予大力支持。"乃令越巫立越祝祠，安台无坛，亦祠天神上帝百鬼，而以鸡卜。上信之，越祠鸡卜始用焉。"越人有以鸡卜定吉凶的悠久风俗，与当时中原流行的龟卜大不相同，可能在武帝看来非常新奇。汉武帝立越祝祠让越巫在京城祭祀，搞鸡卜定吉凶，是中原鸡卜的肇始。这大概是岭南信仰向岭北传播最早的文字记载。

汉武帝还笃信岭南越族的巫术（含风水）观念，说明当时南越的巫术影响之大。他在柏梁台火灾后重建问题上征求粤巫勇之的意见，勇之说："越俗有火灾，复起屋必以大，用胜服之。"武帝听信他的话，营建更为高大的建章宫："于是作建章宫，度为千门万户，前殿度高未央，其东则凤阙，高二十余丈。其西则唐中，数十里虎圈。其北治大池，渐台高二十余丈，名曰泰液，池中有蓬莱、方丈、瀛洲、壶梁，象海中神山、龟鱼之属。其南有玉堂、璧门、大鸟之属。乃立神明台、井干楼，度五十丈，辇道相属焉。"（《史记·孝武本纪》）

岭南民间信仰强固也是一大特点。上面讲的鸡卜之俗还见于20世纪中期的海南黎族人村寨中。关于"五羊"的神话反映出南越族以羊为氏族或民族图腾标志的信仰，今广州称羊城，五羊塑像立于越秀山上，都是其遗传。瑶民崇祀盘古王，粤西乡民祭拜龙母而举办规模盛大的龙母诞，都是祖灵崇拜信仰强固的典型例子。图腾崇拜的风习至今留存于广东民间舞蹈中。如东江客家地区的貔貅舞、五华的竹马

五羊雕塑

舞、粤西的春牛舞等，都带有地方部落的族类标记，有古图腾崇拜的印痕。

2. 民间崇拜奇异而多样，是岭南人信仰另一突出特色

岭南有许多特异于岭北的民间信仰。大抵有一种生存需要就有一鬼神，呈现万物有灵的泛崇拜现象，表现为自然神的广泛崇拜，各种图腾崇拜和万物有灵崇拜，又与祖先神灵崇拜结合。

百越时代，各族互不归属，各有各的生存需要，图腾崇拜呈现多样化特点。如百越时代的乌浒人有猎人为食的奇异习俗，这就需要竹弓箭，对竹的珍爱积淀为崇拜，奉竹王为神，同时作为本族的图腾标志，遇事逢节虔诚地祭祀祷告。源自闽越的潮汕民系观念中，砖瓦、树木、工具等器物都被视为生灵，生出许多观神之俗，如观篮饭姑、观葵笠姑、观筲箕姑等。

对鬼的崇拜在汉族中同样奇异多样。旧时梅县民间的鬼迷信盛行，山民生病多归因于鬼祟，产生禳鬼之术，于子夜将粮果佳肴放在病人床头，烧香点烛，由巫师或老者念咒语驱鬼；民间传说此仪式很灵验，病者都痊愈。还有"鬼子"之说，人死不是消失而是成鬼，灵魂不散，还能行人之事，如鬼夫与寡妇行床笫之欢，亦能有子，但其子禀受阴气，故在光亮处无影无形，称为鬼子，但饮食举止并无异于常人。实际上，这是以扭曲的方式表达客家人传宗接代的需要。潮州有"施孤"与"放焰口"。"施孤"就是农历七月十五向

饿鬼施食，仪式繁复，但重点在于三次向四面抛撒稻米、面桃等物的仪式。为了方便饿鬼受施，就有"放焰口"风俗，即点小灯为各路野鬼导向，不使遗漏，慈悲普惠，这实际上表达了人人温饱的世俗愿望。东莞有禳鬼旧俗。他们认为无处不在的鬼会施灾于人，于是采取两套驱鬼法。一是贿鬼，使之感恩离去；二是贿赂了鬼还不去，则施逐鬼法。家中有人病了要行贿鬼仪式，先向鬼请罪许愿，将鬼需要的冥钱、纸马、酒、羹汤等备齐，是日晚装入竹箕，点烛焚香，由老妇唱贿鬼请罪歌，唱毕把竹箕抬至岔路口抛撒，鬼自会感恩而去，病人便能痊愈。逐鬼是行"跳大鬼"仪式，请男巫吹牛角，念咒语，在病人屋内洒符水，把咒符贴于床，病人要佩带桃枝或柳枝之类。作祟的鬼魂于是惊怕离去，病人也就康复①。

3. 多神并存是岭南信仰的第三个特色

南海神庙很能说明粤人的"多神崇拜"。主体是供奉南海神，但各路神仙聚于一庙，如观音、广州的本土神金花娘娘、望波罗之番鬼即达奚司空，还有南海神的夫人和下属等，都在崇拜之列。这是岭南宗教能够七教并存的民间信仰渊源。

汉越文化融合期本地神与外来神并存，都受崇拜。岭南民间信仰许多神，如妈祖、南海神、关帝、财神、灶神、门神、五仙等。敬财神、敬门神、敬关公、送压岁钱、祭灶、送火、拜七夕、重阳登高、花会等习俗仪式，呈现岭南多元化信仰的乡土风貌。

① 参见惠西成、石子编：《中国民俗大观》下册，广东旅游出版社1988年版，第398—400页。

电白电城山兜丁村娘娘庙

　　岭南少数民族独具特色的信仰民俗也体现了多神并存，与道教结合构成岭南信仰的一个特点。北人崇孔孟，南人崇老庄，这是中国信仰的一个区域特征。岭南崇老庄更甚。壮族最具特色的是巫道结合的信仰观念和行为。壮族本地从远古巫觋发展出巫教；唐朝时道教传入，其中梅山教派和茅山教派与巫教相近，都信符咒仪式能够通神，为人驱病化灾；于是形成巫道合一的信仰形式，已接近于宗教。瑶族也将本地信仰与道教结合。唐宋时道教早期天师道、元明时道教正一派先后传入瑶区，与原有的多种鬼神崇拜和祖先崇拜相结合。如将原有的成丁仪式与道教度戒仪式结合；将道教斋醮制度用于祭祀盘王，向祖先祷告；将道教召神骇鬼术用于刀耕火种农业、狩猎、驱除病魔、消除灾祸等。在这一融合过程中，瑶族保留原有信仰比其他族更多，这与盘瓠信仰之强固肯定是相关的。

4. 岭南民间的信仰民俗突出地表现了粤人务实、功利的世俗生活风格

务实和功利精神各地域都存在，但在岭南信仰民俗中更为集中而强烈。但凡一物、一事对粤人有利，便有一神，就会创造出一种信仰和崇拜的仪式和民俗，说"粤人迷信"有着大量的史实根据。本书第五章岭南民俗叙述中，对妈祖的信仰、对南海神的信仰，源于航海平安的需要；对赵公明元帅的信仰，将关帝转化为武财神，大抵出于商业利益的渴求，粤人重利与粤人迷信是融为一体的；

汕尾天后宫

对观音菩萨的信仰则与平安、生子等需要相关，所以赋予观音众多的功能和无边的法力。过去广府民间多供奉生育神金花夫人，建有不少金花庙，进庙供奉多祈求子嗣。广府水产养殖业发达，农历四月初八"鱼花诞"民俗由此而生，诞日人们向天妃焚香礼拜，祈求鱼花（鱼苗）平安多产。珠三角蚕桑丝织业兴旺，顺德为盛，故形成一系列祭祀、禁忌乡俗。农历八月二十五的"日娘诞"就是一个传统民间信仰活动。日娘是一位刺绣良师，在民间传说中升格为顺德刺绣行业的神。

总起来看，岭南各区域、各民族的民间信仰，形式上包容了各种神奇古怪的传说、占卜、巫术、咒语、神符等手段和仪式，信仰内容也丰富庞杂、无所不包，其消极一面固应重视，但透过荒诞的外表、迷信的面纱，我们看到这些信仰都建基于世俗生活的厚土，有着岭南人世俗文化精神的强力支撑。

二、岭南宗教的"七教并存"

宗教作为岭南文化的一个重要门类，以往研究中，其传入过程、发展状态和规模等是主要内容。本节重点把握岭南宗教的总体状况，将它与中国其他地域区别的一个最显著的特色概括为"七教并存"，简述它与整体岭南文化的关系，它对国内乃至世界的影响或贡献。

1. 七教并存的人文景观

从近代中西文化碰撞开始，道教、儒教、六祖禅宗、佛

番禺学宫

教、伊斯兰教、天主教、基督新教这七教并存是岭南宗教的
整体格局，以广东为典型区域。七教呈现中西并存的格局。
在宗教学的严格意义上说，道教是中国本土唯一的宗教。
但从广义上说，儒既是学，又是教，在汉始高度中央集权
的体制上，"独尊儒术"，儒又是教，其精神渗透到所有
民众的精神中，信众最多。佛教与禅宗不同。佛教有许多
教派，禅宗只是其中之一。六祖禅宗是惠能改造外来佛教
使之本土化、中国化，经其众多弟子北进传播而形成中国
禅宗正统，也可视作本土宗教。伊斯兰教、天主教和基督
新教则纯粹是外部传入的。中外七教并存成为广东宗教一

西来初地牌坊

　　个鲜明的文化品牌。

　　　广东是我国最早接触外来宗教并保存多种宗教的省份之一，在很长的历史时期中，岭南地区成为全国外来宗教势力最为强盛的地区之一。如东汉至南北朝时期，大量外国僧人进入岭南的交趾、广西和广东，传教和翻译佛经，故岭南民众对佛教的信仰较早，也较为普遍。唐至宋，大量阿拉伯商人进入岭南经商，广州的伊斯兰教之盛居于全国之冠。同时基督诸教也至迟在唐代已经进入广州。《中西交通史料汇编》记载广州世界各大宗教云集的盛况。黄巢农民军攻占广州城时，伊斯兰教教徒、犹太教教徒和基督诸教教徒及其亲属有12万人之多①。清后期至民国，广东的基督教势力与山东、河北、上海等地同居于全国前列，其基督教教派之多，更是其他省无法比拟。如其中的信义宗信徒人数居全国之首；浸礼宗信徒人数占全国六分之一；未分宗派的各教会教徒人数以广东为最。

从文化遗产看，七大宗教在岭南传播的悠久历史，积淀了相当丰富的宗教文化。广州留下了唐代伊斯兰先贤阿布·宛葛素"响坟"、怀圣清真寺、为数不少的宋明时进入广州的阿拉伯商人古墓群。达摩南北朝时在广州上岸之地留下了"西来初地"，今为华林寺。佛教还有南华寺、光孝寺等。道教有罗浮山、冲虚观等。天主教有广州石

① 《中西交通史料汇编》第2册，第207—208页。

广东肇庆市德庆孔庙

德庆孔庙内孔子像

室圣心堂。基督新教教堂很多，有广州东山堂，香港的圣约翰大教堂，海南的海口、那大、嘉积基督教堂，广西的桂林、梧州、南宁、北海基督教堂等等。七大宗教与岭南文化相互影响，构成别具特色的岭南宗教人文景观。广州是广东宗教最为集中之地，其宗教文化历史悠久，有"未有羊城，先有光孝"的光孝寺，全国最早的清真寺怀圣寺（光塔），广东唯一的华林寺五百罗汉，闻名的道教三元宫、五仙观，全国最大的石砌天主教石室圣心堂等，还有许多儒教的孔庙，儒家名人塑像、古建筑和珍贵文物。这些都呈现不同风格的宗教文化内涵。肇庆则是地区中的典型，简直就像一个宗教博物馆；在中国，像这样集中了中外七教的地方是罕见的（除泉州和其他少数地方）。

改革开放以来，广东省宗教界积极开展了对外友好交往活动，对宣传广东宗教宽容的品牌做出了许多贡献。据统计，1980年以来，全省各宗教团体和寺观教堂先后接待了来访参观的境外人士达3万多批，40多万人次。目前，广东省各宗教团体与世界各大洲几十个国家的教会均有来往。以佛教为例，广东省佛教界积极开展与国外佛教友好团体和人士友好交往，广结善缘，这些团体主要来自日本、韩国、泰国、尼泊尔、新加坡、缅甸、越南、法国、斯里兰卡、英国等国家。这些共同构成岭南奇特、繁荣的宗教人文景观。

2. 岭南宗教格局的文化动因

海洋文化是七教并存的主要催化剂。岭海一体的自然生态和在世界海洋中优越的地理位置，使南海海岸线特别是珠江八大出海口成为中国对世界的窗口，2000多年来广州一直是中国最重要的对外通商口岸，海外文化包括宗教文化首先登陆岭南成为历史的必然。

七大宗教有五个是从海路进入的，只有道教和儒教是内陆传入的。

佛教传入中国是先从海路还是先从陆路，学界尚无定论。但据考证，佛教最早从海路进入中国发生在岭南的交趾与苍梧，交广海路是佛教传入中国最早的途径之一，是没疑义的。冯达文认为："东汉桓帝时，已有天竺使臣'频从日南徼外来献'。可以想见，这些使臣必已带来佛教文化。"[①]

佛教有许多教派，从陆地边境各自进入中国。但禅宗一派进入中国的先达地没有疑问。达摩菩提于梁武帝普通七年（526）登陆广州，所建西来庵又称"西来初地"（今华林寺）。南朝梁武帝遣使迎至金陵，后转至嵩山少林寺，成为中土禅宗初祖。

伊斯兰教何时传入中国也尚无定论。一说是穆罕默德的四大门徒即大贤四人于唐武德（高祖李渊）时来朝，一贤传教广州，二贤传教扬州，三贤、四贤传教泉州一带。另一说是唐太宗贞观年间，创教者穆罕默德的近臣阿布·宛葛素从

① 《岭南文化（修订本）》，第289—290页。

光孝寺大雄宝殿

中土禅宗初祖达摩

海道随商船抵广州传教，建有怀圣寺与光塔作伊斯兰教徒祈祷与礼拜用。但伊斯兰教于公元7世纪由海路进入，岭南是中国最早传播伊斯兰教的地区之一，可以定论。

基督教在汉代应已进入岭南。从汉武航线的史料可以看到，古罗马贵族西汉时已与中国交往，以珍珠等珍宝"远赴赛里斯（即中国）以换取衣料（即丝绸）"。罗马其时信奉基督诸教的人口甚众，基督教文化当与物质交易一齐进入。唐代基督徒进入中国已有明确记载。如黄巢农民军占领广州城时，国外教徒有12万多人，其中就包括犹太教徒和基督诸教教众。广州当时已是世界各大宗教齐集之地。近代强势进入，天主教为先。利玛窦于1582年奉范安礼之召抵达澳门，此前澳门已是天主教徒在远东一重要基地，然后他与罗明坚一起进入两广总督署所在地肇庆（端州），为天主教进入中国内陆之肇始。基督新教来华传教比天主教晚得多。第一个以新教牧师的资格来华的是英国人罗伯特·马礼逊，他乘走私船绕道南美洲，横过太平洋抵澳门，1807年9月7日进入广州。

五大外来宗教和本国的道教和儒教都能在岭南扎下根来，并有其繁荣发展的历史，这有着岭南自古发达的海洋文化做支撑。海洋文化培育了岭海人的文化精神和文化心理。拿上一章所述开放、多元、兼容这一组的价值支柱来说，对于早期外来宗教，粤人基本上是以一种开放、宽容的态度来对待的。岭南较早就开始并且长期与海外交往，形成了对外交往中强烈的多元文化意识，对外来文化敢于接受，"食之有味"便纳为自身营养。我们看明代中期后及清代中前期，朝廷禁止天主教和基督新教在中国传播，但这两教在岭南不但没有被禁绝，反而还在曲折中得到发展。上面讲到，岭南的思想和学术有着多元文化的影响。特别惠能、白沙之学说都是儒道禅三家融合的。比如白沙"以自然为宗"思想受道家影响最深，与岭南道教盛行有莫大关系，而其"学贵乎自得"的心学明显受到六祖顿教的影响。

能够容纳那么多的外来宗教，说明岭南具有适应的土壤。粤人文化心理中的海洋意识，"自外于国中"的心理支撑着对官方规范、封建正统的疏远和逃离，这就需要寻求另外的精神支柱。岭南由移民社会、华侨社会、平民社会培育的世俗精神如重商、务实、变通等精神都有利于多元宗教的共存。岭北一些学者说岭南人缺乏宗教精神，有的甚至说岭南人过于务实，追求现实利益，世俗生活精神旺盛，因而不探求形而上者，没有宗教的终极追求。这反倒说明务实等世俗精神正是多元宗教并存的肥沃土壤。

上面所说岭南民间信仰源远流长和强固，发展出奇异而多样的民间信仰，正注定了岭南不能自身生长出一宗教，也就解释了为什么存在于岭南土地上的宗教都是外来的。实际上，岭南民间信仰的多元、多神并存、偶像众多和传统的强固，正是岭南七教并存的深厚土壤。

3. 岭南宗教文化的影响和贡献

我们首先看岭南宗教格局对中国的影响和贡献。

岭南之地率先传播世界各大宗教，它对中国的贡献非常显著，是岭南文化之所以能"重于中国"的一个重要方面。梁启超曾列举大量"自西方输入中国者"，宗教上有："以教主之父行，初至广东，其为最初传入者甚明"之苏哈巴，"耶稣教"之景教，"迦特力教（即罗马旧教）"之奥代理谷（Odoric）、利玛窦（Matteo Ricci），"婆罗的士坦教（即新教）之摩利逊（R.Morrison）（见《世界史上广东之位置》）。岭南地域作为外来宗教入传中国的第一站，成为中外宗教文化交流的重要桥梁。通过这个桥梁，岭南深刻地影响着中国和中国人的精神。

古代对岭南文化影响最大的海外文化是佛教。佛教从海路大量传入中国，尤其是达摩西来登陆广州，经唐代惠能改造为禅宗顿教，深刻地影响了中国佛教的平民化和世俗化，成为以后一千多年中国汉民族中极为信奉的佛教流派。禅宗顿教名扬四海，向北方广泛流播，深刻影响了中国人的精神，这可以视作岭南精神文化最早的北进。人们概括中国士人的三大人生阶段和主要精神，有"据于儒，依于老，逃于禅"之说，正说明禅宗思想是中国知识分子的精神鼎之一足。

伊斯兰教对中国的影响首先发自岭南。依冯达文观点，唐宋两朝伊斯兰教在广州的影响不断扩大，广州是大食、波斯人来华和伊斯兰教传入的主要通道，此地位于元代减弱，伊斯兰教传播的主要基地才转向了我国西北部[①]。

唐代广州已是世界各大宗教聚集之地。黄巢农民军占领广州城时，居住于广州的阿拉伯人、波斯人、犹太教徒和基督教徒有12万多人。近代天主教以澳门为基地，基督新教以香港为基地，首先进入岭南，然后通过岭南再向中国北方广为传播，影响中国内陆。他们带来了新的世界观和外部丰富的文化，甚至带来大量西方先进的科学技术，尤其值得一提的是，他们带来的西文世界地图，打破了中国人固有的"中央之国"的自大观念，国人对世界始有新的认识。当然，一些基督新教传教士的活动有明显为经济侵略和殖民服务的目的，这点不能忘却。

① 《岭南文化（修订本）》，第301页。

我们再看岭南率先引入西方宗教对世界的影响，这是以往研究常忽视的。一个重要的史实是，天主教进入岭南，不仅为古老中国带来西方近代科学，而且推动了欧美17至18世纪的"东学西渐"思想风潮，西人开眼看东方由此开始。利玛窦、罗明坚及其后的天主教教士在岭南特别是珠江口学习和吸收中国思想智慧，向西方大量介绍传播中国儒家思想和儒教、道家思想和道教、禅宗思想和六祖顿教、易经八卦、阴阳五行等中国的思想学术，以及中国或先进或新鲜的文化如诗词歌赋、文学艺术、园林、工艺技术等。后来的众多西方思想家，从莱布尼茨、黑格尔，到现代的海德格尔，许多哲学大家都深受中国哲学的影响或启发。莱布尼茨甚至申请加入大清国籍而未被批准。那时中国尚强盛，葡萄牙第一个来华使团的成员克里斯托旺·维埃拉惊叹于岭南特别是珠江口的富庶，评价广东是"世界上最富饶的，世间的一切业绩都是在广东的地盘上创造出来的"。"西学东渐"运动则是19世纪中国战败割地，民族危机深重的情势下，由新教传教士推动的。同一个中国文化，国家强盛与国家贫弱，前后两重天，简直"判若两人"，这值得我们后人深思。

第三节　引领时代潮流的近代岭南教育

教育是人类文化传承和进化的主要媒介之一，内容众多，就本书主旨，笔者重点介绍近代岭南教育的思想内涵及其对近代中国的影响和贡献，这是岭南文化的一大亮点。

一、岭南教育思想发近代中国之先声

岭南教育的近代发展与西方文化的强势传入、岭南新学的勃兴、岭南自古远儒，都有密切关系。近代岭南三大启蒙思潮的思想家不约而同地提倡引入西方教育思想和教育模式，变革中国教育，各自提出了鲜活的教育思想。

早期改良维新思想家代表人物有何启和胡礼垣、容闳、郑观应等。何启、胡礼垣新政学说认为为适应中国将来新政发展需要，必须大力开办新式学校，培养新型人才；而为适应中国未来工商业发展需要就应增设机器工务、开矿理法、电器、铁路、轮船等建造专业以及数学、化学、物理、地图等新式科目。他们反对科举制度，却要保留科举教育中的道学内容，反映旧学的深刻痕迹。容闳、郑观应等人更坚定地主张全部废除科举，彻底改造旧学堂，创办各种新式学堂。郑观应有一著名论断："泰西之强，强于学，非强于人也。"因此提出兴办新式学校的改良思路，尤其注重科技、工艺等教育，率先提出兴办商学，是其商战理论的必然延伸。

变法维新思想家倡导新型的国民教育，将教育扩展到全民而不限于学校教育、精英教育，落实于整个民智的开发，这又前进了一大步。黄遵宪主张"用西法以启民智"，主张学习西方自然科学，倡议改革汉字以利于普及国民教育。要达其开设议院，实施宪政的思想，必须使"民智渐开，民气渐昌，民力渐壮"（《驳革命书》），所以他提出兴办新式学校，组织学会等方式来进行国民现代教育。康有为变法

丘逢甲

青年孙中山像

思想中教育是极重要一环。他认为变法维新要成功，必须大力开发民智，这是教育改革的中心。变法之道万千而莫急于得才，要得才则必废止八股取士制度，开办西方近代模式的学校，推进科学发展，使四万万民众提高智能，这样中国的变法可在三年取得大的成功。著名的"公车上书"中，康有为提出全面的学科教育："凡天文、地矿、医、律、光、重、化、电、机器、武备、驾驶，分立学堂，而测量、绘图、语言、文字皆学之。"这些开办新式教育的思想在守旧的京城可谓振聋发聩。梁启超猛烈抨击以"学而优则仕"为轴心，"教育以做官为方针"的科举制，认定教育是"救国之不二法门"。他不遗余力鼓吹开办西式学校，首倡开设师范学校，认为"欲革旧习，兴智学，必以立师范学堂为第一义"（《论师范》）。女子教育也是其首倡，他在主办的《时务报》上发表《变法通议》，力主兴办女学，以开全民之智。

两大启蒙思潮都主张选派留学生直接学习西人科技和文化，也都大力提倡创办各类学刊，组织各种学会来全面推进民智，均为国内教育思想的先声。

资产阶级革命和共和思潮的思想家也提出一系列新主张。孙中山受过"欧洲式教育"，将教育事业提到中国兴亡的高度，他提倡实行全民义务教育，主张以新的"教养有道"的教育体制取代封建教育，开办以民主革命为宗旨的军校，是其教育思想的一大亮点。丘逢甲投身孙中山领导的民主革命，主张强国

"必以兴起人材为先"，兴起人材"必以广开学堂为本"，主张开设"兵式操练"学科，也是前人未发之声。

二、中国新式教育的先行者

引领出国留学是岭南人对中国近代教育的一大贡献。岭南思想家出洋留学的主张激发近代中国人留学海外的热潮。作为中国人开眼看世界的重大事件，出洋留学是由岭海人容闳、陈兰彬提出和办理的。第一批招收了30名15岁以下少年赴美，其中多为粤人。容闳亲率第一批学子远赴重洋，成为我国"教育救国"的先行者，一部《西学东渐记》闻名于世。以后清政府先后派遣120名少年公费留学美国，其中三分之二为广东人，这批人学成归国后多成为国家栋梁之材，

万木草堂原址邱氏书室

詹天佑设计的人字形铁轨模型

如詹天佑、梁敦彦等。至光绪八年（1882）广州黄埔创立实学馆时，詹天佑等已学成归国担任教习，他们的新式教育更好地促进了学子和市民开眼看世界。以后国内掀起私费留学高潮，广东留学西方的学子数量仍为全国之冠，至改革开放初依然如此。

广东西式学校发展走在全国前列，在此只举几例。

1902年清政府诏令停办书院时颁布《钦定学堂章程》，此章程是由广东学政张百熙起草。这依据的是岭南书院变革和新式教育的实践经验。

康有为1891年在广州创办万木草堂，强调德智体全面发展，并率先开设体育课，已具近代西方教育思想。至1895年几年间，康有为改变教学方法和教育内容，注入新的社会思潮，力求教育直接面对中国社会现实。他所教学生约千人，"长兴里十大弟子"为其中俊彦，思想影响波及省内外各地，更造就了大批杰出人才，后来大都成为变法维新的干将，部分还成为资产阶级革命派重要成员，在当时中国的政治与文化领域叱咤风云。

广东书院于1898年已开始改制，学科设置改为国文、英文、数学三科。"百日维新"前广东出现了维新派组织的一批学会、学堂和报刊，是国民教育思想所孕育的。丘逢甲1899年冬在潮州创办新式的岭东同文学堂，聘日本人为教授，指定开设"兵式操练"。这备受国人注目。

岭南西式学校的发展走在全国之前列，它更像是一块试验田。戊戌变法前至辛亥革命短短时间里，岭南的官办、私立、教会学校如雨后春笋，大中小学校和各类职业学校、女

广州同文馆师生合影

子学校纷纷涌现。1905年在广州举行的第一次全省运动会，就有47所新式学校参加。

　　岭南引领中国近代教育潮流，成为教育变革的热土，岭海人是中国近代教育思想和实践的开拓者，表层的动因是岭南处于中西文化交会点，最先领略到时代的清新而蓬勃的气息，其文化底蕴则是岭南文化具有开放性、多元性、兼容性、敢于冒险和善于变通等特质。

第四节　岭南方言特色撮要

　　方言这一文化门类有很多内容，如形成、分布、语音特

276

色、原因分析等等，本节重点把握其文化特色。

岭南方言的第一个特色是复杂多元、异常丰富，这在全国并不多见。粗分有广府方言（粤语）、客家方言、潮州方言、海南方言、雷州方言和（广西）各少数民族方言等。主要少数民族方言有壮语、黎语、瑶语、苗语、畲语、回语和满语等。

粤语是岭南最古老的语言，它以壮侗语为主体，长期融会中原古汉语成分。广府方言区即以广州话为标准音的粤语区，所以粤语俗称"广州话"。其地域除广州、珠江三角洲及粤中地区以外，东江、西江两岸直至广东西部、西南部，广西东南部地区都属于广府方言区。

客家方言在岭南主要集中在以今梅州市、河源市为中心，包括梅县、兴宁、五华、大埔、蕉岭、平远、丰顺、龙川等县在内的地区，以梅县发音为标准音。其次是粤北

有关广州方言的部分著作

和粤东惠州地区，还有广西、海南和珠江三角洲的主客混合地区。

潮州方言是以汕头发音为准，主要集中在韩江三角洲和汕头地区的"福佬人"居住区。它与闽南方言同属一系，因其中一部分人移民至雷州半岛和海南岛，形成同属闽南语系的海南方言和雷州方言，但相互之间差别较大。岭南粤语、客家话、闽南语系三大汉语方言在各地区相处特别参差是一大特点。

广西少数民族方言众多，其中汉语方言有六种：粤语、西南官话、平话、客家话、湘语、闽语。靠近广东的桂东南一带通行粤语的县或市有23个。汉语方言都是外来语与古越族语传承和演变而来的土著民族方言相互交融形成的。由于北方汉语的传入时间、传入途径不同，与之交融的原住居民使用的语言不一，受外来语言的影响也不一样，因而形成了岭南方言丰富多彩、复杂多变、差异巨大的语言状况。这是岭南文化兼容性的重要表现。

第二个特色是方言传统悠久而复杂，内含相当丰富的独具区域特色的越语文化。《国语》《说苑》《越绝书》等古史文献中都保留了古越人语言的记录，明显区别于中原华夏族语和楚国语言。少数民族方言是蕴含着古越语的活化石。粤语方言主要是与古越族语演化而来的壮语相融合。有专家将粤语与壮语认真比较，发现现代粤语中有20%左右的古百越语（当今壮侗语族仍普遍使用）的词汇[①]。

第三个特色是方言传统异常强固。以粤语为例，粤语是两广"普通话"；广州是粤语的中心，改革开放至今已经有

① 李敬忠：《粤语是汉语族群中的独立语言》，（香港）《语文建设通讯》1990年总第27期。

90％的人能讲广州话。粤语是古代北方汉语遗产保留最多的方言之一，一些古汉语的保存更甚于中原地区，是古中原汉语的活化石。由于五岭阻隔，交通闭塞，在中原地区的汉族与北方的少数民族多次大战乱、大交融的历史年代中，岭南地区相对稳定，岭南的语言相对少变，这样与北方急剧变化的汉语越来越疏远，慢慢有了明显的差别①。现今中国普通话已与古中原汉语相差巨大。汉至宋中原语言与古胡语长期交融。清代两百多年，与满语交融更甚，中华人民共和国建立时确定汉语标准音，是北京话还是东北话，就有较大争议。现在我们用中国普通话读唐诗宋词，本来押韵的可能读不出韵，但用粤语读却可能合韵。粤语堪称古中原汉语的活化石。

外地人说广东人死守自己的方言，现代在广州发生的"捍卫粤语"行动很能说明方言传统的强固。2010年6月，广州市政协举行了一个网上问卷调查，建议增加广州市营电视频道的普通话节目，其问卷内容一面倒，类似"软强迫"，惹人质疑，调查结果显示有超过八成的人反对该项提议。由此引发了粤语存废的激烈讨论。2010年7月5日，广州市政协提案委副主任纪可光向广州市人民政府提交《关于进一步加强亚运会软环境建设的建议》，当中包括将主要使用粤语的广州电视台综合频道或新闻频道改为主要使用普通话广播，或是在两者的主时段使用普通话广播。随即引起广州市各界的强烈反对及批评。粤人近年来被要求在会议、集会等公众场合不讲粤语；孩子上学只能讲普通话，"说二十句粤语，三好学生无缘"，一些粤

---

① 《岭南文化（修订本）》，第509页。

人子孙久而久之便不懂讲粤语。这下子被压抑的情感迸发出来。互联网上反对和议论铺天盖地，人们以各种方式参与"撑粤语"行动。报纸杂志也发表争论文章，广泛报道这一事件的进展。《人民日报》亦有文章指出这次争论已"波及整个粤港澳地区，以及粤语移民较多的加拿大和澳大利亚等地"[①]。香港被英国统治历史那么长久，其教学用粤语和英语两种语言，以致现代香港人的国语一般都乏善可陈，但其粤人之根很深，这次捍卫粤语行动得到了香港市民的响应和支持。从文化的深层底蕴来说，这是现代岭南人对自身粤人身份的认同和坚守。

第四个特色是岭南方言受海洋文化影响最大，蕴含着大量海洋文化信息，尤其是粤语，既是古中原汉语的活化石，又夹杂着大量的外语特别是英语词汇。岭南自古以来作为中国最重要的海外通商口岸，近代以来中西文化碰撞，海外华侨众多，来往密切，外语词汇得以大量传入，使粤语独具风情。粤语方言受到英语的影响最大。像"菲林"——film（胶卷）、"波"——ball（球）、"的士"——taxi（小出租汽车）、"贴士"——tips（小费、小提示）、"晒士"——size（规格、尺寸），都是历史比较长的外来词[②]。在当代改革开放的浪潮中，广东位于对外交流的最前沿，受英语的影响更是前所未及，而且深刻影响着内陆地域。比如内陆人如果说出租车，那就老土了，要讲的士才时尚。

① 以上资料来自百度百科"2010年广州撑粤语行动"词条。

② 《岭南文化（修订本）》，第514页。

第五节　自成一格的艺术美各门类

　　岭海人在接受汉文化之前已形成自身独特的审美能力和美的观念，又在长期与海外交往活动中吸收东南亚、南亚、中东、非洲、欧美、日本的审美观念，因此在美和艺术上创造颇丰，并不断形成自己的特色。在民间歌谣、诗歌及其他文学门类，书画，音乐，戏曲，工艺美术，建筑园林艺术等方面都成就斐然，在艺术个性、风格和追求上往往自成一格，一些艺术门类还曾自成一派，与中华其他地域流派并峙。就美学这一哲学学科来说，艺术美包含所有形式的文学和艺术门类。"文学艺术"是一种通俗的说法。

　　岭南艺术门类齐全，丰富多彩，在此不可能论及所有艺术门类，全面展开其历史发展和整体面貌，述及所有重要的艺术家，笔者将重点放在挖掘其独特的艺术风格，对中华艺术百花园的贡献。工艺美术、建筑美、园林美等前已略及，不赘。

一、文学

1. 民谣

　　民间歌谣富有岭南风情。从最早的越讴到后来的粤讴，发展出瑰丽多姿的形式和丰富的内容。主要有广府民系的咸水歌、汤水歌、粤讴、摸鱼歌、南音等；客家民系的山歌、踏歌、采茶歌和月歌等；海南儋州民歌；潮州秧歌；壮族民歌；黎、瑶、苗、畲等少数民族情歌。著名专集有《粤风》《粤讴》《粤东古观海集》《粤东笔记》等。粤讴有史记载的最早要数西汉惠帝时南海（其时岭南分九郡，南海郡管辖范围约今广府地区）人张买所吟唱之"越讴"。屈大均说："而孝惠时，南海人张买侍游苑池，鼓棹为越讴，时切讽谏。"（《广东新语·诗语》）这也是粤人敢于发人所不敢发之声的最早史载。从屈大均的记载可知越讴，一是可"鼓棹"而歌，节奏性很强；二是渗透着是非分明的伦理精神；三是具有情挚、热烈的韵味和质朴率真的自然风格。

2. 诗歌

岭南诗歌较中原发展为晚，但有着辉煌的成就和特异的风格，可归纳在"岭南诗派"的总体线索中。它呈现出几个高峰。

一是唐代岭南诗人第一次在全国诗坛崛起，深刻影响至近代岭南诗界革命，必推"开元贤相"张九龄开一代诗风的伟绩。张九龄诗作的影响大大超出了岭南范围，也远远超出了有唐一代。他的五律《望月怀远》《秋夕望月》《初发曲江溪中》等诗作，都是自成大家风度的传诵名篇，与陈子昂并列为盛唐诗风的开路先锋，对后来王、孟、韦、柳一派的山水诗人产生过较大的影响。唐玄宗称之为："文场元帅"，赞其诗作是"自有唐名公皆弗如，朕终身师之，不得其一二"。屈大均也认为："东粤诗盛于张曲江公，公为有唐人物第一，诗亦冠绝一时。"（《广东新语·诗语》）

二是经过宋、元、明代的不断发展，明末清初诞生著

陈恭尹

名的"岭南三大家"，不仅突出了岭南传统的"雄直"为主调的诗风，富有开创精神，而且具有浓重的海洋色彩和强烈的现实主义风格。屈大均、陈恭尹、梁佩兰被誉为"岭南三大家"，代表此时期岭南诗人群体的风格和岭南诗歌的繁荣，拉开了岭南诗歌由高涨到鼎盛的序幕。三大家皆有程度不同的仙风逸骨之浪漫气息，同时并存雄直风格。其雄直之气影响了有清一代的岭南诗风，同时对全国诗坛有广泛而积极的影响。近代浙人龚自珍在屈大均诗已遭禁毁之后仍然推崇屈大均："灵均出高阳，万古两苗裔。郁郁文词宗，芳馨闻上帝。"（《夜读番禺集书其尾》）

三是"诗界革命"派诗人和理论家辈出。近代是"岭南诗派"最为成熟鼎盛的阶段。"诗界革命"是中国近代史上改良和变法维新运动的共生物，也是受西方资本主义文化的民主思想影响的产物。其代表人物如黄遵宪、丘逢甲、康有为和梁启超等都是广东人，自幼深受广东先贤诗歌传统的影响。1840年鸦片战争爆发，广东处于抗英第一线，民情激愤汹涌。岭南不少诗人慷慨悲歌，与人民同仇敌忾，诗坛风云翻滚、万马奔腾，讴歌反侵略战争中的英雄人物与事

位于广州番禺新造的屈大均墓牌坊

迹。广东诗人创造性地发展了岭南诗风，使"古贤雄直气"带上了鲜明的近代革新色彩，又把岭南诗传统的"清淡"气息转化为富于时代跳动感的"清劲"诗风，把诗歌创作推向了高潮。以风格雄直著称的岭南诗歌，在近代更是将其高亢激昂、笔墨酣畅的一面，发挥到淋漓尽致的程度。他们大胆改革创新，确定了广东诗歌在中国近代诗史上的重要地位。梁启超以"诗界革命"理论彪炳于史。

3. 其他文学门类

屈大均认为"南越文章以尉佗为始，所上汉文帝书，辞甚醇雅"。（《广东新语·文语》）汉代杨孚文章堪称一绝，代表作有《南裔异物志》《谏止用兵疏》等。唐宋岭南出现中华文章大家，张九龄诗好文章也妙，《请诛安禄山疏》最为闻名，传世之作有《开凿大庾岭路序》《白羽扇赋》等。刘轲有"文章与韩、柳齐名"之誉。宋代大家余靖是北宋名臣，欧阳修对他十分推重，名作有《宋太博尤川杂撰序》《从政六箴》，史论《秦论》上、下两篇等，其哲学名篇《正瑞论》也文采灿然。宋代还有崔与之、李昴英、葛长庚、区仕衡、梁起等名家。

明代丘濬散文自成大家，如《长城议》之旁征博引、《藏书石室记》之讲理丝丝入扣，均为一时名篇。陈献章（白沙）文论或诗论力求"自得"，与时代同进，文章提倡"一真自如""见鸢飞鱼跃之机"，影响深远。其弟子湛若水散文风格相近，传世有《湛甘泉集》，其中《琴川记》，超妙隽永。黄佐著有《广州人物传》《广州府志》，主编《广东通志》。郭棐著作甚丰，有《粤大记》《岭海名胜志》。明末国家危亡之际，"岭南三忠"张家玉、陈邦彦、陈子壮殉身，留下浩气长存的大块文章。此外明代还有孙蕡、黎贞、霍韬等文章名家。海瑞、袁崇焕等历史名人，留下不少雄文。海瑞有《治安疏》，袁崇焕有《督师袁崇焕奏对》《遵旨回任兼陈时事疏》《祭觉华岛阵亡兵将文》。屈大均概括广东之文，"其发之也迟，始然于汉，炽于唐于宋，至有明乃照于四方焉"。确是精到之论。

明末清初"岭南三大家"屈大均、陈恭尹、梁佩兰，其文学以雄直之风立于岭南，也立于华夏。清代还出现不少名家，如与"岭南三大家"齐名的廖燕等等。黄岩有中篇章回小说《岭南逸史》，以客家士子婚姻纠葛为主线，写出民族融合的大主题。佚名小说《蜃楼志》，描写苏万魁从地主到当海关行商，钱大把却无地位而撒钱捐官，最后又由资本家回归地主。郑振铎评价该书"无意于讽刺，而官场之鬼蜮毕现；无心于谩骂，而世人之情伪皆显"。这是第一个走进中国文学人物长廊的买办形象。

近代中西文化碰撞，岭南首当其冲，产生一大批敢于探索、大胆创新的文学大家，在国内独树一帜。张维屏名篇《三元里》传诵久远。陈澧、梁廷枏、朱次琦、谭莹、汪瑔等均为一代名家。梁廷枏受林则徐之邀入幕府，著有《粤海关志》《海国四说》《夷氛闻记》《广东海防汇览》等，对林则徐和国人开眼看世界贡献巨大。他还是著述大家，有《南越丛书》《南汉丛书》等史学著作传世。

梁启超是岭南也是中国近代文学、文化的一个高峰。他提出的"小说界革命"高度强调小说的社会功能："欲新一国之民，不可不先新一国之小说。故欲新道德，必新小说；欲新宗教，必新小说；欲新政治，必新小说；欲新风格，必新小说；欲新学艺，必新小说；乃至欲新人心，欲新人格，必新小说。"（《论小说与群治之关系》）一反封建时代鄙夷小说之正统文论，将小说提升到"文学之最上乘"地位，这是对中国小说发展的重大贡献。他还倡言"文界革命"，提倡白话文，吸收西方精华，革新文章内容和形式。其思想当世后世均影响巨大，还在于其杂文和散文均文采灿然。杂文如《少年中国说》使国人耳目为之一新，发人奋进。他创造的"新文体"开一代散文之风，才气横溢，于几圈麻将之间便下笔几千言。就散文成就来说，当时中国无人能匹，后世企及者少见，其在中国文学史上的地位是永恒的。

吴趼人

岭南近代小说界突现繁荣景象。吴趼人堪称近代小说大家，其名作《二十年目睹之怪现状》生动地描写晚清王朝统治体制和社会的黑暗和丑恶，用通俗小说来批判封建末世，在南方与《官场现形记》相映生辉。康有为说"八股无奈小说何"，对其影响给予高度评价。苏曼殊在中国近代文学中是著名诗僧、情僧和奇僧，一生传奇，作品也传奇。代表作有长篇白话小说《惨世界》，文言小说《断鸿零雁记》，描写婚姻和爱情悲剧，揭露晚清社会时弊和封建礼教的吃人本性。黄小配著有15部章回体小说，均为中长篇，代表作《洪秀全演义》《甘载繁华梦》《宦海升沉录》，在当时国内有很大影响。

现代岭南小说亦在国内占一席之地。民间文学大师钟敬文，小说上成就斐然。创造社创始人"四大天王"之一的张资平，其《冲积期化石》是中国文学史上第一部现代长篇小说、平民小说，国内影响巨大，还深刻影响了张爱玲以后市民小说的创作。欧阳山有名著《高干大》、描写五四运动到中华人民共和国建立期间革命史诗的五卷本《一代风流》（《三家巷》《苦斗》《柳暗花明》《圣地》《万年春》）。陈残云长篇小说《香飘四季》是广府长篇通俗小说的扛鼎之作。吴有恒长篇传奇小说《山乡风云录》既继承章回小说传统，又吸收近现代通俗小说优长，与《三家巷》《香飘四季》共同形成岭南文学在当代的一个长篇小说创作的高峰①。黄谷柳的长篇小说《虾球传》在平民化、大众化、民族化、地域化等的探索上均做出贡献。散文大家有秦牧、刘思慕、黄秋耘等人。秦牧被评价为我国当代文学自成一家的散文名家。

二、绘画与"岭南画派"

岭南绘画是中华绘画的重要部分。自古以来，岭南画家和岭南绘画风格别树一帜，盛名海内外。考古发现早在新石器时代彩陶印纹和手绘图案如王字纹、玉石上的兽面纹、海岸岛屿的凿刻岩画等美术作品，都具有浓厚的地域色

居廉作品

① 《岭南文化（修订本）》，第376页。

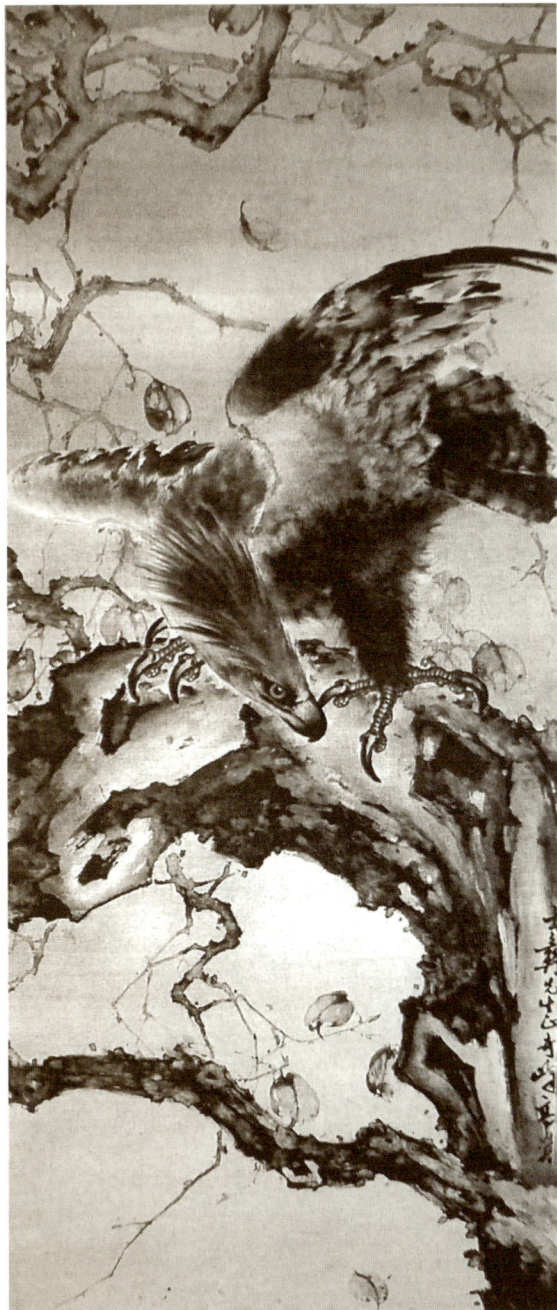

高奇峰作品《枫鹰》

彩。秦汉以后逐渐趋于丰富多彩。汪兆铺《岭南画征略》云："岭南画家，唐僧徽画龙，宋白玉蟾画梅、竹，皆著称于世。"

岭南绘画发轫较晚，但对中华绘画在理论和实践上均有突出的贡献。

一是岭南画派的诞生和发展。明清岭南画坛愈益兴旺，人才辈出，形成富于个性表现，求新求变，讲究创新技法的独特风格。代表画家有黎简、苏六朋、苏仁山等，其中赖镜、高俨、张穆等画家"可与京师、江南画家并驾称雄"。居巢、居廉（人称"二居"）走出一条融会院体画与文人画的岭南路径。这些都是岭南画派形成和发展的深厚底蕴。岭南画派并不是一个时代的孤立现象，而是岭南绘画和文化传统的承继，从宋光宝和孟觐乙，到二居，再到高剑父、高奇峰、陈树人，是一脉相承的。

20世纪初在广东形成以"岭南三杰"（高剑父、高奇峰、陈树人）为代表，众多艺术家参与的"岭南画派"。其核心主张和特征表现在：首先，反对保守派和仿古派，倡导艺术革命，以建

立现代国画为宗旨，为建立中华
新国画开辟了道路，这是对近代
中国画的一个杰出贡献，也体现
了近代以孙中山为代表的革命和
创新精神；其次，首倡艺术要
"折中中西，融会古今"的核心
主张，以建立现代的、民族化
的、大众化的国画新风格为指
向，将海外画法包括西方和日本
绘画技巧渗入中国画，开一代兼
容之风，这是"岭南画家"最值
得自豪的历史贡献，体现了中西
文化碰撞时期岭南文化博大的多
元和兼容精神；再次，高度强调
写实和写生，形神兼备、雅俗共
赏的审美标准和兼工带写、彩墨
并重的艺术手法，都贯穿着岭南
文化的世俗性和创新精神，使岭
南画以自己独有的风格和个性登
上中国画坛，与北方、江浙沪的
绘画鲜明对比，形成鼎立之势，
贡献是巨大的。

二是在美术理论领域岭南
也有杰出贡献，广西人石涛一
部《苦瓜和尚画语录》凸显了

高剑父作品《东战场的烈焰》

290

陈树人作品《红棉》

这一贡献。他提出"笔墨当随时代""法自我立"等国画革命的主张，强调山水画应当"脱胎于山川"，要"搜尽奇峰打草稿"，一扫清初崇古、仿古的颓风，给中华画坛带进一股清新气息。这是一部惊世骇俗，功用深厚，奇峰突起的理论巨著。将理论运用于实践，他成为明清之交中国大画家，兰竹、人物、山水均构图独特，常有新奇意境，风格多样，既有豪放也有闲静，既有沉郁之作，也有清新秀逸之风。著名作品有《搜尽奇峰图卷》《石涛山水册》等，均充分体现"我自用我法"理论的精妙，显示出很强烈的艺术个性。

三是我国艺术宝库的奇观、世界崖画艺术极罕见的花山崖壁画。它是壮族用绘画艺术表现民俗生活，以祭祀水神，祈求水神保佑为主题的巨作，创于秦汉到元朝期间。它分布在左江两岸悬崖峭壁上，宁明县的花山崖壁画发现最早，规模也最大，故统称为花山崖壁画。80%的崖壁画在河窄流湍、急转弯处的悬崖峭壁上，画幅巨大，线条粗犷，多为红色彩绘，人物生动，风格古朴而豪放，透出原始而蛮野的力量。

三、音乐与戏曲

岭南音乐各地域均艺术个性突出，艺术风格在国内自成一派。主要类别有广东音乐、潮州音乐、客家山歌、海南音乐、雷州音乐，以及各具特色的少数民族音乐。

广东音乐是纯器乐演奏的民间流行音乐，被誉为"东方民间音乐明珠"。"广东音乐的形成，经历过一个从明万历至清光绪年间，长达300多年的孕育阶段，才开始成为一个独立的乐种。"①早期代表人物，严老烈有《旱天雷》《倒垂帘》《连环扣》等，何博众有《雨打芭蕉》《饿马摇铃》《赛龙夺锦》等，均为传世至今的名曲。20世纪初广东音乐进入鼎盛期，涌现大量音乐名家，代表人物有"何氏三杰"何柳堂、何与年、何少霞，"四大天王"吕文成、尹自重、何大傻、何浪萍，等等。吕文成的《步步高》影响最为显著，风靡广东各地大街小巷，响遍全国，且风行东南亚各国的华侨聚居区，还成为国内各种会议的，迎接外宾的背景音乐。广东音乐以其珠圆玉润、婉转回荡的优美旋律、短小精悍的结构、丰富的市井内涵和博采众长等风格特色，在中华音乐中独树一帜。20世纪70年代，中国艺术团赴美演出，广

① 黄菘华、杨万秀：《广州》，中国建筑工业出版社1988年版，第157页。

东音乐《雨打芭蕉》《旱天雷》等曲目在侨胞和外国音乐人士中引起热烈反响，被誉为"透明的音乐"。2006年，广东音乐列入第一批国家级非物质文化遗产。

潮州音乐被称为"我国音乐宝库中的珍品"，内含锣鼓乐、弦丝乐、笛套乐、细乐、宗教音乐五类。潮州锣鼓乐以其岭南派音乐韵味之突出成为品牌。其中的潮州大锣鼓最著名的有十八大套曲目。最大的特色是打击乐的音色多样，节奏丰富多变，强弱对比大，气氛热烈，音响又优美而谐和。

广东汉乐又称儒家音乐、汉调音乐和客家音乐等，其突出贡献在于为古老中原文化保留了一份可贵遗产。广东汉乐

广州梨园会馆旧址

"旋律古雅优美、格调朴实大方、形式活泼多样、内容丰富多彩，比较完整地保存了中国古代音乐的曲目及演奏形式。如《大乐》色彩浓郁、庄严肃穆，中州古乐余韵犹存，有研究宋、元音乐重要历史价值"①。大埔的罗九香被古筝界誉为"岭南派代表"。

海南音乐约两百年历史，俗称"八音""鼓手"，华侨称它为"琼音"，流行于海南岛汉族地区和东南亚华侨社会。雷州音乐亦有其鲜明的地方特色和创造。

岭南不同区域和民族均有别样风格的民歌或山歌，种类繁多，形式各异，构成一派繁盛景象。屈大均《广东新语·诗语》记载其盛况："粤俗好歌，凡有吉庆，必唱歌以为欢乐。"最著名的是刘三妹或刘三姐。《广东新语·女语》所称"新兴女子有刘三妹者"，客家人认为她是客家山歌代表。另一说认为她是壮族民歌歌仙，是粤歌创始人。客家山歌是最为普及的民歌，大多为情歌，男女老少都善于自编自唱，即兴引吭，语言风趣，合乎平仄，善于押韵，善用比兴，常用"双关语""隐语""联想语"，表现手法多种多样，编制手法也颇具特色。客家山歌的歌词内容极为丰富。传统山歌中，调式主要是羽调式，其次是徵调式，节奏特点主要是散板，演唱形式多为对唱、独唱和山歌擂台形式②。壮乡向有"歌海"之誉，处处时时可闻响亮悦耳歌声。壮族将"歌仙"刘三姐作为自己民间歌手的代表。"歌圩"之民俗是其集中体现。每逢农闲、婚丧嫁娶和节假日都有歌圩即对歌活动，壮族的传统歌节是农历三月三，现定为国际民歌节。其艺术特点有善于触景生情、托

① 罗德栽等：《广东汉乐三百首》，香港上海书局1986年版，第6页。

② 《岭南文化（修订本）》，第422—423页。

薛觉先饰演的杨贵妃

红线女与马师曾合演《关汉卿》剧照

物取譬、歌词冲口即出、旋律动人等等。此外，黎族、瑶族均有自身悠久的传统、广泛的群众基础和独特的艺术风格。

岭南戏曲是最具有地方特色的艺术门类。岭南戏曲剧种繁多，达27种。其中粤剧、潮剧、琼剧、广东汉剧为"广东四大剧种"。其中以广州方言演唱的粤剧以其浓厚的广府色彩，流行范围最广，遍及岭南各区域和东南亚、美洲和大洋洲等华人华侨聚居地区。粤剧发展的一个高峰是20世纪前半叶，产生"粤剧四大家"薛觉先、马师曾、白驹荣、廖侠怀，至20世纪末由红线女等传承和发展，粤剧以"南国红豆"名世。在国内戏剧界影响很大。

岭南曲艺流布区域广，种类繁多，形式多样而且特异，有29种曲种。流行于潮汕平原的五句落板、潮州歌等，广西的广西文场、蜂鼓、果哈和铃鼓等，都是蕴含着浓郁岭南风情的曲种。其中粤曲流布范围最广，旋律优美动听，改革开放中，与粤语流行歌曲一起唱遍大江南北，在全国强化了岭南文化的影响力。

第八章

岭南文化的特殊发展历程

　　前面六章阐述了岭南文化三个子系统即自然物质文化、社会生活文化、精神心理文化，它们之所以富有那些特异性而使岭南文化成为独特的地域文化，是历史生成的。文化的历史不断形塑着国家、民族，成为其特征和标志。本章运用第一章所述文化哲学和文化史方法分析本地域文化发展历程。

　　文化还塑造了不同的地域内种族、人群和他们实践成果的面貌，深埋着异于其他地域的文化认同与集体记忆。文化史的一个重要任务就是挖掘自身的特色、特异性，使人们一看就能分辨出这是岭南的，那是秦晋的、齐鲁的、燕赵的、巴蜀的、吴越的、楚的。文化史方法不同于通史方法和修志方法，重要一点在于它要揭示上述三个文化子系统的各领域、方面所包含的内涵，这就是文化要素，揭示各文化要素生成、传播并相互作用的过程。文化传播是文化结构变迁和文化功能转化，并不断塑造出自身特色，取得相应的历史地位和现实地位的重要实践动力，这是文化哲学的一个重要论断。

　　岭南文化发展过程中，本根文化、百越文化、中原汉文化、海外文化这四个文化要素不断生长、传播、相互作用和建构，自然形成了岭南文化发展的五个时期：独立发展期、百越文化圈期、汉越文化融合期、中西文化碰撞期、现代化开放时期，五分期各有其文化轴心。四要素和五分期的动态结构是岭南文化发展的总纲。其中已呈现一条清晰的基本线索：岭南文化从中华汉文化体系中的边缘型文化逐渐发展成为主流文化之一。五分期各有其文化轴心和路碑指引，串联起一条异于中国其他地域文化的海洋文化主线。后章具体展开。

第一节　岭南文化动态结构的四要素

纵观历史，岭南文化呈现出与中华其他地域不同的特异性和自身特色，与其要素和构成的特殊性密切相关。从广阔的文化视野，即从多地域文化传播和世界文化传播等多个角度看，岭南文化横向结构的各子系统及其诸因素在五个分期和不同地区基本贯穿着四个方面的内涵，即本根文化、百越文化、中原汉文化和海外文化，作为文化要素建构着自然物质文化、社会生活文化和精神心理文化，从而形成五个发展时期，不断在更高层次上共同建构出岭南文化区别于中国其他地域文化的特殊结构，产生岭南文化的本质特征和特异性。整个过程表现为一种动态结构。下面分别简介，具体内容须在五分期分别展开。

一、本根文化

岭南本根文化也称为原生文化。在接受外部文化的影响之前，岭南文化已独立发展了十余万年，这是以后岭南文化一直区别于其他地域文化的最深层的根基。

岭南文化是在岭海一体的环境中孕育出来的，在海陆交通未开发前，险峻的五岭与浩瀚南海构成了双重阻隔，在中华文化各地域中岭南属于最为封闭的地域之一，文化传播艰难而缓慢，故岭南相对于中原来说，文化较为落后。从约12.9万年前的马坝人开始，其本根文化基本上是独立发展出来的，已显出自身的特殊内涵。在物质生产上，大约4万至3万年前的"新人"阶段，原始居民已发展出比穿孔砾石精细的骨角器，懂得使用骨鱼叉和结网捕鱼，捞摸水中软体动物。濒海的大量贝丘遗址说明其水文化已包含着海洋生产的萌芽。至迟到母系氏族社会，岭南本根文化已显现出一个区别于中原华夏族文化的最重要特征，即渔猎经济与锄耕农业经济同时并举的多元化物质生产格局已初步萌芽，耕海、海洋生产开始在渔猎经济中占一定的分量。岭南本根文化已有率先独立发展出初期海洋文化的痕迹。

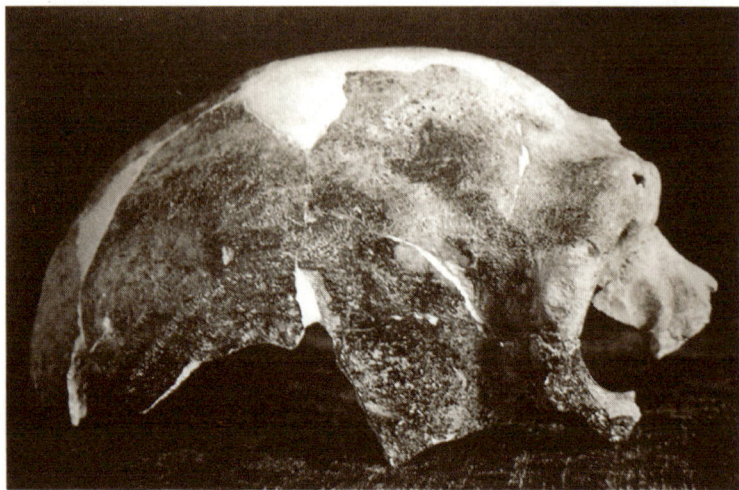

马坝人头骨及马坝人复原像

二、百越文化

学界一般认同百越族由原始居民相对独立发展出来。百越族在史上有两义。广义即《汉书·地理志》臣瓒注云："自交趾至会稽，七八千里，百越杂处，各有种姓。"狭义则指岭南众多的越族，本书也称为岭南百越。其起始时间说法不一，或周武王，或夏禹，笔者取有文献依据的起于商汤说："商　汤　南越　始定南越献令。"其时岭南百越以"南越"这一种族命名。

百越文化是从原始居民的本根文化发展出来的，百越族的语言，凿齿、断发文身、契臂为盟、巢居等生活习俗和文化特点均明显不同于诸夏和华夏民族，且一直保留到汉唐仍很突出，其根本特征在于发达的水文化。因地缘较接近，生产和民俗相近，百越族彼此很早就开始了小范围的文化交流传播。

岭南吸收和融合岭北各越族文化要早于接受华夏文化。岭南越族文化由本根文化发展而来，原始社会末期开始较明显地接受其他越族文化的影响。水文化的发达使岭南文化保持南方普遍具有的特色，但同时又相对独立地发展出早期的海洋文化和珠江流域独特的水文化，海洋文化的最早发育使其成为中国南方文化中特异的类型。岭南百越族在秦征并岭南之前已独立发展出船文化，在国内最早独立发展出较发达的海上交通和与海外的货物交换，开拓了"先秦南海商路"，又影响着岭北的百越各族。

三、中原汉文化

汉文化以古之中原文化为主体发展而来，统一的汉族形成前，其主体为华夏族文化，有一个从夏到诸夏，再到华夏的扩展过程。本书统称为中原汉文化，代表古代社会最先进、最强势的内陆农业文化类型。岭南文化接受岭北的文化影响，基本上是百越文化先于和大于中原汉文化，但同时，也有小范围内部分中原文化因素进入，如春秋时传入的青铜器等。

秦汉以降的汉越文化融合期，中原汉文化逐渐成为岭南文化中的主要因素，在近代和现代它也深深影响着岭南文化。虽然岭南发展出自身的海洋文化和水文化，但受中原的农耕定居、"重本抑末"为特征的农业文化的影响乃至同化，岭南的海洋文化发育得又不十分顺利。经过近两千年汉越文化融合，从根本上说，岭南文化与以儒家文化为核心的中原文化已属于同一汉文化总体系。但由于本根文化、百越文化和海外文化的存在、影响和渗透，它又以海洋性、远儒性、非正统性、变通、开放性和兼容性等等区别于其他地域文化，岭南文化是特异的，被称为中华文化总体系中汉文化系列的边缘型文化。

四、海外文化

岭南是中国最早和最广泛地接受海外文化影响的地区。岭南文化与中原汉文化最大的不同在于，后者是在相对封闭的内陆环境下发育和自我完善的，而又有五千多年辉煌的文明成就。这种半封闭性和先进性使中原汉文化后来闭关锁国，带有凝固性特征。而岭南文化所处"岭海环抱"的地理环境，从近现代的视野看则总体上较为开放，同时因缺乏中原农业文化的那种先进性和纯粹性，使其能够同时吸收内陆文化和海洋文化的营养，成长为具有独立本质和特征的，有异于其他地域文化的非正统型、非规范型文化。

海洋文化内涵广泛，其中包含海外文化的互相传播。海外文化专指从海洋进入的，影响本地域文化的那些外来文化因素。岭南百越文化在海外的传播，同时进行的是从海外吸收外域文化的活动。

岭南文化中包含的海外文化因素范围极广，亚非欧的文化都很早通过海路登陆岭南。岭南文化中的海外文化要素，在明代前以东南亚、南亚和中东的各种文化为主，佛教文化和伊斯兰教文化比基督教等西方文化更早进入。明中期葡萄牙人首先来到广东的屯门海域，叩关求市，清中期乾隆朝广州一口通商，海外文化在岭南率先大量进入，主要成分是西方文化，包括其科学、以坚船利炮为代表的先进技术以及以天主教和基督新教为代表的精神文化。正由于很早接受海外文化，在近代前后又广泛深入地接受西方文化影响，岭南文化才在漫长的封建社会后，再度显出自身特色，由非主流文化发展为主流文化之一，反过来深刻影响着中华文化总体系。海外文化是岭南十分重要的文化要素，这至今在学界未受到应有重视。

第二节　岭南文化史五分期

　　文化传播和交往是文化体系中某些特色和优势的要素内涵慢慢渗透，相互融合和建构的过程。本根文化、百越文化、中原汉文化和海外文化这四要素在不同的历史时期内涵与形式是不同的，所起作用和所处的地位也不同，从历史上看有形成的先后顺序，在不同的文化史时期又有主次之分，由此形成五个明显相互区别的文化时期：独立发展期、百越文化圈期、汉越文化融合期、中西文化碰撞期、现代化开放时期。

　　岭南文化四要素这五个时期共同构成贯穿岭南文化历史的动态结构，在每一文化史时期都有异于前期的文化主题或轴心，围绕这一轴心，建构起自身不同于以往的，内涵愈益丰富的文化系统结构，自然凸显出各时期岭南文化的特质，这利于解释岭南之所以发展成为不同于其他地域的特异文化的历史渊源，同时呈现出岭南文化在中国地域文化体系中从边缘到主流的发展历程。这些是本节重点阐述的内容，文化各子系统和门类的内容详见前面各章。

一、独立发展期

　　独立发展期从12.9万年前的马坝人开始至商初。"商汤　　南越　　始定南越献令。"献令即贡奉的条例，这表明商代华夏族对南方百越地区开始有所辖制，独立发展期基本结束。此期是原始居民创造岭南本根文化的时期，典型器物是石器、几何印纹陶和骨器。

此期大体经历四个主要阶段，到商末周初进入青铜器时代及百越文化圈期。

一是古人（早期智人）阶段，其代表是"马坝人"，与长阳人、丁村人同属旧石器时代中期的"古人"，是岭南人类历史上的远祖，分别创造中华民族的早期文化。

二是新人（晚期智人）阶段，距今4万至3万年前开始。岭南的代表是"柳江人"和"灵山人"，与北京山顶洞人、四川资阳人和台湾左镇人属同一阶段。岭南文化有其优长或特点。2003年考古学者在香港西贡黄地垌发现距今3.9万至3.5万年的旧石器时代遗址，显现出环珠江口海洋文化已发育。阳春、封开旧石器中已有长达11.2厘米的穿孔砾石，是一种渔猎工具，不像山顶洞人遗址的穿孔砾石，只长4厘米，是做装饰品用的。打磨骨器比较精细和进步，先民已懂得使用骨渔叉和结网捕鱼，打捞水中软体动物，还会用骨针缝制衣服。这些特征都说明岭南在旧石器时代晚期就已表现出物质生产的多样性特征，渔猎经济较普遍，耕海也已初显端倪。

三是母系氏族公社。岭南旧石器时代末期向新石器时代早期的过渡阶段在距今1.6万年至1.2万年前，与中原人几乎同时进入母系氏族公社，其代表是阳春独石仔和封开黄岩洞等洞穴遗址。西樵山细石器文化遗址则距今六七千年，大致同期和同质的新石器文化遗存有900多处。岭南母系氏族社会文化有小群聚居，穴居为主，分布地区广泛，陶器具原创性且种类和数量大增，墓葬具多样性等特征。最重要特色是工具种类多，制作工艺细致，用于渔猎和农业锄耕的主要工具已有多种矩形和双肩形石斧、石锛以及锄、铲、凿等，说明包括海洋生产的渔猎经济与农耕经济并举的多元化物质生产格局已初步萌芽。

四是父系氏族公社，约在距今4500年前后开始，比黄河、长江流域迟六七百年。原始锄耕农业为其基础。其代表是曲江石峡文化遗址。基本同期的有增城金兰寺、东莞万福庵、曲江鲶鱼转、韶关青马岗等处遗存。岭南父系氏族公社的特征主要有：其一，出现原始手工业与原始农业分离的趋势。众多遗址中出土了大量象牙器、水晶块和各种骨、石、象牙等材料制成的精工细磨的原始工艺品。其二，几何印纹陶产生，原始艺术拍印几何纹样极具特色。其三是父权制确立。其四，锄耕农业较发达且与渔猎经济并存。锄耕农业以稻作农业为主，已有海洋文化的萌芽。其五，产品交换，原始的商品意识已萌芽。石峡文化墓葬中的袋足陶鬶、贯耳陶壶和大穿孔石钺等均属山东大汶口晚期文化和江浙良渚文化的产物，是百越间的文化传播的证据。这些都是后来物质文化多元一体化格局的基础。

包含着四阶段的独立发展期是岭南文化确立其在中国文化发展中独特地位的奠基时期。四阶段各有其特征而区别于中华其他地域，概括起来有四个方面：

其一，由于此期是中国各地域文化之间文化传播最早也是最弱的时期，中华各地域文化均有独立的发展序列。黄河、长江和珠江三大流域文化均辉煌灿烂，共同组成中华民族的早期文明。但文化传播已大量存在。此期岭南文化接受荆楚、长江流域文化要多一些，也有更多相似之处，但也有华夏文化的影响。岭南在母系氏族社会已初步发展起渔猎（包括耕海）经济与锄耕农业，石器工艺已较发达。

其二，岭南文化总体上与中原文化差距很大。秦晋文化从旧石器时代早期距今180万年前的西侯度文化开始，到距今约1.4万年的下川文化，已形成了一个完整的文化发展序列，孕育出世界最古老的旧石器文化。而在距今15万年至10万年的丁村文化之前的岭南文化遗迹迄今尚未找到。

其三，岭南的制度文化比中原落后许多。相比秦晋文化从少典氏族至夏禹融合成的强大夏族，岭南此期还是以规模很小的单个氏族部落为单位。

其四，岭南的观念文化大大落后。仰韶文化已有陶埙等乐器，齐鲁之大汶口文化末期已产生文字[1]。而岭南在相应时期并无此类精神文化的文物。

但独立发展期的岭南文化仍有其价值和优长之处。

其一是它与岭北各地域一样，有自身独立的发展序列，与黄河、长江并行，发展出珠江流域中下游的原始文化，岭南的石器、骨器、玉石器、陶器自成一格，墓葬文化、原始崇拜、工艺美术等精神心理文化因素都是独立发展的本根文化，这是其文化轴心。

其二是岭南文化从一开始就具有自身特色。物质文化上，旧石器时代晚期就已呈现采集、捕鱼、耕海、狩猎并存的特点，母系氏族社会更发展出这四者与锄耕农业并重的原始农业，种下了后来区别于岭北的物质生产多元化格局的基因。考古发现旧石器时代晚期至新石器时代早期的遗址有古

---

[1] 黄松：《齐鲁文化》，辽宁教育出版社1991年版，第7页。

稻遗存，证明南粤先民的原始锄耕农业中就有水稻种植和培育技术。

其三是土地农业文化与海洋文化并存。从农耕技术发源早晚来看，岭南是落后的，但其海洋文化却是领先的。距今4万至3万年前的旧石器时代就有海洋生产的遗迹，大量的滨海贝丘遗址证明其海洋文化久远。新石器时代晚期已有沿着南海海岸线向海外拓展的痕迹，不仅带回海外文化因素，而且同时向海外传播。如曾昭璇等认为西樵山的双肩石斧在印度尼西亚等地出土，是新石器时代末岭南海洋文化影响的证明①。汉代扬雄《交州箴》曰："交州荒裔，水与天际。越裳是南，荒国之外。爰自开辟，不羁不绊。周公摄祚，白雉是献。"②已将岭南人"爰自开辟"海路的历史推至周公前，岭南是独立发展出海洋文化萌芽的。上述说明岭南此期已种下土地文化和海洋文化双重传统的本根文化基因。

二、百越文化圈期

此期从商初开始，至秦始皇征并岭南，是百越族形成和壮大的主要时期，文化传播的主流是百越族之间的相互影响与融合，形成了一些共同的文化特征和标志，区别于中原夏、诸夏、华夏族文化，故称为百越文化圈期。

岭南地域由本根文化发展出自身相对独立的众多越族文化，至秦征并岭南前形成主要的三大越族：南越族、骆越族和西瓯族。南越族居住区域以今广东为主，主要集中在珠江三角洲，包括香港、澳门地区，中心在古番禺（今广州

① 《岭峤春秋——海洋文化论集》，第17—18页。
② 欧阳询撰：《艺文类聚·地部州部郡部》，中华书局1965年版，第116页。

市），约为秦置南海郡范围。西瓯（又称西越）区域在五岭以南，南越之西南，骆越之西北，约为秦置桂林郡范围。骆越在粤西、广西南部及今越南红河以北区域，约为秦置象郡范围。

此期岭南文化发展的轴心，从传播角度看是岭南众越族与岭北之百越文化相互传播和融合，简称百越间传播。先民同时通过先进的楚文化接受华夏文化的传播。这就产生土地农耕文化传统与水文化和海洋文化传统的并存。

农业传统方面，岭南受到中原和楚地农耕文化的深刻影响。商代伊尹时制定四方献令、"南越献令"，已对岭南百越有了一定的管辖和控制。东周开始则主要受楚文化影响。

一是农业上开始广泛种植稻米。种植水稻为主粮是南越族先民对我国南方农业的一项重要的发明和贡献。关于"五羊"的神话反映出南越族以羊为氏族或民族图腾标志的宗教观念，至今仍在广州以羊城、五羊城称谓中见其农业文化的遗传。另有一说认为，广州的"穗城"之称源于周夷王时五位仙人骑羊衔谷穗降临楚庭这一传说，为此有人考证五羊传说象征的是楚人五个支系将农耕文化传入岭南。但此期岭南的物质生产是相对落后的。地理环境、自然条件和人口稀少使岭南先民靠采集和渔猎易于生存，因而耕作农业并没有像在秦晋、齐鲁那样重视。秦晋在此期已牢固建立重农文化。周王朝始祖弃因富有农业耕作经验而被唐尧任命为农师，教民稼穑，"天下得其利"，被奉为农神，称"后稷"。由于最先使用青铜工具，发展出发达的农业文明，秦晋得以在尧至周成为华夏族活动中心和王畿之范域。

二是使用和制造青铜器。从楚地传入的青铜工具使农业生产获得空前发展。《国语·楚语》记载楚文化的强劲影响："赫赫楚国，而君临之，抚征南海，训及诸夏，其庞大矣。"战国时楚悼王任用吴起为令尹，"于是南平百越"（《史记·孙子吴起列传》）。岭南青铜器在距今约2500年的春秋时开始出现，广东发现有600多件，其中绝大多数是生产工具和兵器。本区青铜器的器形和纹饰既具有岭南自身特色，又有与周边各越族交流的深刻烙印和受楚文化、中原文化影响的痕迹，如其工艺方法与中原和楚地相似，为其传入的产物①。附耳筒、靴形钺、羊角钟、盘口鼎、扁茎剑、篾刀、人首柱形器都是富于本地文化特色的器形，装饰上多人面、藤、席等纹，特别是"王"字形纹为岭南特有。铜鼓

越式铜鼓

① 《南越王墓与南越王国》，第77页。

则是岭南与其他百越族同时创造的。

水文化和海洋文化传统是岭南自身发展出来的，但也是在百越水文化的相互影响下发展的。约从东周开始，岭南各越族和周边越族如闽越、吴越、山越、滇越等相继进入奴隶制社会，生产力得到空前发展，文化传播逐渐加强。水文化发达，"陆事寡而水事众"，善于在江河湖海中从事渔猎活动，成为百越文化的共同标志。岭海人面对大海，陆地上河网纵横，他们熟习水性，善于用舟。为适应捕捞为主的谋生手段，早在先秦时期他们就已发明了造船技术，船文化是其水文化的重要标志。《山海经》云："淫梁生番禺，是始为舟。"珠海宝镜湾的摩崖石刻有多艘船形图案，似描绘远征的船队，有学者认为是青铜器时代遗物，应属于岭南百越文化的遗产，说明当时船文化已发达。岭南许多习俗都反映其水文化。如粤人断发文身之俗和南越族蛇图腾，表明他们崇拜龙蛇一类，观念上认为打扮得像"龙子"，龙蛇祖先见之以为同类，就不会伤害他们，甚至加以保护。断发文身是其最明显区别于楚地和中原华夏族的民俗，这种民俗为多数百越族所共有，至今仍能在骆越族后人海南黎族妇女绣脸文身习俗中找到其遗存。与内陆阻隔和与江河湖海相近的边缘地理，造就了南越人勇武好斗、熟习水性、开拓冒险的精神文化。"粤人之俗，好相攻击"（《汉书·高帝纪》）记载了这一文化性格。

海洋文化是岭南文化此期既与中原文化又与岭北百越族文化相区别的主要因素。此期沿海和珠江三角洲、韩江三角洲地区的贝丘遗址发现大量鱼骨、蚌、蛤等遗存，说明耕海成为主要的生产方式。岭南具南海优势，海洋文化最早发育，沿着海岸线开拓出"先秦南海商路"，与南洋诸国有了初步的民间自发的商业和文化交往。商代伊尹时对南方各民族，"请令以珠玑、玳瑁、象齿、文犀、翠羽、菌鹤、短狗为献"（《逸周书》），对岭南制定了"南越献令"即贡奉的条例。其中海洋文化的分量很重。岭海人早在春秋战国时便开发徐闻港、合浦港，开拓海外市场①。因为最早进行海外文化交往，海外奇珍异宝和风土人情由此最早由岭南进入中国，春秋之楚国、秦始皇征南越都受此利吸引，岭南成为中国南方文化中特异的类型。

农业文化、水文化和海洋文化在此期的发展建构起物质文化多元一体化格局。此期岭南文化已初步形成多元化的文化格局。物质文化上的集中表现是稻作锄耕农业与捕鱼采贝、狩猎并存，农业与手工业并存。此期典型器物是青铜器、几何印纹陶、干栏式巢居、舟船并存，各为发展的路碑。工艺上玉石器、青铜器、金银器、丝织业、竹木器业等同时发展。观念文化上原始宗教文化、道德风尚和民俗、原始艺术观念同时初步发展起来②。商业的发展贯穿其中。徐闻港、合浦港在先秦时代已开发，输入并转运珠玑、犀角、象齿等物至内陆，又将岭南物产如陶器、葛布等输出海外。海外贸易使岭海人的商品意识很早发育，形成了此期最大的成就和特色，即物质文化多元一体化格局的初步形成，这是岭南文化往后一直异于中原汉文化的基础。

① 杨少祥：《试论徐闻、合浦港的兴衰》，《海交史研究》1985年第1期。

② 详见《岭南文化（修订本）》第四章。

三、汉越文化融合期

此期从秦征并岭南置南海、桂林、象三郡，到清中叶乾隆帝只留广州一口通商[①]，文化轴心是岭南各越族及后来少数民族文化与中原汉文化的碰撞与融合。

从文化传播角度看，标志性的历史路碑及其相关文化事件可以简述为以下三点。

其一，从秦皇到汉武封建文化的基本确立。第一个标志是秦始皇两次征岭南，于公元前214年置三郡，开始全面的封建统治。第二个标志是南越王国的建立。赵佗在天下叛秦时刻，接替任嚣南海郡尉职务，封锁南北交通，武力兼并桂林、象两郡，于公元前206年建立以古番禺（今广州）为王都的南越王国，传五代，历时95年。赵佗的一系列措施促进了汉越文化的融合。第三个标志是汉武帝平定岭南，设九郡。这三大事件有基本相同的文化意义。郡县制将岭南互不相属的部落置于统一管辖下，纳入中华封建文化发展的轨道。中原先进的铁器工具、耕作技术和工艺技术的引进，促使岭南农业经济迅速发展，并具有多元化的地方特色；还促进了各越族与中原汉族的融合和文化交流，封建文化在岭南确立了主流地位。汉王朝得以组织官办商船队从合浦、徐闻出海，远达印度洋的黄支国和已程不国等，大大刺激了岭南海外和国内贸易。

① 划至清乾隆时的四大理据请参见《岭海文化：海洋文化视野与"岭南文化"重新定位》第九章。

南越王国文帝行玺

文帝行玺印文

其二，移民是汉越文化融合的强大动力。李明华论述了四次移民高潮[①]。第一次是秦汉移民，赵佗"和辑百越"，鼓励汉越通婚等文化政策一直发挥着巨大作用。第二次是两晋南北朝时期的移民高潮，其规模和人数超越秦汉移民高潮，其中"衣冠望族"的士族到岭南后多聚族而居，是岭南"客家"移民的重要阶段。第三次是两宋移民高潮。北宋末年大批中原难民与仓皇南渡的康王赵构一起，掀起国破家亡的大逃亡，很多人进入岭南。南宋灭亡时以长江流域文化为特征的江南人为主的移民涌入岭南，是人数最多而且最急剧和集中的一次。第四次是明末移民高潮。明末战乱规模空前，明朝遗臣、豪绅家族拥戴明朝宗室后裔从江浙逃到福建再进入广东，组织流亡政权。清军追杀剿灭，给岭南带来了巨大灾难。如南雄府城居民"十存二三"（乾隆《南雄府志》）。此外，福佬民系在此期持续向广东沿海移民，逐渐分布于潮汕、雷州半岛和海南岛，是广东形成福佬民系文化的主因。总体上看，这些移民浪潮极大促进了汉越文化的融合，最终形成了以汉文化为主体，与古越族演变成的少数民族并存的岭南文化。

其三，此期已存在中西文化的交流和初步碰撞，它以一系列事件为标志。正德九年（1514），葡萄牙人首先叩关，1557年取得明朝政府入澳同意。接着是西班牙、荷兰、丹麦和英国，用武力作为贸易后盾，强行输入以初步繁荣的资本主义商品经济为核心的西方文化。国内政策在此期发生许多变故和转折：明初禁海和隆庆元年（1567）

越式大铁鼎

① 参见《岭南文化（修订本）》第六章。

取消海禁；嘉靖二年（1523）罢撤福建、浙江两市舶司，独留广州作为中国唯一的市舶贸易口岸；清初1656年顺治帝颁布"禁海令"；1684年康熙帝开放海禁，次年指定四口通商；1757年乾隆帝只留广州一口通商。至此，中西文化的碰撞开始上升为文化传播的主要方面，汉越文化融合期基本结束。

内陆农业文化传统和海洋文化传统的并存发展是此期的主要特征。中原为代表的内陆农业文化在岭南强势推行，并逐渐确立其主导地位。但海洋文化也顽强而迅速生长，继先秦南海商路后，此期发展出汉武航线和唐宋广州通海夷道而重于世界，重于国中，后经明初进一步开拓航路，明中叶至清中叶逐渐闭关锁国的曲折，海洋文化呈现在夹缝中发展的特征。

在自然物质文化上，岭南形成以商业贸易特别是海外贸易为主线的物质文化多元一体化格局。粮食生产受到空前的重视和高速发展，但多种经济作物和物质生产各部门又得以多元化发展，建构起专业而多元的商品化的手工业体系。这一多元化格局一体化于商业贸易特别是海洋贸易，本地域发展出明显区别于中原汉文化区"重农抑商"的重商文化类型。

社会生活文化领域，总体来看，本期是农业社会的封建文化全面占领岭南社会生活各方面的时期。大一统的国家体制和忠君观念、封建制度永世不变的超稳定观念、以等级森严为核心的道德伦理观念和秩序、封建教育制度主要是科举制度的全面推行实施，这些都成为岭南社会文化的主体。但由于自然物质文化的特征，岭南社会发展成为一个特殊类型的商业社会、华侨社会、平民社会和市民社会。这些都是在国内率先确立的。

精神心理文化上，岭南取得了有史以来最全面、最深刻、最繁荣的发展。学术上，岭南产生了许多具有学术研究价值的著作和成果丰硕的地方志书。岭南对中国儒道禅三大文化支柱都做出重大贡献，这有三大标志：其一，葛洪"新神仙论"为道教神仙论提供了自然哲学的基础和炼丹术中经验科学的支撑；其二，惠能的佛教禅宗顿教将佛教文化本土化、世俗化，自成一家，对中国人的世界观

光孝寺山门

光孝寺西铁塔

产生巨大影响；其三，白沙心学以自然为宗，开启了儒家文化由宋代理学向明代心学的转变。宗教文化上，岭南从海路引入佛教，传入伊斯兰教、天主教、基督新教等西方宗教文化。艺术上，产生富有岭南风情的民间歌谣，情深意浓的少数民族民歌，后来居上的岭南诗歌和以"雄直"著称的"岭南诗派"，独具特色的绘画，风格独特、形式多样的岭南戏剧以及别具韵味的音乐等。生活文化上，形成多样而独特的民俗和饮食文化等。整个封建时代岭南都未成为儒家文化理想的典型地区，在中原文化看来是非正统、非规范的文化类型。

四、中西文化碰撞期

此期从清乾隆只留广州一口通商至20世纪前期，以孙中山逝世为转折的标志。中西文化的碰撞主要在广东特别是其沿海地区展开和深化，因此本节论述相对集中于广东和港澳地区。

本期标志性的路碑有：乾隆二十二年封闭闽、浙、苏三海关，只留粤海关一口通商；虎门销烟、鸦片战争和三元里抗英；洪秀全在广西金田发动中国历史上规模最大的农民起义太平天国起义，其北进横扫了大半个中国；早期维新改良运动；后期以万木草堂为标志的变法维新运动和康梁北上变法；兴中会、同盟会成立和孙中山领导的一系列反清起义，最著名的是黄花岗起义。

这一时期的文化轴心是中西文化的碰撞、融通，以及最早和最大量地引进和改造西方近代工业文明以促进中国的变革和发展。岭南地域工业文明与农业文明的碰撞尤为剧烈，不再是汉越文化融合期中内陆农业文化占绝对主导地位，允许海洋文化一定程度发展的那种状态；而是工业文明挟海洋文化之飓风强烈地冲击小农经济，农业文明迅速瓦解。此期文化的基本成就是，否定内陆农业文化的基本模式和封建文化的架构，强烈激发了岭南文化积淀深厚的海洋文化因素，创造了中西文化杂处乃至融合的新型文化，其本质特征是糅合了中西文化的近代海洋文化。

率先在岭南发生、发展的中西文化碰撞开启了中国近代史的帷幕。岭南孕育了几代思想家群体，产生一大批中国近代思想文化巨子，

关天培

成为中国开眼看世界的窗口和近代中国思想启蒙、思想解放的摇篮，发生了太平天国建都南京、康梁北上变法和孙中山领导推翻帝制这三次岭南文化的"北伐"，带动古老中国产生文化各领域的巨变，岭南文化于近代第一次崛起为中国的主流文化之一，与北方文化、江南文化鼎足而立。

这一时期自然物质文化、社会生活文化和精神心理文化都获得了巨大的、领先的发展，因全书安排的需要在各相关章节展开。这里只着重指出一点：过去学界将岭南文化定位为中华汉文化体系中的边缘型文化，这只适合于中西文化碰撞期之前各期的定位，应该结合历史与现实两个范畴，对岭南文化发展进行重新定位，其地位的确定有一个从中华汉文化体系中的边缘型文化发展到主流文化之一的过程。中西文化碰撞期岭南文化发生了两个根本性的转变，一是从农业文明占据主导地位到农业文明与工业文明并存，发生了剧烈的冲突，由此而从改良发展到革命；二是从内陆文化为主导转变为以海洋文化为主导。这两个根本性转变是岭南文化崛起为主流文化之一的主要动因。在现代化开放时期这两个转变更加显著。

五、现代化开放时期

中华人民共和国建立至今，从社会形态和社会进步来说，是曲折地走向现代化的时期；从文化传播的角度看，是现代化开放时期。这是一个艰难摸索、教训深刻和成果丰硕的时期。

　　此期前段为改革开放前的毛泽东时代，以往人们习惯于笼统称其为"闭关锁国"，这有失偏颇。对欧美的基本封闭，来自他们对中国长期封锁和强烈对抗，是被动的而非主观上要闭关。中国还是向以苏联为首的社会主义阵营和亚非拉第三世界国家开放。与苏联反目后，中国于20世纪70年代初积极与美国建交，与大多数国家恢复外交关系，重返联合国，参与世界事务，倡导"南南合作"，对世界的影响还是巨大的。尤其对于岭南来说，由笼统地说国家闭关锁国而推断岭南亦然，更不符合实际。中国还是留下了广州出口商品交易会和罗湖桥这个狭窄的通道，并通过岭南的港澳两地与世界交往。洋货及其挟裹着的文化进入中国必经岭南，珠江口是中国大陆当时唯一对西方和世界开放的口岸。中国与世界的交往没有断绝，中国的大门始终没有完全关闭，倚重南海特别是珠江口甚矣。这是岭南对中国的巨大贡献。

　　现代化开放的典型时期是1978年开启的改革开放新时期。这是中国社会主义建设开始走出低谷并逐渐走向成熟，现代化走上正轨的时期。其特征，在物质文化上表现为大异于内陆的空前活跃的现代商品经济乃至市场经济。在社会生活文化上，率先开展一系列体制改革；提倡世俗化、民主、民生和宽松的氛围。在精神文化上表现为封建观念、资本主义观念和社会主义文化的冲突和碰撞，以社会主义精神文明为主导。

　　这一时期的文化轴心是开放背景下的现代化改革。中国的改革开放首先以岭南的广东为试验田，40多年来它无愧为中华民族伟大复兴的"排头兵"，迅速成长为第一经济大省，创造了无数第一，率先在全国成为最开放的前沿，率先基本实现市场经济转型，率先在全国基本实现工业化，率先达到全国最高城市化水平，其粤港澳大湾区可与世界著名湾区比肩。

物质和制度文化的改革创新还不是广东对中国的主要贡献，最要者在于思想观念的大解放，敢闯敢冒，不断突破旧体制旧观念的束缚，形成了众多适应时代需要，符合国情的新的文化理念。新时期是岭南全方位开放的典型时期，以改革开放为主题，岭南文化与中原传统文化、以西方为代表的海外文化三者交错碰撞、融合，诞生出一种新的文化形态，其本质特征是全球化时代的现代海洋文化。它以"广东奇迹"之名片在国内独树一帜，引领中国现代化发展的潮流，再次崛起为中国主流文化之一，成为与北方文化、海派文化三足鼎立的强势地域文化。详细内容请看下一章。

第九章

因海而重：岭南文化发展与地位变迁的主旋律

通过上一章岭南文化四要素、五分期的动态结构，各阶段的文化轴心和贯穿整个历史的海洋文化线索的分析，我们可以梳理出海洋文化与土地文化这两个双螺旋结构的主线。而在中华文化与世界文化互相传播和融合的过程中，海洋文化必然成为主要的线索，这里凸显出岭南文化强烈区别于中国内陆乃至沿海地域的特异性，更重要的是展示出岭南文化历史地位的变迁过程。在这中国视野和世界视野的双重映射下，岭南文化既重于世界，也重于中国，显示出从落后到先进，从接受传播到反向传播，从中华地域文化中的边缘型文化发展为主流文化之一这条清晰的文化发展的基本线索或过程。"因海而重"是岭南文化的主旋律。

第一节　重于世界、重于中国：古代岭南海洋文化的地位

此处古代概念在岭南文化史上包含独立发展期、百越文化圈期和汉越文化融合期，在文化类型上都属于中华汉文化中的边缘型文化，与近代和现代主流文化类型相对照。

岭南处于大陆边缘最南一隅，又有险峻五岭与中原相隔，离中国的中心最为遥远，注定了在长期的古代农业社会中，其文化是边缘型的文化。但古代岭南在中华并非无足轻重。岭海环抱、岭海一体的自然生态，使其因开拓海洋的不懈努力而逐渐重于世界。世界文化由这条岭南粤民开拓的南

海丝路，经南海海岸线特别是珠江口进入中国，这又使其逐渐重于中国。

一、世界视野与南海地位之重

岭南文化的特异性和历史地位很重要的一点，是岭南先重于世界，然后才显出其在中国的重要性，所以需要世界的视野，通过地图转换看南海在世界的重要地位。

岭海环抱显示岭南的基本地理特征是约40万平方公里陆地面对350万平方公里的南海水域，海洋当然是非常重要的。但站在中国地图的视角看岭南却是边缘，在中国的地位形同鸡肋。而视野从中国地图转换成世界地图时，它不再是大陆边缘，而是在太平洋西岸，拥有中国大陆最长的海岸线和中国最大的海。这一视野转换产生一个视觉上的震撼：岭南尤其是珠三角俨然处于"世界中心"的位置。南海东朝地球第一大洋太平洋，沿北回归线东至美洲中部的墨西哥，中间无大陆阻隔，一马平川；从珠江口向南通过东南亚后往西而折向南亚次大陆、西亚、非洲和欧洲；向南直行则达大洋洲。这几条路线连起来看，珠江口是世界航路的一个近乎中心的节点。

这一地点在世界航运史上有着重要的地位。梁启超说："故就国史上观察广东，则鸡肋而已。虽然，还观世界史之方面，考各民族竞争交通之大势，则全地球最重要之地点仅十数，而广东与居一焉，斯亦奇也。"（《世界史上广东之位置》）我们看广东卫星图片，倒更像肥美的鸡腿。法国年鉴派大师费尔南·布罗代尔考察了15至18世纪世界城市发展模式后指出："可能世界上没有一个地点在近距离和远距离的形势比广州更优越。"①在世界视野中，这个特殊而重要的"地点"是东西方交通"帆船时代"的重要孔道，孕育了对世界文明做出巨大贡献的"海上丝绸之路"网络的主线"南海丝路"。

从这个中心节点出发，岭南先人开辟的南海丝路是中国人主动连通世界的桥梁。官方开辟的陆上丝绸之路和海上丝绸之路都在汉武帝时，梁启超判断"此两道迭为盛衰，而汉唐以还，海道日占优势"。至少到唐代，海路成为主要通道，并且日益重要。所以他根据高楠顺次郎氏所拟唐代定期航线表认为，六条航线"皆集中于广东，广东之为天下重可想矣"。"今之广东，依然为世界交通第一等孔道。如唐宋时，航路四接，轮樯充阗，欧洲线、澳洲线、南北美洲线，皆集中于此。香港船吨入口之盛，虽利物浦、纽约、马赛，不能过也。……广东非徒重于世界，抑且重于国中矣。"梁启超《世界史上广东之位置》这篇名文通过广东在世界海运地位的历史阐述，确证了从古代至近代岭南一直是因海而重的。

对西方来说，岭南特别是珠江口是自古以来连接中国的主要门户，里面有着古老东方广阔的内陆市场。何博传分析海上丝绸之路长时期都以广东为起点的原因："但曾对世界贸易产生巨大影响的海上丝路，其始发地选在珠江口而不是长江口。原因就是海外市场在南边，而不是在东边；最早入华的葡萄牙人选择了珠江口的澳门而没有去长江口。"鸦

① 费尔南·布罗代尔著：《十五至十八世纪的物质文明、经济和资本主义（第一卷）》，顾良、施康强译，三联书店1992年版，第594页。

柯拜船坞

片战争后，英国人要霸占的是香港而不是长江口，"为寻市场的英国人，不要帝国的心脏，而要海上丝路的咽喉。那正是他们当时聪明过人的地方"①。上述表明南海口岸在世界视野中异常重要，是中国走向世界和世界进入中国的中心节点，国内任何口岸和地域难与比拟。

二、南海丝路发展四阶段

粤人先民没有愧对岭海这一天赐福地。梁启超的著名论断"重于世界"点出了作为中国一个边缘的地域文化在世界的地位和历史作用。世界视野看岭南，最重要的价值在于挖掘本地域海洋文化的率先发育，率先开拓南海丝路并长期在中外海运中居于领先地位等内涵，彰显出它对人类文化的

① 《珠三角与长三角优劣论》，载《广东九章》，第307页。

贡献和自身文化最为突出的特色。中国与世界的文化传播历史上主要有两条通路，一是内陆丝绸之路，一是海上丝绸之路。海上丝绸之路是一个网络，在后面各阶段分别涉及。粤人开拓的南海丝路是中国海上丝绸之路的主线，其发展分为四个阶段。

1. 先秦南海商路

第一阶段定位为"先秦南海商路"。过去学界多以为海上丝路起自汉武航线，其实在汉武航线之前，南海通向海外的航路已经逐步开拓。

近年海洋文化研究中，学者们将岭南的海上交通、商业和文化交流推到比正史记载更久远的年代。陈摩人认为："珠海市西区，宝镜湾发现的大型摩崖壁画，其中有船形多艘，年代久远，一说是青铜时代遗物。"[1]有学者将其推至新石器时代。一些学者认为新石器时代本地域对外传播已至南洋一带。曾昭璇等说："如今天密克罗尼西亚、印度尼西亚地方出土的双肩石斧，即为西樵山文化传播产物。可见岭南海洋文化影响早在新石器时代末。"[2]丁希凌说："特别是岭南，濒临南海，早在新石器时代，即有航海与对海外的经济、文化交流，……足迹远至南太平洋上的波利尼西亚群岛一带。"[3]

新石器时代的航海及海洋文化传播，其确证还需要更多的考古资料。但史籍已有先秦时岭南人向海外开拓的描述。汉代扬雄所作《交州箴》曰："交州荒裔，水与天际。越裳是南，荒国之外。爰自开辟，不羁不绊。周公摄

[1] 陈摩人：《"海上丝路"史事拾摭》，载《岭峤春秋——海洋文化论集》，第125页。

[2] 曾昭璇、曾宪珊：《论我国海洋文化发展与珠海市建设》，载《岭峤春秋——海洋文化论集》，第17—18页。

[3] 丁希凌：《未来文明的出路在海洋》，载《岭峤春秋——海洋文化论集》，第175页。

祚，白雉是献。昭王陵迟，周室是乱。越裳绝贡，荆楚逆叛。大汉受命，中国兼该。南海之宇，圣武是恢。稍稍受羁，遂臻黄支。杭海三万，来牵其犀。"①这段话说的是交州（岭南旧称）海外交通和海外贸易之事，越裳即指岭南，之外的"荒国"应为海外之国，周公之前的"爰自开辟，不羁不绊"描述的应该是对海路的开辟，是岭南文化独立发展期的事；而周公时岭南人进贡白雉，则将岭南向华夏进贡海外特产推到周初，开拓南海商路的历史提前到约公元前11世纪。

大量证据表明先秦已存在中外文化的交流和碰撞。李庆新认为："印度与中国贸易交往至少可追溯到公元前4世纪。阇那迦《利论》一书谈到公元前4世纪以前的'支那帕塔'（Chinapatta），也就是中国制造的丝织品。"②古希腊人曾把中国称为赛里斯（Seres）便是由丝绸而来。其时中国丝绸可能是通过印度转输的。杨少祥认为，合浦港、徐闻港在春秋战国时期就有中国陶器输往阿拉伯和东南亚沿海，并转运海外犀象、珠玑等物品到楚国、中原等地③。这些都说明南海商路在先秦已经开通，至少到达印度洋，是中国最早的海外航线。

考古发现的南越国时期文物证明汉武航线前南海商路已经较为发达。从广州中山四路发掘的秦汉造船工场船台遗址（现存争议）看，南越国时番禺已能成批制造内河与沿海航行船只。1986年在广州东山农林下路发现一座南越国时期的木椁墓，出土一艘彩绘木船模型。船上前舵有12个划桨木俑，后部是两层木楼。考古学家肯定这是一艘楼船模型。

① 《艺文类聚·地部州部郡部》，第116页。

② 《濒海之地——南海贸易与中外关系史研究》，第7页。

③ 杨少祥：《试论徐闻、合浦港的兴衰》，《海交史研究》1985年第1期。

从考古发掘分析，这样的造船规模和工艺技术，不可能在秦和南越国那么短时间内神速地发展出来，秦之前岭南造船业和海外贸易应已达相当水平，有一个沿南海海岸线开拓的漫长时期。其时中国朝贡体制尚未建立，开拓南海交通的目的应该是商贸和物品交换等，所以笔者称之为"先秦南海商路"。

2. 汉武航线阶段

第二阶段以汉武航线为标志。它直接承继的是南越国的海洋交通遗产。南越国时期海外贸易独立发展，航线已至少通至中亚地区，第二代王赵眜墓显示，有西亚风格的银盒，甚至有出自非洲的原支大象牙，或是从中亚转运的[①]。李庆新判断："从中国经南海到印度洋的海上航路，大概在秦汉之际南越国时期已经贯通。"[②]

《汉书·地理志》记载："自日南障塞（郡比景，今越南顺化灵江口）、徐闻（今广东徐闻县）、合浦（今广西合浦县）船行可五月，有都元国（今苏门答腊）。又船行可四月，有邑卢没国（今缅甸勃固附近）。又船行可二十余日，有谌离国（今缅甸伊洛瓦底江沿岸）。步行可十余日，有夫甘都卢国（今缅甸伊洛瓦底江中游卑谬附近）。自夫甘都卢国船行可二月余，有黄支国（今印度金奈附近），民俗略与珠厓相类。其州广大，户口多，多异物，自武帝以来皆献见。有译长，属黄门，与应募者俱入海，市明珠、璧流离、奇石、异物，赍黄金、杂缯而往。所至国皆廪食为耦，蛮夷贾船，转送致之，亦利交易，剽

① 广州象岗汉墓发掘队：《西汉南越王墓发掘初步报告》，《考古》1984年第3期。
② 李庆新：《唐代南海交通与佛教交流》，《广东社会科学》2010年第1期。

杀人。又苦逢风波溺死，不者数年来还。大珠至围二寸以下。平帝元始中，王莽辅政，欲耀威德，厚遗黄支王，令遣使献生犀牛。自黄支船行可八月，到皮宗（今马来半岛克拉地峡的帕克强河口）。船行可二月，到日南（今越南中部）、象林（今越南广南瀍川南）界云。黄支之南有已程不国（今斯里兰卡），汉之译使自此还矣。"这不仅是我国古代文献，而且是世界海洋文化史第一个海外交通和海洋贸易的正史记录。此时汉武航线最远到达今天印度南部的波杜克（Podouke）和斯里兰卡，标志着联结中国与印度洋的海洋航路正式对接[①]。岭南人的航海在世界具有领先地位。

　　关于汉武航线另有一些说法，综合起来看，这一"航线"包含三条，已经是一个网络：其一，北起辽宁丹东，南至广西白仑河口的南北沿海航线；其二，从山东沿岸经黄海通向朝鲜、日本；其三，海上丝绸之路即徐闻、合浦航线。学界普遍认为海上丝绸之路是指徐闻、合浦的出海航线，即南海丝路。国外海上丝绸之路研究也将其看成一个世界的网络，并且所述时间与汉武航线同期，如"文献上的记载和考古学上的资料均表明：早在公元前后开始，海上通路就被频繁地使用着，它同丝绸之路一样，早就成为重要的贸易通路了"[②]。

　　汉武航线后来发展到与欧洲的贸易。中国的货物从徐闻、合浦起航，运到缅甸南部和印度半岛南部的港口后，以此为中转站，由安息（今伊朗高原和两河流域）和罗马商人运往阿拉伯地区，再经埃及亚历山大港转运欧洲。随着南

① 李庆新：《从考古发现看秦汉六朝时期的岭南与南海交通》，《史学月刊》2006年第10期。

② 三上次男：《陶瓷之路》，文物出版社1984年版，第154页。

海丝路的发展，汉桓帝延熹九年（166）"大秦王（罗马）安敦遣使自日南徼外献象牙、犀角、玳瑁，始乃一通焉"（《后汉书·大秦传》）。罗马人通过海上丝路开始了与中国的直接贸易①，当时国内以朝贡贸易视之。

3. 广州通海夷道

第三阶段可用"广州通海夷道"来概括，它始称于初唐，至元代仍相当兴盛，是岭南之广州闻名于世界海洋国家的时期，也是中国海上丝绸之路的重要里程碑。

初唐时宰相张九龄《开凿大庾岭路序》已记载："而海外诸国，日以通商。"唐贞元中，宰相贾耽"考方域道里之数最详，从边州入四夷，通译于鸿胪者，莫不毕纪"。其中"入四夷之路与关戍走集最要者"有七条：一是营州入安东道，二为登州海行入高丽渤海道，三为夏州塞外通大同云中道，四为中受降城入回鹘道，五为安西入西域道，六为安南通天竺道，七为广州通海夷道。这描述了中国当时丝绸之路网络的情况，并认为以广州通海夷道为最要。（见《新唐书·地理志》）贾耽《海内华夷图》记载的广州通海夷道具体走向为：从广州屯门出发后，沿着传统的南海海路，穿越南海、马六甲海峡，进入印度洋、波斯湾；在乌剌国，如果沿波斯湾西海岸航行，出霍尔木兹海峡后，可以进入阿曼湾、亚丁湾和东非海岸，经历90余个国家和地区，航期89天（不计沿途停留时间），是8、9世纪世界最长的远洋航线，也是唐朝最重要的对外贸易海上交通线②。第六条安南通天竺道也属南海航路，唐时政制区划上安南始归岭南道，后归

① 徐杰舜：《中国古代海洋文化特质试析》，载《岭峤春秋——海洋文化论集》，第290页。

② 李庆新：《唐代南海交通与佛教交流》，《广东社会科学》2010年第1期。

岭南西道管辖。上述史料都说明南海丝路是中国海上丝绸之路网络中的主线。

广州通海夷道在世界海洋交通史上的地位相当重要。梁启超判断初唐时南海海运在世界上的地位："初唐时代，中国海运方盛，一也；大食海运新兴，二也；天竺海运辅行，三也；波斯海运未衰，四也。"（《世界史上广东之位置》）这四者的对比突出了广州当时是"全世界之重镇"，说明南海丝路在世界航线中最早兴盛，最为发达，是闻名世界的中世纪国际航线。梁启超描述其盛况："如唐宋时，航路四接，轮樯充闐，欧洲线、澳洲线、南北美洲线，皆集中于此。"（《世界史上广东之位置》）

"到了北宋、南宋时期，通西亚等地的陆路交通，基本上陷于停顿，中西交通主要依靠海路。所以这一时期的海上'丝绸之路'又有了进一步的延伸。宋太平兴国七年（982），摩逸国（今菲律宾）的海船载货与广州通商。与唐代相比，东线已延伸至菲律宾群岛。西线从波斯湾延伸至红海沿岸和非洲东岸。这些地区的国家，如麻嘉（沙特阿拉伯的麦加）、木兰皮（摩洛哥及西班牙南部一带）、勿斯里（埃及开罗）、弼斯罗（伊拉克巴士拉）、层拔（桑给巴尔岛）、弼琶罗（柏培拉）都与广州通航，'万国衣冠，络绎不绝'于海途，广州成为著名对外贸易港。宋承袭唐制，专设市舶司。"[①]宋代与广州贸易的国家有五十多个。南宋中晚期（13世纪早中期）的古沉船（"南海Ⅰ号"）在广东阳江打捞上来，"出水"文物14000余件套，其中瓷器最多，达13000件套，铁器次之，钱币也数量

① 陈摩人：《"海上丝路"史事拾撷》，载《岭峤春秋——海洋文化论集》，第127—128页。

很大，纸张、丝绸等有机物货物已分解不存。可见当时贸易量是很大的。瓷器主要是江西、浙江等地产的，欲经过南海丝路运往海外。

元代陈大震所撰《大德南海志》记载，元代与广州通商的国家和地区达143个，主要航线有九条：至占城（今越南南方）、至交趾（越南北方）、至暹罗（泰国）、至三佛齐（苏门答腊岛）、至加里曼丹及菲律宾、至爪哇、至印度半岛、至波斯湾、至东非航线。

4. 郑和下西洋

郑和七下西洋是中国海洋文化传播的一个里程碑，代表海上丝路的第四阶段，即从明初至中西文化碰撞开始。明代中国海上丝绸之路的网络更加丰富和复杂。永乐元年（1403）在广东、福建、浙江设市舶提举司，泉州通琉球，宁波通日本，广州则管南边广大海域并向西折向西洋诸国，地位非泉、宁可比。郑和船队下西洋起航港有泉州、苏州浏家港，两次起航于广州。李庆新认为："广东以政策'偏爱'成为朝贡贸易的首要地区。郑和下西洋基地在江南，但朝贡主要通道在广东。而且郑和第二次、第六次下西洋是从广东起航的，直接推动了广州的朝贡贸易。广州在国家垄断体制下再次跃居首港地位。"[1]

南海丝路这四个阶段中，东西方连通的东段航线主要是由粤人开拓的。当然不应当否认波斯人、印度人等开通海上丝路西段航线的历史功绩，海上丝绸之路是世界的。在这样一个把握海上丝绸之路的总体思路中，岭南文化率先开拓

---

[1] 《濒海之地——南海贸易与中外关系史研究》，第161页。

中国海上丝绸之路的历史功绩就凸显出来。海上丝路的起点不管最后争出多少个来，都属于"后来者"，或"继往开来者"，而岭海人是真正的"吃螃蟹者"。如泉州、苏州浏家港作为郑和下西洋的起航点，在汉武航线阶段它们还名不见经传，更何谈"先秦南海商路"阶段呢？

三、"重于世界"：南海丝路对世界的历史贡献

长期的海洋文化发展使岭南对世界文明做出了巨大贡献。在18世纪以欧洲为中心的"全球经济体系"之前，13世纪以前环印度洋世界（IOW）已形成"以东方为中心"的"第一个全球性经济体系"，它的基础是7世纪以降中国、印度、阿拉伯及东南亚各国以印度洋—南海为中心展开的波澜壮阔的海上交通与贸易，东西方由此进入全新的海洋贸易时代。而广州通海夷道是沟通这个体系的重要纽带和桥梁[1]。

通过"海上丝绸之路"，中国输出的华夏文明促进了沿线各国乃至欧洲的发展，改变了世界的面貌。岭南先后向外输出了先进的石器、丝绸、香料和陶瓷等物质产品。古罗马科学家普林尼（23—79）所著《自然史》一书记载了，罗马贵族以珍珠和其他珍宝"远赴赛里斯以换取衣料"。赛里斯即中国。中国古代四大发明经岭南传往海外对世界的贡献更大。梁启超认为，罗盘针、火药、造纸术和活字印刷术，其第一之贩卖场都是广东，阿拉伯人在广东买去后再经十字军

东征而传入西方。（见《世界史上广东之位置》）火药使人类跨越了冷兵器时代，对西方殖民者的意义何其巨大；没有指南针，人类只能沿海岸航行，不可能有地理大发现和世界海洋时代的开启。

精神文化方面，中华思想向外的强劲传播也首先以岭南为基地。谢文郁认为："17—18世纪，在天主教传教士的努力下，西方思想界出现过'东学西渐'这一历史现象。当时，中国思想家说话是充满底气的。但是，19世纪以来，新教传教在中国思想界开始了'西学东渐'运动。"[1]以罗明坚、利玛窦等为代表的天主教教士最早进入与活动的区域就是中国的门户——岭海，集中在珠江口的澳门、香港、广州和其他珠江三角洲地区。

四、重于中国：传统农业社会中岭南海洋文化的地位

中国传统社会一大特征是内陆农业文化占压倒性优势，根本的国策是"重农抑商"，自给自足，倾向于闭关锁国。岭南海洋文化的强韧发展更凸显其对于中国海洋文化的重要性。

1. 海洋商贸之重于中国

梁启超的名言"广东非徒重于世界，抑且重于国中矣"，是考察广东对外交通史、贸易史和中外交流史后得出的符合史实的论断。岭南自古以来就是中国海外贸易的中心地，物产之丰富珍奇，海外贸易带来巨大的财富，使北方或

---

[1] 《道路与真理》，第5页。

中原统治者越来越看重。

先秦时岭南地域的海洋文化发育便已领先于中华其他地域。战国时楚国“求于晋”，因其据有南越、南海，后来才能成为抗秦的主力。秦始皇征南越，目的之一是占有这财富之源。《汉书·地理志》列举国内7个“都会”，番禺因海洋贸易而居其一：“处近海，多犀、象、毒冒、珠玑、银、铜、果、布之凑，中国往商贾者多取富焉。番禺，其一都会也。”汉代岭南的徐闻、合浦两港是中国对南海诸国贸易最繁荣的前沿港口，贸易之盛、物流之丰空前。《南齐书·东南夷传》记载当时广州之繁盛富庶：“四方珍怪，莫此为先；藏山隐海，瑰宝溢目，商舶远届，委输南州。故交广富实，牣积王府。”《隋书·百官志》称：“南海、交趾，各一都会也，并所处近海，多犀、象、蝳蝐、珠玑，奇异珍玮，故商贾至者，多取富焉。”

唐代是岭南海洋贸易的一个高峰。一代名相张九龄说开凿大庾岭路，是因为岭南有“海外诸国，日以通商，齿革羽毛之殷，鱼盐蜃蛤之利，上足以备府库之用，下足以赡江淮之求”的优势。这与梁启超

张九龄画像（引自《广东省志·科学技术志》）

繁忙的黄埔港

的判断"自宋以前，以广东之交通，而一国食其利"（《世界史上广东之位置》），相互印证了岭南对中央财政的巨大贡献。"下足以赡江淮之求"同时还说明，江淮之地虽称海洋文化重地，但至少在唐代海洋贸易还不发达，要仰仗岭南进口及转运。日人真人元开著《唐大和上东征传》记鉴真东渡日本逗留广州时的事迹，有描述广州外贸之盛况："江中有婆罗门、波斯、昆仑等舶，不知其数，并载香药珍宝，积载如山。舶深六七丈，师子国、大石国、骨唐国、白蛮、赤蛮等往来居住，种类极多。"[①]黄巢据广州后，提出不再造反的条件之一是当广州节度使，但得不到批准，原因在于"南海市舶利不赀，贼得益富而国用屈"（《新唐书·黄巢传》）。可见南海外贸之利是大唐帝国的重要收入。梁启超评价道："然则广州之影响于国家财政者，可想矣。"（《世界史上广东之位置》）

① 真人元开著：《唐大和上东征传》，汪向荣校注，中华书局1979年版，第51页。此书为日本奈良时代典籍，撰于779年，内容为唐代著名僧人鉴真东渡日本及传播佛教的事迹。真人元开即淡海三船。

宋代朝廷一度实施"通商惠工"政策，制定了一系列优待外商的政策，先后在广州、泉州、杭州、明州设市舶司或市舶务，这些地方各有盛衰，梁启超说"唯广最盛"，岭南海外贸易得以迅速发展。只在南宋末年受朝廷南迁影响，泉州崛起，广州让位，但时间较短。整个宋代，广州海外贸易在中国还是处于中心地位的，与50多个国家通商。因其财政贡献一直被称为"天子南库"。"南海Ⅰ号"沉船物品之丰富，彰显当时外贸之繁盛。元代与广州有贸易关系的国家和地区更达140多个，有"天子外府"之誉。

明代，广州是中国最重要的对外贸易口岸，朝廷一直对广东有"政策性偏爱"，自源于其海外贸易带来的巨大财富利于军事和政治统治。时人对其外贸优势有许多记载。如商人经营海上商贸"每得十倍之利"，林富于嘉靖初上疏求请恢复广州贡船贸易说："广东旧称富庶，良以此耳。"葡萄牙派往中国第一个使节多默·皮列士写有《东方志》一书，认为广州是交趾支那到中国沿海的"贸易中心"，"是中国的码头"。皮列士使团成员之一克里斯托旺·维埃拉评价广东是："世界上最富饶的，世间的一切业绩都是在广东的地盘上创造出来的。毫无疑问，广东省享有比印度省更大的光荣。"

明清时广州城南的濠畔街"天下富商聚焉"。屈大均《广东新语·官语》记述其时之繁富："金山珠海，天子南库。"清康熙帝开放海禁，广东"富家巨室，争造货船。"（吴震方《岭南杂记》）粤商集团迅速地成长起来。特别是乾隆帝只留广州"独口通商"后，广州外贸迅猛增长，1764

年西方国家对华贸易总值为5545847两，1837年增至3932万两[①]。岭南的外贸地位无望其项背者。

2. 海外文化输入的前沿地

岭海人开拓的这条东西方文化传播的主要航路，成就了中国古代海洋文化大国的地位。这是其总体上的贡献。

岭南对于中国的重要性，突出表现为世界文化从岭南特别是珠江口输入，并向以北的沿海地域和内陆地区传播。物质文化的引进上，岭南地位突出。西汉时繁盛的徐闻港、合浦港输入及转运外域翡翠、犀角、象齿等物至内陆，被内陆人视为奇珍异宝。"四方珍怪，莫此为先"，是对这些物产最早通过南海丝路输入的绝佳描绘。南越王墓出土的出自非洲的原支大象牙，西亚风格的银盒等实物，证明岭南此期已输入海外的物质文化。农业方面的引进也十分突出。通过南海丝路从国外引进了素馨花、郁金香、海枣、古度树、底称实、芒果、波罗蜜、番石榴、番茄、荷兰豆、番荔枝、花生、烟草等花果和经济作物，粮食中的玉米、番薯引进（闽滇也有引进），对中国农业发展贡献巨大，是后来中国人口激增的重要因素。

岭南在世界宗教向中国传播中的贡献和地位十分显著，这在第七章已有论述。海外知识的传播也以岭南为先。唐代已有海上丝绸之路沿线各国的介绍。宋代中国内陆关于南海诸国文化的记载就由广州通海夷道而来，如朱彧的《萍州可谈》、范成大的《桂海虞衡志》、赵汝适的《诸蕃志》对北非文化的介绍比之唐时更为确切和全面。宋明理学鼎盛之

① 参见姚贤镐：《中国近代对外贸易史资料》第21册，中华书局1962年版，第266—267页；刘圣宜、王燕军：《抵抗与吸收》，广州文化出版社1989年版，第8页。

时，岭南却开始大量吸收西方科学知识，学术上的首先输入如历算、医学、近代科学与技术等。（见《世界史上广东之位置》）士人商贾争先学习格致之学，产生非正统的思想观念。

这些都说明在中国文化史历程中岭南一直是中国"开眼看世界"的窗口。林则徐来此主政，受海洋文化熏陶，得本地知识界助力，才成就了"中国开眼看世界第一人"之美称。

第二节　近代岭南文化崛起为主流文化之一

1993年，笔者首次以"中西文化碰撞期"这一概念概括岭南近代史的特征和文化主轴[①]。世界汉学界主流观点认为中国历史的近代应以西方文化强势进入为标志，但多采"刺激—反应"说。而笔者倾向于用"碰撞"概念。1757年乾隆帝只留广州一口通商，中西文化碰撞高度集中于岭南特别是珠江口，并且在物质文化、社会文化特别是制度文化、精神心理文化上全方位地展开，岭南开启了中国近代文化史的帷幕，发生了两大转折。其一是古代岭南因海而重故主动开拓海洋，与海外世界平等地交往和文化传播，从珠江口输出的中华几千年文明深刻地影响着世界，而近代则是被动地打开国门，西方列强是文化传播的主动一方，由此产生激烈的碰撞，下述三大矛盾率先集中在岭南展开。其二是中国大陆文

① 参见《岭南文化（修订本）》第三章《岭南文化的发展》。

化传播由北向南的历史旋律，在此期中发生了根本性的反向转折即由南向北的传播。这两个转折产生了三大文化效应：其一，岭南成为中西文化碰撞的前沿和焦点，是中国人开眼看世界的窗口；其二，岭南成为中国思想启蒙的摇篮，产生近代思想家群体和中国的主流思潮；其三，岭南成为变革中国的策源地和中心，三次"北伐"有力地推动了岭南成为近代中国主流文化之一。

一、开眼看世界：中西文化碰撞的前沿和焦点

中西文化碰撞首先在南海展开，岭南成为中国各种矛盾最为集中的地方。其中最突出的是中西民族矛盾、工业文明与农业文明、新学与旧学这三大矛盾。

1. 中西民族矛盾

中西民族矛盾首先在南海海岸线集中爆发，岭南是受难最早和最为深重的地域。乾隆朝一口通商使广东外贸发展迅猛，一直处于出超地位。英国为了改变对华贸易逆差的不利处境，大量走私输入鸦片获取暴利，使中国在1837—1838年度贸易入超248万镑，18世纪30年代中国每年白银外流七八百万两。由于巨大的利益，当清政府严禁鸦片时，西方资本主义国家特别是英国便破坏禁烟，发动第一次鸦片战争，迫使清政府于1842年签订丧权辱国的《中英南京条约》。1857年英法联军发动第二次鸦片战争，至中日甲午战争后列强掀起瓜分中国的狂潮，中国签订一系列不平等条

虎门威远炮台

第一次鸦片战争三元里牛栏岗大战

约，岭南地域落入英法两国势力范围，陷入生死存亡的危机。面对五千年文明史从未有过的屈辱，中西民族矛盾空前激化，各地人民救亡图存运动风起云涌。如香港两万多工人罢工，声势浩大。广州三元里人民英勇的抗英斗争是中西民族矛盾的集中爆发。

岭南人民经济上陷入灾难深重的境地。鸦片战争的失败使岭南沿海的鸦片贸易毫无阻拦，"片刻之烟，耗数十日之费"（《二南文集》）。财富在吞云吐雾中送给西人。沿海五口开放与港澳被强占，岭南成为西洋商品大量倾销的地区，严重冲击了本地原本就很脆弱的农业和工商业。第一次鸦片战争后广东承担了全国赔款的2/3以上，达1032.5万两，此外还有赎城费600万元和赔偿英商馆的66万元。各种战费、赔款通常经由苛捐杂税的形式强加到农民、小商人和市民的头上，迫使更多人处于倾家荡产、一贫如洗的境地。[1]郑观应说，中国自通商以来，未受通商之益，反受通商之害。此处"通商"指被迫打开国门，此论至真。

2. 工业文明与农业文明的矛盾

工业文明与农业文明、封建主义与资本主义在岭南全面展开冲突和碰撞。鸦片战争后西洋产品以其工业化规模生产造成的多种优势，经广州和被强占的香港和澳门畅通无阻，大量倾销，占领广东特别是珠江三角洲乡镇集市，剧烈地冲击和破坏了农村原有的小商品经济。如纺织品上，佛山因洋纱的输入，其纺织业于1854年前后陷入停顿状态，女工大量失业。顺德、东莞、番禺、花县等区大体如此。西方国家取得诸多特权后对中国的资本输出加快，在各通商口岸开厂、办商行洋行。仅以船厂为例，外商在广州黄埔开设的就有

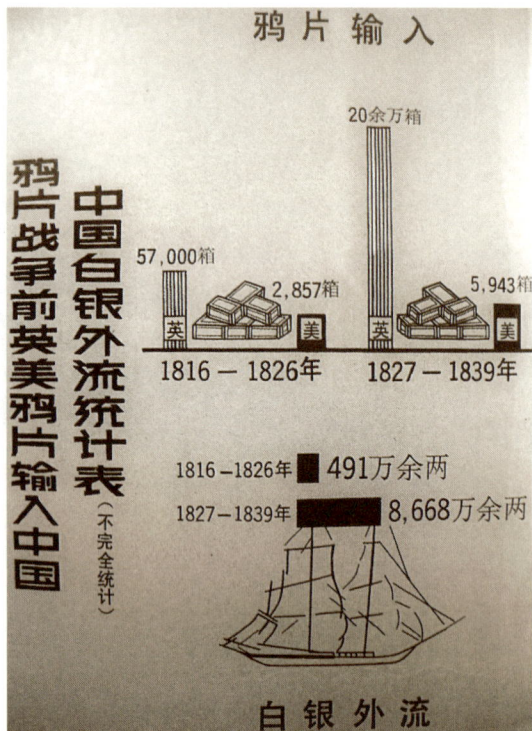

白银外流统计图

---

[1] 蒋祖缘、方志钦主编：《简明广东史》，广东人民出版社1993年版，第418—419页。

旗记铁厂、高阿船厂、于仁船坞、福格森船厂，此外还有各类纱厂、糖厂等，都形成规模和垄断。

鸦片战争前，珠江三角洲一带由于历史上海洋文化和重商传统，商品经济的发展较早较快，已出现了不少资本主义的萌芽因素，如养蚕、缫丝行业已存在明显的雇佣关系，并有了较细的分工。佛山一带的陶瓷、冶铁、缫丝业中，存在着明显的作坊主与雇工的雇佣关系。但这些农业文明框架下的小资本、小工商业在西洋先进的工业文明面前不堪一击，迅速瓦解。文明的冲突促使民间保护和发展近代工商业的"自强""求富"的呼声和实践日增，洋务运动掀起，岭南亦首当其冲。但在中外连串战争中归于失败，不仅激发了中西矛盾，而且进一步激化了旧有的封建社会矛盾。

3. 新旧之学矛盾与开眼看世界

中西矛盾和文明矛盾使新学和旧学在岭南全面冲突，岭南成为中国开眼看世界的窗口，在诸多方面领风气之先。

最早进入岭南的是西洋先进的物质文化包括机器、冶炼产品、坚船利炮、电报、摄影、机器纺织品、声光化电等技术和产品，其新奇和实用等强烈吸引着粤人购买、学习和仿造。

岭南最早引进西学，西方近代科学和社会思想首先在岭南大量传播，香港、澳门是桥头堡，广州是集中地。魏源提出"师夷长技以制夷"的"变器思想"。梁廷枏的《海国四说》、林则徐组织编译的《四洲志》等是岭南较早的一批西

张之洞

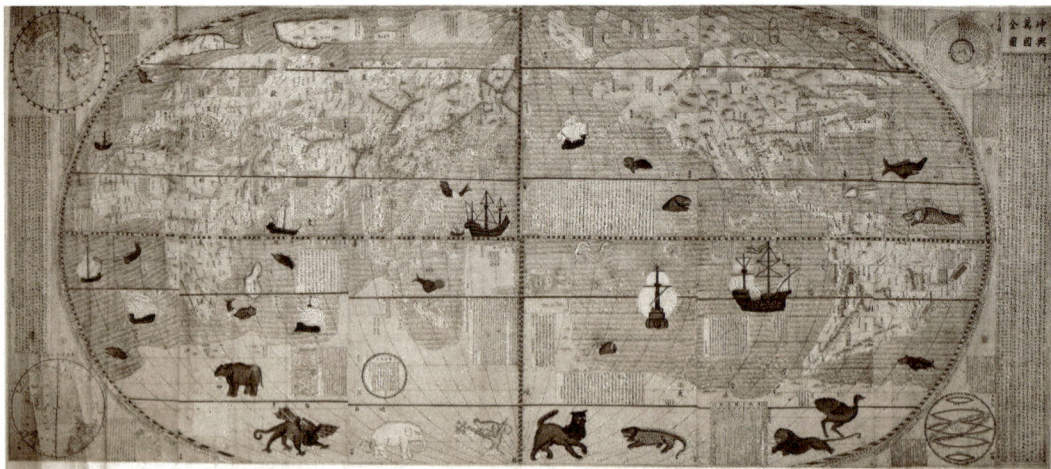

坤舆万国全图

学著作。林则徐在广州任两广总督，才改变了以前轻蔑洋人洋器的中华自大意识，积极学习西方先进科学和技术。魏源《道光洋艘征抚记》曾记录他在穗时"日日使人刺探西事，翻译西书，又购其新闻纸"。自然科学的各门类都在这里广为传播，促使近代岭南思想家吸收了大量的新知识和新思想。如陈澧在近代中国较早提出读书人对自然科学如天文、地理、数学及各种专门技术应给予充分重视的主张。康有为17岁时初读《瀛环志略》，方"知万国之故，地球之理"，以后广泛涉猎大量西方书籍，始知西方各国"治术之本"。他变法维新的政治主张，就是以西方庸俗进化论为哲学基础的，常用的概念如质、力、电、声、光等都从西方思想而来。孙中山学说中的重要概念如以太、生元、物竞天择等，无不来自当时西方的自然科学学说，中国传统学说概念如气、理等，也被注入了西方内涵。

新闻出版是开眼看世界，开发民智的有力工具，岭南在其中众多领域领中国之先。近代报刊在中国的出现以19世纪西方传教士进入岭南为始。第一家中文近代报刊是英国传教士马礼逊主持创办的《察世俗每月统记传》（Chinese Monthly Magazine）。马礼逊最先来到广州，希望进行翻译印刷等活动。因为受阻方才转往马六甲，于1815年8月5日出版，免费在南洋华侨中散发，并由专人带往广州，和其他宗教书一起分送给参加县试、府试和乡试的学子和士人。担任该刊刻印、发行工作并参与为该刊写稿的梁发是广东高明人。第一个在中国境内出版的近代中文报刊是普鲁士传教士郭士立于1833年在广州创办的《东西洋考每月统记传》。鸦片战争前，外国人共办了6种中文报刊，除了上述两种外，还有1823年办于印度尼西亚的《特选撮要每月统记传》、1828年办于澳门的《依泾杂说》、1828年办于马六甲的《天下新闻》、1838年办于广州的《各国消息》。与此同时外文报纸也陆续出现，如葡文有办于澳门的1822年的《蜜蜂华报》、1834年的《澳门钞报》；英文有办于广州的1827年的《广东纪录报》、1832年的《中国丛报》，1841年办于香港的《香港钞报》等。岭南堪称中国近代报刊的滥觞之地。

19—20世纪之交岭南新闻报刊异常发达，早期有《岭学报》旬刊及其附设日报《岭海报》《知新报》，外国人在港澳创办了许多英文报纸，中国人在香港创办的中文报刊有《中外新报》《华字日报》《循环日报》《维新日报》等。在广州创办的有《中外新闻七日录》《羊城采新实录》《述报》《广报》《中西日报》《中国日报》等。辛亥革命后，新闻报刊业进入黄金时代，仅光复后半年内就有30多家报刊创办，两家通讯社问世，分别占同期全国总数1/12和1/3[①]。

岭南各种思潮得以在当时中国新闻出版最发达之地充分展开。同时教育和文学艺术等精神文化门类的发达，共同促进岭南成为新思想冲击旧学的"集散地"，西方各种社会学说在岭南广为流播。何启、胡礼垣、黄遵宪、梁启超等一大批近代思想家都花费大量精力向国人介绍西方近代一些大思想家的社会理念、民主思想和国家学说。岭南不愧为近代中国人开眼看世界的窗口。

毛泽东在《论人民民主专政》中说："自从一八四〇年鸦片战争失败那时起，先进的中国人，经过千辛万苦，向西方国家寻找真理。洪秀全、康有为、严复和孙中山，代表了在中国共产党出世以前向西方寻找真理的一派人物。"除严复是东南沿海的福建人，洪秀全、康有为、孙中山是地地道道的粤人，出生、成长、形成启蒙思想都在岭南，他们在当时都是"先进的中国人"的代表，都对中国传统农业社会的旧学产生了极大的冲击。

二、近代中国思想启蒙的摇篮

岭南率先展开了中西文化的剧烈碰撞，思想家们的主要倾向不是抵制和反对西学，而是以历史积淀悠久的海洋文化开放兼容精神，积极吸收其合理的现代化元素，发展出对改造中国、振兴中华的新思想。这些思想都可概括在"近代思想启蒙"这一大范畴中。

① 《岭南文化（修订本）》，第323页。

岭南启蒙思想家在引进和改造西方社会学说时，实用目标与功利目标十分明确，以此为纲而形成各具特色的观念体系或救国方略，因此为中国广大人群所接受，形成时代主导的思潮。这是一个重要的特征。近代思想启蒙的浪潮汹涌，大才林立。就思想与实践相结合来说，最为突出的是三大思潮：早期改良维新思潮、中期变法维新思潮、后期资产阶级革命和共和思潮。

1. 早期改良维新思潮

早期改良维新思想家是中国近代维新思想和变革运动的前驱。其代表人物有洪秀全和洪仁玕、容闳、郑观应、何启和胡礼垣等。他们的启蒙思想切中时弊，重在解决救亡这个中国的主要时代命题。下面笔者选择几个标志性的路碑予以概述。

太平天国浪潮最终表现为暴力，但其思想主导倾向还是吸收西方基督教和资本主义，对中国社会进行改良；推翻清廷并非推翻封建制度，洪秀全占领南京后还是称帝。洪秀全1836年在广州应试时读到华人牧师梁发写的基督教宣教小册子《劝世良言》，思想发生完全转变，将基督教神学进行了中国式改造，用于发动推翻清朝、改良中国的农民革命。《天朝田亩制度》对洪秀全的理想社会在土地、财产等重大方面作了不少原则性的规定，希望做到"有田同耕，有饭同食，有衣同穿，有钱同使，无处不均匀，无人不饱暖"，人与人友善平等，其核心精神是立足于农村小生产者的立场，希求通过绝对平均主义的分配途

《天朝田亩制度》

径，达到保留自给自足小农经济形态的目的；但它又是反封建规范，反儒家正统的。

其族弟洪仁玕是近代岭南较早涉猎西方经济思想和体制，以及政治思想的思想家。他1859年提交给洪秀全的《资政新编》，全面阐述了其建设方略，极力想去除《天朝田亩制度》的空想性，试图全面影响洪秀全及其施政纲领。这一方略是在西方列强军事与经济双重侵略的背景下提出的，主体思路是学习西方先进的科学技术，走西方近代工业化的道路，快速建立近代机器工业，发展各行业的资本主义成分，使中国即太平天国迅速强盛起来。

郑观应《盛世危言》主旨在于救亡和图强。他认识到世界开通之后，工商业的发展水平构成一国一地的物质基础，决定了国家之间交往与竞争的实际地位，从而在《盛世危言》中坚定地否定了农业社会的重农抑商、重本抑末传统，提出了系统的发展民族工商业和商战的思想，可视为中国民族资本工商业要求发展、求取独立于洋务运动之合法地位的强烈呼声，是中国19世纪末变法维新运动的前奏。他所宣扬设议院、办学校、开工矿、废厘金等大力发展中国民族工商业的主张，后来在康有为主持的百日维新运动中几乎无一例外地被采用。从这方面看，《盛世危言》无疑是改良主义者的宝典，成为康有为、梁启超等人的先师，对后来的孙中山和毛泽东也有很大影响。这一思想当时得到了容闳、何启、胡礼垣等思想家的呼应，他们对发展资本主义工商业的必要性都做过重要的阐述和各自的发挥。《盛世危言》1894年出版后，数年间翻刻销售达到十余万册，在整个中国社会产生了巨大的震动作用。有志之士争相传阅、广为宣传，洋务运动领袖也借题发挥，构成了一种合力。重工商、重商战、重实务成为中国主流的思潮，对洋务运动有着直接的转换和促进作用，大大增强了对内陆的辐射力。

随着洋务运动进退维谷和民族危机的进一步加剧，中国社会的主题集中于政治和经济两个体制的同时改良。何启、胡礼垣的"新政"学说应运而生，他们的一系列论文被汇编成《新政真诠》出版。新政学说涉及了政治、经济、文化教育等一系列领域，他们思想的主干在于用西方列强的议会制度替代君主独裁的"新政"，取法英国君主立宪制度，主张将中国和平地引进西方资本主义国家的发展轨道。这一思想契合时代主题，振聋发聩，在社会上广为传播。他们为创办民族工商业，发展交通运输业，兴办新式学校等不停地奔走呼号，产生了一大批拥护者，形成了强大思想浪潮，成为变法维新和资产阶级革命的一个重要思想渊源。

早期改良维新思潮的思想家们都有着岭南文化偏重务实和功利的传统，他们的思想学说之所以能迅速传播，产生巨大的社会影响，原因在于他们不是务虚和理论空谈，而是从中国社会的现实状况出发，其批评攻击也多切中时弊，契合当时社会的主题。

2. 中期变法维新思潮

康有为、梁启超为代表的变法维新派创造性地转换和运用西学，发起了风行天下的维新思想启蒙和变法维新运动。

康有为讲学著书的万木草堂（邱氏书室）遗址

　　这一启蒙时期重要代表还有黄遵宪等，凝聚了一大批有识之士。

　　黄遵宪作为维新派的重要代表，重要贡献在于以日本明治维新成功的经验为据，提出效法日本发动维新运动，建立资产阶级君主立宪制的国家政体，高度肯定"三权分立"的政治制度最适合中国环境。这一变法思想影响很大，但他代表的是一种温和改良主义思潮，反映岭南维新启蒙思潮从改良到变法中的过渡性质。

　　康有为的思想体系十分复杂，其人生经历充满坎坷和

康有为

矛盾，但其对于变法维新思潮的贡献最巨。康有为的《孔子改制考》和《新学伪经考》虽有许多主观的臆说和曲解，但目标明确，即为维新变法运动寻找合理根据，托古改制以排除社会变革的阻力。其维新变法理论内容有很多，如民权思想、开放新闻和言路、立足于民生发展民族工商业和民族资本主义、废除科举开设新学以学习西方自然科学和社会理论、官吏选拔考核制度等等，但都集中于一个目标，即在保留封建君主的前提下，建立三权分立的君主立宪政体，"君与国民共议一国之政法"。除了上述变法维新的主张，康有为的大同理想在中国近代思想史上也具有重要的地位。他将公羊三世说与西方天赋人权说、佛教、基督教思想糅合，提出大同社会的理想。这是一个以人类公理建构的社会，以平等为原则，遵循"天下为公""一切平等"的法则，实行"公工、公农、公商"，没有贫富不均，同时科学高度发达，机器生产取代了手工劳动，生产效率比以往提高千百倍以上。"人理至公，太平世大同之道也。"

梁启超在变法维新前在《时务报》上发表大量带强烈感情和文采灿然的鼓吹文章，当时"虽天下至愚之人，亦当为之蹶然奋兴，横涕集慨而不能自禁"。作为康有为弟子，他在维新变法中主要起鼓动宣传和组织等作用，与康有为并称"康梁"。流亡日本期间他深刻反思变法维新运动的失败教训，1902年创办《新民丛报》，批判国民精神中的劣根性，鼓吹"新民"学说，提倡新道德，否定封建道德，欲使国民从蒙昧中解放出来。后集为《新民说》，集中反映了近代启蒙思想的最新潮流，起着巨大的思想解放作用，对中国社会产生了广泛而深远的影响。

变法维新思想成为当时社会的主流思潮，一个重要路碑是万木草堂。1891年起康有为在广州长兴里创设万木草堂，研究变法维新理论为变法做思想准备；宣传维新变法主张；培养凝聚了一大批具有进步思想、变革意识的人才。他教过学生约千人，"长兴里十大弟子"是其中俊彦，亦培养了如蔡锷等一批进步学子。其思想影响波及全国各地。这大批杰出人才成为变法维新思潮和戊戌变法运动的干将或宣传家，叱咤风云。

第二个重要路碑是"公车上书"。甲午战败，马关条约签订在即，康梁联合18省举人1200余人，发动了震动朝野的"公车上书"事件，提出"迁都、练兵、变通新法"三项建议，变法维新成为一时潮流。"百日维新"前广东出现了一批维新派组织的学会、学堂和报刊，宣传废八股、改科举、兴学校、育人才、采西学、开民智等变法内容。岭南不仅再次作为启蒙思想的中心，而且成为变革中国的策源地。

3. 后期资产阶级革命和共和思潮

中日甲午战争后，帝国主义各国加快了侵略和瓜分中国的步伐，清廷对外卖国，对内压榨，民族危机更加沉重。资产阶级民主革命思潮开始孕育和发展。

20世纪初爆发资产阶级革命派和资产阶级改良派的激烈论战。岭南珠江口是双方论战最早，延续时间最长的地区之一。革命派以香港《中国日报》和广州的《广东日报》为阵地，改良派以香港的《商报》和广州的《岭海报》为阵地，焦点分别是革命与扶清。这次论战影响十分广泛，表明知识界引进西方文化已到了结合中国实际、触及根本的阶段，同时也反映出吸收了西方先进文化的岭南文化与中国内陆封建传统势力的激烈冲突。

伟大的革命先行者孙中山曾在香港和檀香山等地求学，一生积极吸纳西学，逐步形成了一套资本主义和革命的理论。这是其发动反帝反封建的中国资产阶级民主革命的思想准备。1894年他上书李鸿章，提出施行一些资本主义改革的要求，遭到拒绝。甲午战争后他认识到依靠清廷不可能救亡图存，必须走推翻封建帝制的革命道路，创办兴中会和同盟会。兴中会团结了一大批国内有志有识之士。章太炎的《驳康有为论革命书》，邹容的《革命军》，陈天华的《警世钟》等是资产阶级民主革命思潮中的代表作。著名的人物还有黄兴、宋教仁、陶成章、蔡元培、吴玉章、朱执信等。他们共同形成资产阶级民主革命思潮。

毛泽东高度肯定孙中山"伟大的革命先行者"的崇高地位。孙中山同时还是资产阶级民主革命的启蒙者，在思想领域有众多的杰出贡献。同盟会纲领"驱除鞑虏，恢复中华，创立民国，平均地权"，其中最核心者为孙中山的"创立民国"，这是"今日革命之经纶"和"将来治国之大本"。他的《建国方略》一书，包括"孙文学说""实业计划"和"民权初步"三个部分，比较集中地反映了他的哲学理论和社会政治经济学说。三民主义是孙中山最重要的政治学说，其中民权主义是这一思想体系的核心。在他看来，中国社会革命的首要任务是推翻暴君独裁制度，建成以自由平等为原则的民主共和国，这是浩浩荡荡的世界潮流，而政治革命的成功会直接推动社会民生的改善和发展。

上面三个深刻影响中国近代变革进程的新思潮，已充分说明岭南是中国近代启蒙思想的摇篮，岭南文化成为当时中国的主流文化，它对全国的影响之巨无其他思潮可与比拟，对内陆封建文化、农业文化的强烈冲击，用"文化北伐"来描述一点也不为过。

三、三次北伐

岭南文化北伐的直接结果是三次政治军事北伐，其中只有康梁变法没有付诸军事行动，更像是试图"和平演变"。

1. 太平天国北伐

太平天国起义正当国家危难之际，抵御外侮推翻清朝、改良弊政、学习新兴工业文明以富国强兵是当时的主题。洪秀全领导的太平天国起义，是在鸦片战争后中国与西方民族矛盾空前剧烈的背景下发动的，是中西文化碰撞百余年，岭南自发产生改良思潮的必然结果。第一次鸦片战争使清廷的腐朽、卖国求荣的面目彻底暴露。1844年至1847年，广州郊区花县人洪秀全三入广西，会合冯云山发动群众，宣传拜上帝教的思想，其间写出的《原道救世歌》和《原道醒世训》，稍后的《原道觉世

国民党一大会址钟楼

356

花县洪秀全故居

训》，成为后来太平天国将士的信条。1851年1月11日洪秀全率众在广西金田村起义，两年后攻克南京，改名天京，定为都城，颁布了《天朝田亩制度》。天国将士所向披靡，纵横大半个中国。直到1864年洪秀全去世，天京陷落，整个运动历时十多年，是中国历史上规模最大的农民运动。

孙中山高度赞扬"太平天国一朝，为吾国民族大革命之辉煌史"[①]。容闳则肯定太平天国开辟了"使全国人民由梦中警觉，而有新国家之思想"（《西学东渐记》）。太平天国的新国家思想反映了岭南早期文化启蒙的一些重要内涵，其思想有重大创新。但洪秀全要争的还是帝位。孙中山就指出："洪秀全之所以失败……最大的原因，是他们那一班人到了南京以后，就互争皇帝，闭起城来自相残杀……太平天

① 《孙中山全集》第一卷，中华书局1981年版，第217页。

国的势力便由此大衰退。"①但总体上说，洪秀全在岭南举义兵北上试图推翻腐败、卖国求荣的清廷，是时代的要求，是"南蛮"的第一次北伐，因其纵横中国建立天朝的伟业，使岭南第一次成为变革中国的策源地，反过来又极大地推动了岭南启蒙思想和改良思潮的广泛传播，促进岭南文化成为近代中国主流文化思潮。

2. 康梁北进变法

最为重要的路碑是康有为策动光绪皇帝变法维新。1898年6月11日，光绪皇帝宣布变法，任命康有为为参赞新政，并任命谭嗣同等在军机处帮助主持变法事务。从6月11日到9月21日的103天中，维新派通过光绪帝颁布了一系列变法命令，史称"百日维新"。戊戌变法推出了一系列变法，包括设立农工商总局，保护和奖励工商业；设立矿务铁路总局，修铁路，开矿产；支持新技术，奖励新发明；改革科举制度，废八股；兴学堂教授西学；改革机构，裁减冗员；准许自由办报和办学会；提倡上书议事；等等。虽然这场运动被镇压，但它掀起的变法浪潮地动山摇，席卷中华，极大地冲击了封建统治。

变法维新作为中国近代主流思潮和变法运动，一个重要的历史功绩在于对后来叱咤风云的历史人物产生了深远影响。新文化运动巨子陈独秀、鲁迅等人就是在康有为、梁启超的学说影响下成长的。陈独秀在1916年《驳康有为致总统总理书》中感慨地说："吾辈今日得稍有世界知识，其源泉乃康梁二先生之赐。是二先生维新觉世之功，吾国近代文明

① 《孙中山全集》第九卷，第268—269页。

史所应大书特书者矣。"[1]鲁迅受梁启超新民学说的影响很深，梁启超的有关著述大都发表于当时的《清议报》和《新民丛报》上，鲁迅自认为是这些报刊最积极的读者，他后来成为国民精神批判的巨子，思想渊源上来自梁启超。又如毛泽东青年时期对梁启超的学说十分着迷，文风亦模仿之。梁启超号"任公"，毛泽东自称"子任"；梁启超鼓吹"新民"，毛泽东则组建"新民学会"，其后更大力开展农民运动，去教育农民、改造农民[2]。

康梁等一大批变革志士义无反顾地领导和投身这场强烈震动两千年封建帝制的运动，不仅使岭南成为启蒙思想的中心，更使岭南文化成为代表当时先进海洋文化的主流文化。

国民党一大会址

① 《新青年》1916年10月1日 2卷2号。

② 赫华：《浅论毛泽东早期哲学思想》，《南通社会科学》1991年第2期。

3. 资产阶级民主革命思潮和北伐

以粤人孙中山为核心的资产阶级民主革命思潮首先在岭南孕育，在20世纪前后30年，岭南还一直是中国资产阶级民主革命实践的策源地，而且是推翻封建帝制之暴力革命、捍卫共和、北伐的中心地域。

孙中山领导的这场革命可分为三段。19世纪末孙中山与陈少白、尤列、杨鹤龄四人大力抨击清廷，被清廷称为"四大寇"，1894年上书李鸿章失败后，孙中山踏上武装反清道路，1894年他在檀香山创立中国第一个资产阶级革命团体兴中会，第二年在香港成立兴中会总会，提出"创立合众政府"的革命目标；继而成立同盟会，宣布了"驱除鞑虏，

兴中会在广州的秘密机关王氏书舍

恢复中华，创立民国，平均地权"的革命宗旨；后又提出民族、民权、民生的三民主义纲领。他与黄兴等人在岭南策划和发起多次武装起义：乙未广州起义，惠州三洲田起义、潮州黄冈起义、惠州七女湖起义、防城起义、钦州马笃山起义、庚戌广州新军起义、辛亥广州黄花岗起义。虽然上述起义均失败了，但其"轰轰烈烈之慨已震动全球"。岭南成为中国近代资产阶级民主革命的中心。1911年辛亥革命中武昌起义一举成功，天下皆应，终于推翻中国两千多年的封建帝制。由于在民主革命思潮和起义中的主导作用，推翻清王朝后孙中山受到广泛拥护，就任中华民国临时大总统。

　　第二段是政权为袁世凯所窃，孙中山于1914年组织中

大元帅府旧址，现为孙中山大元帅府纪念馆

黄埔军校

华革命党，又以广东为大本营，发动了北上讨袁护法、保全共和的运动。1917年，孙中山率海军及国会议员南下护法，在广州任中华民国海陆军大元帅，策动北伐，广东成为"护法之省"。1921年，国民非常会议参众两院联合会在广州举行，通过《中华民国政府组织大纲》，孙中山就任非常大总统，设总统府于广州观音山（今越秀山）南麓，广州第一次成为京城，史称"穗京"。

1924年孙中山提出"联俄、联共、扶助农工"的新三民主义，中国共产党成立后推动工农运动蓬勃发展，第一次国共合作等，都主要在广东展开，中国反帝反封建的力量空前壮大。国共合作，创办黄埔军校，整军东征和北伐，使广东成为全国国民革命运动的中心。

孙中山一生功业，最辉煌的是发动和领导近代资产阶级民主革命和北伐运动，彻底推翻了中国两千多年封建帝制，建立共和。这也是岭南文化对近代中国的极为重要的贡献。

四、主流文化怎样判断

第一章我们看到，主流文化是中华文化中的一种或几种文化类型，它标示在某一时代或多个时代中，其文化成果和文化理念深刻地影响了其他地域乃至核心区文化，甚至强烈作用于中华文化在特定时代的历史变革和发展方向。

上两节我们展示了岭南文化古代和近代的大量文化事实。在古代农业文化时代，五岭和南海都是文化交流和传播的阻隔因素，在漫长的古代严重地限制了岭南的发展。虽然因海而逐步重于世界和中国，但那还只是在交通贸易和一些文化传播领域中的"重"，对于国家的政治、经济和社会体系并非重中之重，岭南始终被视为"南蛮之地"，其文化则被视为"边缘文化"。而在近代世界海洋文化勃兴的条件下，中国的沿海地区首先遭遇西方新兴的、进步的，同时也是野蛮的资本主义列强的叩关，经济和军事侵略，岭南首当其冲。而且此时陆路、水路不再因五岭而阻隔，但海的优势、海洋文明的强劲力量却凸显出来。这种自然、历史发展的脉络，决定了在世界进入海洋时代后，岭南率先展开了救亡图存的时代主题和中西文化的激烈碰撞，成为中西文化碰撞的焦点、开眼看世界的窗口、文化混融的温床。

岭南文化崛起是世界海洋文化史的必然，内里有着岭南在古代长期开拓海洋的而重于世界，重于中国的实践，以及由此培育出来的海洋文化精神底蕴。近代三个思想启蒙思潮都是当时中国的主流思潮，它使岭南成为近代中国思想解放的摇篮，猛烈地冲击了封建体制、思想和文化的基础，短短百余年，前后两重天，中国思想、文化、国民精神和面貌的变化可谓翻天覆地。

主流文化思潮形成的一个震撼古老中国的结果是，岭南作为变革农业中国的策源地和中心，以全新的海洋文化向北方内陆挺进。洪秀全率领发动而横扫大半个中国的太平天国运动，康梁悲壮的北进变法，孙中山领导和先行的推翻封建帝制以及北伐的伟大功业，这三次被国内学者统称为"北伐"的运动与影响近代中国的三个阶段的主流思潮纵横交错，构成澎湃雄壮、摧枯拉朽的进行曲，终于使中国两千多年的封建帝制轰然坍塌。朱谦之在1932年出版的《文化哲学》一书中指出："又因受西洋文化的影响最早，所以清季如孙中山先生的革命运动，康有为的维新变法运动，也都是以广东人为中心，所以最近的中国文化，实有以南方为根据地的倾向，换句话说，就是中国文化已经达到海洋文化的新时代了。"[1]

这使内陆人们想起了"南蛮"这古老称谓，亲身感受到"小广东"这海的儿女敢为天下先的文化性格，看到具有多元、开放、兼容、务实、重商性、世俗性、平民性、非正统性、非规范性等海洋精神特质的文化，似乎什么都敢干，敢

[1] 朱谦之：《文化哲学》，商务印书馆1990年版，第184—185页。

试，敢叫板，粤人成了令人惊讶的力量。

进一步从江南文化与岭南文化在此期的作用来看，地域区别十分明显。江南文化在隋唐时就是南北文化对峙的主角，但自葡萄牙人在岭南的珠江口叩关求市，到鸦片战争在珠江口爆发，震动古老农业中国的重大事件多在岭南发生，然后才扩散至东海和黄海、渤海，这是江南文化与岭南文化区别的主要基础。大上海的崛起是中国文化版图变更的重大事件，上海滩成为西方冒险家的乐园，成为中西文化传播的重镇。但在19与20世纪之交的近百年中国巨大变革中，岭南成为近代启蒙和革命性变革的发源地，海派文化则更像海洋文化与内陆农耕文化两板块的中介，是南海珠江口启动的革命即三次北伐向北传播的中间地带。当然，这一判断只适合于近代这一特殊时段。

这里我们看到一个十分有趣的宏观文化图景。中华文化从夏到诸夏，到合为华夏，是文化核心不断向外弥散的过程，从文化地理来说是由北向南的扩张渗透。这是农耕文化的强大力量决定的。但进入海洋文化时代，中国汉文化体系产生了北方文化、江南文化、岭南文化三个主流文化相对的格局。中原文化代表北方农耕文化、江南文化，岭南文化则不同程度地代表海洋文化。中华汉文化体系由北向南传播的旋律在此期发生了根本性的转折，即呈现为南方文化代表先进文化向北传播，成为中华的两个主流文化之一，与北方文化分立。中华文化在近代呈现出从南到北的三大主流：岭南文化、江南文化、北方文化。

历史为什么会这样？是偶然的吗？读者诸君自会判断。

第三节　岭南现代崛起与海洋文化主轴

　　地域与国家、民族一样，文化及其创新是它们的根，根深方能叶茂，木秀于林而不惧狂风摧之。岭南的广东在40多年改革开放中一直无愧于中华民族伟大复兴的"排头兵"，它创造了无数第一，在短短的时间里，迅速成长为第一经济大省和现代性文化的大省，这自有其深厚的文化底蕴。从文化传播角度看，岭南本根文化和粤人传统文化、中原传统汉文化、西方现代文化三者交错、碰撞，凝结成一种被内陆称为"广东文化"的新的文化形态，在国内独树一帜并深刻影响着中国改革开放，影响着中国人观念的转变和内陆文化的转型，岭南继近代后再次崛起。

　　现代化开放时期的文化主轴是开放兼容前提下的现代化改革及其文化创造，是岭海人的海洋文化传统被充分唤醒，全方位向世界开放，重新融入世界海洋时代，走向现代化的时期，所以说这是海洋文化发展和发扬光大的至关重要时期。这一时期贯穿着一个主旋律，那就是岭南海洋文化的发扬和创新。下面展开三方面：选择广东就是选择海洋文化，"广东奇迹"与海洋文化深层积淀的关系，岭南海洋文化深刻影响着当代中国文化。从中我们可以看到，这一切都是在岭南，首先沿着南海海岸线发生和展开的，其实质是海洋文化的再次勃兴和现代创新。所以笔者不以广东，而以岭南文化作为中国的三大主流文化之一，与北方文化、海派文化共同构成鼎之三足。但论述时还是多用广东例证，毕竟这40多年发生了"广东奇迹"。

一、选择广东：选择海洋文化

40多年前中国要改革开放，偌大个中国，漫长海岸线，要做战略构想，战略家会考虑什么呢？世界历史上成功的战略家都是文化大师。即使是商业战略，在全球选择战略布点，当地文化也是极为重要的考虑因素，因为文化价值观和态度可以阻碍进步，也可以促进进步。总设计师邓小平代表中国选择了广东，形象的歌词是"在中国的南海边画了一个圈"。

省港大罢工工人在广州集会

40多年的历程证明，广东十分胜任中国改革开放的"排头兵"和对外窗口的职责。但这一事实并没有完全改变内陆一些人的直观看法：广东的成就靠的是中央给政策而不给外省，广东靠走私发家，等等。他们忽视了一条：历来改革都有其文化的根基；成功的改革需要优良的文化氛围。所以改革家们都会呼吁国人改变观念，甚至"改造国民性"。

邓小平选择广东"领先一步"，与他对文化哲学的深刻领悟和睿智的文化眼光是分不开的。南海有着汉武航线、广州通海夷道的辉煌史绩，岭南在西人叩关直至孙中山北伐的长时期中，是中国近代文化的引领者，是启蒙思想的摇篮和变革中国的发源地，太平天国问鼎中原，康梁北上变法，孙中山领导推翻中国两千多年封建帝制，这些辉煌都是海洋文化造就的。中华民国国民政府曾在广州成立，黄埔军校在珠江边创立，工农运动在省港澳蓬勃展开，北伐从南海之滨出发。总设计师1927年领导百色起义，就在岭南土地上建立了工农武装割据的根据地。他对岭南海洋文化传统和粤人文化品格是熟悉的，这里是开放的前沿，是改革的热土。可以说，中国选择广东，就是选择海洋，选择最能迅速融入世界海洋时代大潮的岭海。

对改革开放中广东迅速崛起，人们常误以为紧临港澳是主要原因，濒海的地理环境，紧临港澳，有人缘、地缘和言缘的优势等是人们津津乐道的答案。这里忽视了两个重要的方面。

一是岭南的海洋文化传统和精神特质。几千年在耕海中生存，在航海中发展，在大洋外生根，使粤人具有敢闯敢冒的精神；南海丝路开辟了它与海外交往传播的悠久历史；这里的人民有良好的开放、多元心态，有善于兼容各种文化的强劲胃动力；等等。这个整体素质良好的文化是毗邻港澳、政策扶持更深层的因素。林炳熙认为"海洋文化决定了特区经济在华南沿海兴起"。这是很有见地的。

二是地缘、人缘同时也是文化。港澳历史上一直属岭南地区，是其中以珠江三角洲为主体，以广州为中心的广府文化的一个组成部分。香港人和澳门人直到20世纪中后期都还不称"广州"而直呼其为"省城""省府"。这表明他们认同自己是岭南人，是与省城人同样的粤人。这是最深厚的人缘。港澳人主要语言是粤语，言缘是自然天成的。生活于一地域的，操同一口音，讲一种语言的同宗同种人，生成的、接受的当是同一种文化。港澳文化本质上属于岭南文化，其最深层的文化精神是海洋文化精神，这与广府人是一脉相承的。另一脉人缘是在世界所有角落都存在的粤籍华侨。华侨文化是海洋文化一个极其重要的因素，岭南文化的开放性、兼容性、重商性、务实性等，具远儒性而较少儒家正统束缚，有非农业传统而勇于海外开拓，近代以来表现出的非封建规范而勇于变法甚至革命，这些都有华侨文化的深刻烙印。这些海洋文化精神曾深刻影响中国近代变革历史进程，它在20世纪最后20年闪出耀眼光芒，是情理中事。

二、海洋文化精神："广东奇迹"的深层积淀

在文化哲学的层面看，岭南文化在现代改革开放中，成为与北方文化、海派文化三足鼎立的强势地域文化，其基础是岭海这一优越的生态环境和地理位置，其根基则在于海洋文化的精神特质。海洋文化的深厚传统是广东成就的根基。岭南文化精神契合了当时最为突出的中国问题，符合中国的政治、经济和社会的总体战略需要。

这些需要中，第一要务是拨乱反正，是在一度封闭的大国打开一扇窗口。这需要海洋文化精神的合力，也就是需要以海洋文化精神为代表的"价值支柱群"的支撑。比如必须有动态求变的精神，需要曾经最早"开眼看世界"的岭南人那些开放精神，需要多元的文化态度、海纳百川并且善于兼容的文化品格、敢闯敢冒的海洋文化特质等等。岭海人在封建时代长期偏于一隅，皇权鞭长莫及，与守旧的农业文化精神相比，有着非规范性和非正统性的文化心理。北方学者杨东平概括近代广东文化具有新、实、活、变等特征，较少历史传统文化的束缚。延续近代改革风气，现代掀起风起云涌的民主革命、工农运动和雄壮的北伐，总设计师记忆犹新。这是一片变革、改革的热土。

其次是当时百废待兴，要在国民经济崩溃的边缘将中国拉起来，当务之急是搞活经济，发展生产力，使人民吃饱穿暖。而发展的一个重要前提是原有经济，特别是工业的基础。这方面，当时开放的四个特区，其工业基础和

发展水平远不及内陆多数大中城市。中部和西部省份和城市由于备战备荒的需要，国家在近30年时间中倾国力进行三线建设。而四地被圈为经济特区，除了地理因素外，重要的考量因素是人文条件，特别是海洋文化因素，地理条件本身也包含着海洋因素。广东人的重商精神，强烈的商品和市场意识，在长期的商业活动中、在两千年长盛不衰的南海丝路通商过程里养成的商业传统，商业社会深厚的商业和实业文化底蕴，与有着重农抑商传统的地区显著不同，这有利于形成灵活的市场机制。广东人深入骨髓的务实品格，由此形成的不尚空谈而重实干的社会氛围，使他们天然就是能捉到老鼠的"好猫"。事实证明广东人多干少说甚至长期只干不说，任尔等论"姓资姓社"，踩得遍体鳞伤，他不争论，不反驳，只认准目标埋头苦干，务实精神发挥得淋漓尽致。他们具有灵活变通的精神特质，俗称"精崽"。广东华侨数量全国第一，遍布世界每个角落，有"太阳永远普照着粤人社会"之美誉。港澳同样是传统岭南商业社会，并且先行成就了现代商业社会，广东应该是搞活经济的较为理想的试验田。敢闯敢冒、敢第一个吃螃蟹，敢为天下先，更是有利于粤人用足、用够、用好中央给予的政策，政策没规定不能做的就是能做；也有利于它打破传统的束缚和改革旧体制，适合"摸着石头过河"的思路。

改革开放之初中国突出问题的解决证明，总设计师选择广东改革开放先行，他对文化哲学和岭南文化的理解是睿智的。上述海洋文化精神确实对中国改革开放在广东的实践发挥着价值支柱群的作用，支撑着广东在世纪之交崛起于中华，取得骄人的历史成就，使世界惊叹。

20世纪90年代邓小平南方视察，高度肯定岭海人的敢闯敢冒精神，有著名的"发展才是硬道理"之论。坚持"以经济建设为中心"，担当建设中国特色社会主义和率先实现现代化的重任，广东仍被推到"排头兵"的位置。它成长为充满现代文化活力的第一经济强省，率先建立了社会主义市场经济体制，并在继续完善社会主义市场经济体制中为全国进一步积累经验。这一过程中，广东海洋文化精神作为强有力的一组支柱，支撑着广东生产力和生产方式的跨越式进步。比如，广东是中国一个典型的移民社会，因其文化的开放性和多元性，兼容着五洲四海的文化因素，在岭南文化创新精神的导引下，经过改造、融合和不懈的建构，已形成了吸收世界和中国现代文化先进因素的文化创新机制，具有一定的优势。20世纪90年代的民谣"要看中国的两千年，请到西安；要看中国的五百年，请到北京；要看中国的一百年，请到上海；要看中国的近十年，请到广东"①，反映出岭南文化代表着现代文化的"雄劲"和"进取"。岭南还是中国发育最早的平民社会，具有市民社会的平等、公平、民主等文化特质。岭南历史上没有形成长期世袭的贵族，因而贵族精神淡薄而平民精神丰厚，基层民主和市民参政议政得以最早在广东发育和取得一定的成功，人民主动和积极地争取自身权益而形成与政府对话的风气甚浓。这些海洋文化精神的底蕴支撑着广东持续开展思想解放，不断开拓改革路径，率先达到了小

① 《城市季风——北京和上海的文化精神》，第529页。

康乃至中等发达国家水平。

中国选择广东的40多年，广东神速而得以持续的成功包含着深厚的文化底蕴。它不是内陆传统的成功，而是契合世界海洋时代、全球化时代的海洋文化精神传统的成功。

三、海洋文化：影响中国的主流文化

中国在近代世界海洋文化时代被动打开国门，终于强力推动封建帝制的崩溃。这是海洋文化对内陆农业文化的胜利，是现代性对封建性的胜利。但大国之梦依然没有完全实现。现代中国在世界东方崛起，重新立于世界大国之林，归功于改革开放。而现代改革的成功也不是在内陆文化自身的框架里突破的。改革是在对世界开放中才得以开展的，开放从根本上说是对海洋而不是对内陆，改革也是为了契合世界海洋时代的历史潮流，而使中华民族复兴。

在漫长的南海海岸线上，珠江口率先打开窗户迎"洋流"，将东方和西方杂糅兼容，把现代与传统熔于一炉。从中华大文化视野看，这曾使广东在近代彪炳于中华，同样也让岭南文化于短短40多年，在中华现代文化三足鼎立的格局中占据一席地位，深刻地影响着现代中国。

评价本地域文化的地位，最好还是让"非广东人"来说。温家宝在参加十一届全国人大一次会议广东代表团审议时说："30年来，广东的改革开放和经济社会发展取得了巨大成绩，创造了宝贵的经验。"①胡鞍钢认为广东"率

① 《广州日报》2008年3月8日A1版。

先在全国基本实现了工业化，率先基本实现了市场经济转型，率先在全国达到较高的城市化水平，率先在全国成为最开放的前沿地区"[1]。易中天说："的确，在中国近现代史上，广州无疑是北京、上海之外的第三个重要角色。"[2]杨东平将中国文化的现代态势总结为三足鼎立："广东文化作为当代中国最强势的地域文化，当之无愧地与北京文化、上海文化鼎足而立，打破了城市文化双峰对峙的陈旧格局。"[3]

现代主流文化地位的判断，核心逻辑与上面的近代判断一样，但要指出两点。其一，当今是世界和中国的城市化时代，学界、政界多从城市群的角度将中国主流文化划分为三个：京派文化，代表北方文化，典型代表为京津冀城市群；海派文化，代表江南文化，典型代表是上海及长三角城市群；岭南文化，代表南方海洋文化，典型代表是现今所称的粤港澳大湾区城市群。其二，需要分别从岭南文化三个子系统考察它们对现代中国的深刻影响，然后综合考察其在现代中国的主流文化地位。

1. 自然物质文化领域

经济领域上的全方位的改革突出地展现岭南影响中国的力度。改革开放从广东起步，这是历史的事实。中共十一届三中全会确定了拨乱反正，改革开放的战略思想，广东省委率先提出一个具体实践思路。吴南生当时为传达中共十一届三中全会精神而回到家乡汕头，积极寻求改革开放的方案方法，一位新加坡的粤籍华侨朋友为他出了个大胆主意："你

[1] 《广州日报》2007年5月20日。

[2] 易中天：《读城记·广州市》，载《广东九章》，第317页。

[3] 《城市季风——北京和上海的文化精神》，第525页。

敢不敢办像台湾那样的出口加工区？敢不敢办像自由港这一类东西？如果敢办，那（发展）最快。"吴南生在1979年3月3日的广东省委常委会上提议广东先走一步，在汕头划出一块地方搞试验，制定优惠政策吸引外资搞活经济。当时他表示，如果省委同意，愿意去汕头搞试验，"如果要杀头，就杀我好啦"！广东省委向中央汇报后，邓小平拍板称为"经济特区"。这是开中国经济特区先河之举，粤籍海外华侨立了一功。中央下达了发炮令，第一炮是广东打响的。改革开放40多年，广东一直担当中国改革开放的"排头兵"，闯过了无数雷区，劈开了丛生的荆棘。在经济领域最大的功绩在于率先打破乃至推翻了计划经济的僵死体制，在经济体制各个领域先行先试，从而率先建立了市场经济体制的中国特色社会主义模式。

对海外的开放促使岭南取得了经济上的骄人业绩，被国内外通称为"广东奇迹"。哈佛大学教授傅高义称广东为"社会主义第一小龙"。德国前总理施罗德说，广东省发展成了中国经济增长的一个名副其实的发动机。这里只用10年就崛起了珠三角城市群，至今仍保持着第一经济强省的地位，广东省生产总值名列各省（自治区、直辖市）之最。对外开放上，岭南地域海外通商的传统和优势一直延续下来，使改革开放实现了巨大飞跃。广东在中国对外贸易和文化交流中的地位重于全国各个地域，长三角还在追赶中。广东在2006年进出口总额达5272.2亿美元，连续20多年保持全国首位，占全国的比重保持在30%—40%的高水平。在吸引外商投资方面，1979年到2006年外商对广东实际投资累计金额达

1773.65亿美元，是全国吸收外资最多的省份，占全国的比重在1/4以上[①]。当然，随着长三角的迅猛发展，唐代岭南海外通商"下足以赡江淮之求"的状况已成过去，长三角地区出口总额2002年达924.51亿美元，占全国的比重达28.4%。但不可忽视岭南的海洋优势还在继续，同年小珠三角地区（不含港澳）出口总额1126.2亿美元，占全国比重34.6%。而这是以长三角比小珠三角面积大1.4倍，人口多1倍为前提的[②]。至于含港澳在内的大珠三角这个传统的岭南地域，其海洋优势更是长三角无法比拟的。

新时期岭南在经济体制改革中的成就，具有比物质财富快速增长更为重大的意义。改革中敢闯敢冒、敢为人先，深圳和顺德尤为引人瞩目。

深圳40多年来不断引进海外的先进理念和体制经验，进行了充分的融合与创新，开展经济体制的各项改革。1986—1991年这一发展阶段，深圳基本打破了旧体制的框架，初步形成了以市场调节为主、计划调节为辅的经济体制和运行机制。1986年全国特区工作会议后，深圳对原有的行政机构和管理体制进行了新的、全面系统的改革。在建立市场体系、企业承包制和股份制、产权转让和破产、财政、金融、税收、外贸、住房制度等方面，陆续推出了一系列的改革措施。主要措施包括：推行股份制经济；市场化物价改革，实行劳动合同用工制度；采用浮动工资制度；兴办外汇调剂市场；创建证券市场；开放房地产市场；设立保税区；等等。深圳的这些体制改革创新，基本完成了从计划经济体制向市场经济体制的过渡。以深圳为代表的经济特区为全国的体制

① 《广东百科全书》，中国大百科全书出版社2008年版，第737页。
② 《珠三角与长三角优劣论》，载《广东九章》，第307页。

改革劈开荆棘探索道路，总结经验，取得了举世瞩目的巨大成就。

顺德的改革风风雨雨很多，充满了悲壮的色彩。它创造了国有企业改革的"顺德模式"，所有制实现形式多元化，使生产力的活力得以迸发，到20世纪80年代末已成为全国最富裕的县级市。1993年又马不停蹄地进行"第二次创业"，进行顺德的产权改革、转变政府职能和农村股份合作制的改革等。

广东为中国改革开放创造的成功经验还很多，如率先形成了多元所有制结构；引进外资中，广东创造了"筑巢引凤""借船出海"等一系列新鲜经验；农村改革的家庭联产承包制虽不是从广东开始，但广东很快创造出"专业

"中国半矮秆水稻之父"黄耀祥

户""专业村"，农业实行股份合作制，公司＋基地＋农户的农业产业化路子，这些又走在了全国前列。讲一个20世纪80年代的有趣故事：广东引进外资大规模建桥修路，创造了设站收费以路养路，以桥养桥的方法，这打破计划经济体制下国家包办交通的体制，引起外省司机强烈不满，在全国引起轩然大波，内陆人将此视为"收买路钱"的绿林行径，口诛笔伐。但广东很快路通财通，经济迅猛发展。后来全国都学习这一经验，把公路当成商品来经营了。现在这看似小菜一碟，当时却蕴藏着巨大的风险。

上述改革共同造就了广东物质文化创造上的巨大成就：广东为全国贡献了深圳速度、"四小虎"和第一位的地区生产总值。广东奇迹为世界所瞩目，被称为"社会主义第一小龙"。确实，"社会主义四百年"，世界上还没有哪个区域取得过如此神速的发展。广东成为全国改革开放的旗帜，奠定了广东文化成为中国主流文化的基础。

2. 社会生活文化领域

广东在社会生活众多领域率先改革，取得了丰硕成果和经验，极大影响了国内改革开放。

政治和行政体制的改革上，广东同样敢于第一个吃螃蟹。在建设科学、精简、高效和廉洁的新型政府上，深圳行政管理体制的特区模式探索一直领先于全国，创造了许多第一，精简特区行政管理机构，试行公务员制度这两个重大方面走在全国前列。其他的"率先"不胜枚举，如在全国率先举行立法听证会，率先进行政府审批制度改革，率先依法开展招标、投标和政府采购活动，率先采用票决制选拔领导干部。众多改革使深圳最早基本形成了行为规范、运转协调、公正透明、廉洁高效的行政管理体制。

40多年来，广东在行政体制改革上进行了许多创造性的探索和实践，如广东人大、政协的率先创新和民主风气被外省称为"广东的人大政协现象"。又如，从1993年始，广东省在没有现成经验和模式借鉴的情况下，走出了一条具有广东特色的依法治省新路。

不仅广东制度文化的变革影响着中国，而且广东海洋文化强劲地促进了中国人生活方式的转变。生活方式本身就是文化，是由文化精神推动的。"作为近十年崛起的强势的地域文化，广东文化在相当程度上承当了昔日海派文化的主要功能和价值，成为当代中国工商业文化和市民文化（包括生活文化和通俗文化）最富活力的生长基地"[1]。企业家的拼搏与粤式酒楼、生猛海鲜、喝早茶和夜生活等一道，将广东人拼命工作、尽情享受的生活观念同时带入内陆。

"广东每天都是新的"，这在改革开放之初不仅是来到广东的人们所惊叹的，也在内陆生活中强烈感受到。"都市家庭革命"中，高级装修、厨房革命、厕所革命、大厅小室等生活方式从岭南输入内陆。健美比赛、模特表演、选美、跑马、炒更热、跳槽热、房地产热等，到后来的公关热和人际沟通艺术、养花赏花、平民化随意化的穿着、市民社会的平等、移民社会的兼容等，都有岭南的深刻印记。

单以岭南对内陆的文化传播来说，这些"入侵"内陆的多是经过粤人改造的"舶来品"：卡拉OK厅响彻粤语歌，

① 《城市季风——北京和上海的文化精神》，第532页。

标榜"生猛海鲜"的粤菜馆在内陆各个城市扎根,人们喝早茶学着香港人、广东人叩指为谢,饭店更名为酒楼,理发店成了发廊,夜生活悄悄兴盛。这些都由岭南走向内陆。易中天说:"如今,广州人或广东人的生活方式和生存方式,已越来越成为内地人们的仿效对象……如果说,上海人曾在全国造就了许许多多'小上海',那么广东人却似乎要把全国都变成'大广州'。"①这种形象对照很能说明岭南文化的全面传播和强劲影响。

3. 精神心理文化领域

广东精神心理文化对内陆的影响同样巨大,而且是更深层次的影响。广东为全国贡献的主要还不是第一位的地区生产总值、税收和上缴中央财政那一串串沉甸甸的数字,这可能还是表面的热闹,它贡献的是文化的硬核——人文精神,这是更为深沉的积淀。

上引温家宝的评价,温家宝在"创造了宝贵的经验"后紧接着说:"特别是广东广大干部群众敢想敢干、敢闯敢试、敢为人先的精神,极大地鼓舞和激励了全国人民,推动了全国的改革开放和现代化事业。"2005年,文化部部长孙家正提出:广东对全国贡献"最核心的还是文化"。这是"敢冒"但低调的广东人当时未说出口的②。

广东影响中国有一个从物质到精神的过程。广货的北进,在20世纪80年代曾被北京学者戏称为"经济北伐"。90年代杨东平这样概括广东对内地的三次冲击波:"第一冲击波"是80年代初广东人携洋装洋货长驱直入猛袭神州;"第

① 《读城记·广州市》,载《广东九章》,第321页。
② 《南方日报》2005年4月13日A6版。

380

二冲击波"是80年代中期以来"珠江水"和精美、新潮的广东消费品以凌厉攻势大举占领内陆市场；"第三冲击波"是80至90年代初的"广东文化的'入侵'"。他认为这是广东"世纪末的新北伐"，"进取的、雄劲的广东文化与退守的、萎顿的上海文化形成鲜明的对比"①。易中天则说："其实，当时整个中国沿海都在开放，但只有广东很好地抓住了这一机遇。"②这是为什么呢？经济强省离不开文化软实力的支撑，而粤人的海洋文化精神本质上是进取的、雄劲的，是其软实力的核心。经济北伐最主要的文化含量是思想观念的大解放，价值观的多元、开放和鲜活。"排头兵"并不意味着事事处处都超过他人，而在于能开风气之先，"授人以渔"。20世纪八九十年代各省区、各城市的取经（也有明曰取经实则暗察"敌情"的）队伍潮水般涌来广东，很好地印证了这一点。

时任文化部部长孙家正总结广东文化向内陆传播的实质："广东人所创造的文化对全国有巨大的贡献，形成了一些适应时代所需、符合我们国情的新的文化理念。"这是"一种紧跟时代的发展、适应社会主义市场经济需要的改革开放和创新的精神，这是最鲜明的时代精神。广东创造了经济的奇迹，同时也把经济活动当中所体现出来的一种我们国家发展所需要的、推动国家进步的思想文化理念呈现给了全国。这是很重要的一点。因此说广东只是经济有发展、文化没有很深厚的成果和土壤的观点是不正确的"③。观念的渗透和更新是更具冲击性的。深圳速度中贯穿着的"时间就是金钱，效率就是生命"的文化理念；"四小虎"因敢闯敢

① 《城市季风——北京和上海的文化精神》，第529页。

② 《广东九章》，第281页。

③ 《南方日报》2005年4月13日A6版。

冒，"杀出一条血路"而著称；广东理论家最早提出"社会主义商品经济"，继而最早提出社会主义市场经济的理念；广东人在改革开放中创造了众多第一，一句"文件没有规定不可以做的，就是可以做"，不知闯开了多少关卡，闯入了多少旧体制旧观念的禁区。

广东海洋文化培育出来的人文精神深刻地影响了现代中国社会的各个方面。经济生活中，广东企业家纵横南北，播撒着务实、重商、市场导向、自主经营等经济理性精神，将创新求变、敢为天下先的企业家精神，敬业精神，职业道德和企业文化等理念带到内陆。传媒更有力地将经济和社会生活中蕴含着的精神心理文化传播过去，不仅多元、开放、兼容、灵活变通、动态求变等价值方法渗透于新闻报道和评论中传入内陆，市场经济产生了强劲的经济民主和政治民主、平等意识、摆脱先赋身份和人身依附、自由跳槽、自主人格、市民观念、民生观念和参政议政等等，都有力地冲击着封建观念或陈旧思想。

总体来看，广东改革开放对中国的贡献中，最重要的还是文化精神，其核心在于海洋文化。"广东奇迹"从根本上说是海洋文化焕发出来的奇迹，是对世界全方位开放所取得的成就。这一点在第六章，尤其对开放、多元和兼容这一组价值支柱的论述中已展现出来。从方向上看，广东的开放主要不是向内陆文化寻求智慧，这个中国的"南风窗"引进的是海风而不是北风。立于南海之滨，广东打开海门，全面引进海外文化的先进因素，吸收、消化和兼容了海外特别是西方发达资本主义国家先进的、有益的、适用的文化因素。

从成果上看，它创造了市场经济体制，形成了覆盖经济、政治、社会、文化、生态各个领域的众多经验，这些都为中国特色社会主义建设提供了宝贵经验。

岭南以其雄劲力量深刻影响着现代中国，岭南文化成为当代中国三个主流文化之一，有着深厚的海洋文化根基。

第四节　关于主流文化地位的冷思考

三大主流文化之说并非低调的粤人首先提出来的，而是内陆学界和海外学者率先立论的。对于本地域学者来说，不能自说自话，更不能妄自尊大。笔者反复思考这样一个问题：将岭南文化与北方文化、江南文化（现代则称海派文化）并列为主流文化，即三足鼎立是否恰当。从文化史的全部事实来考察，将以中原文化为代表的北方文化与江南文化或海派文化作为主流文化的形态是长期稳定的。北方文化特别是中原文化作为主流文化地位从五帝三皇而至于今，是最为稳定的；江南文化至少从南宋开始就作为中国主流文化之一的地位，延续至今。而岭南文化作为主流文化，笔者有三点基于冷思考的补充判断。

一是时间比较短，岭南文化的近代崛起从中西文化碰撞期开始至今不过近三百年，而且鸦片战争前岭南还只是主要作为中西文化激烈碰撞的首发地和中心地，作为文化的主流地位是在鸦片战争前后率先开眼看世界，继而掀起近代思想启蒙乃至民主革命这一过程中逐步矗立起来的。而在中西文化碰撞之前的几千年，岭南文化一直作为中华汉文化体系中的边缘型文化，这是文化史的事实。

二是岭南文化的主流文化地位是间断的，不像北方文化和江南文化（现代称"海派文化"）那样持续。这一间断的标志是孙中山逝世，北伐军从广东出发横扫中原，政治、文化中心移至江南和北方。岭南文化在国家和学界的层面上都不再作为主流文化形态。直至现代改革开放在南海海岸线启动，中间的50年时间岭南文化并非主流。中华人民共和国成立后，作为备战备荒的首要地区，国家不予重点建设，而将重心放在大上海和大西北；南海海岸线的文化成就较少，只有广交会吸引国人的眼球，而港澳资本主义社会使国人始终睁大警惕的眼睛。

三是因为时间相对于历史长河来说非常短暂，而且还有间断，岭南的主流文化地位并不稳定。特别是新时期的崛起只有短短40多年。在为中国改革开放探路的过程中，它做出了巨大的贡献，提供了众多新鲜的文化理念，这使北方和江南学者先于岭南学者提出了三大主流文化的文化分析框架。但作为粤人，研究岭南文化20余载，笔者却始终保持着一份清醒。近些年来，岭南文化在提出时代的重大课题，为解决全国性问题探路，创造出政治、经济、社会、文化等领域改革的新经验和新理念等方面，已显捉襟见肘之势，尤显于新思想、新观念的提出和理论的建构上。在这个意义上，广东提出建设"理论粤军"的理念和规划，是文化自觉的冷静应对之举，对于岭南文化的未来具有重大意义。但因提供的经费很少，还比不上一些西部省份，理论建设起色不大。即使在一直引以为傲的经济领域，广东第一经济大省的地位也岌岌可危，大有被其他发达省份赶超的可能。而且广东上交中央财政税收很多，如2012年财税总收入的57%上交中央财政[①]，广东的发展后劲相对不足；广东人的收入和生活水平对于外来人才甚至农民工来说也逐渐失去强大的吸引力。岭南文化是否还能继续保持主流文化的地位，能够保持多久，取决于我们及后代如何看待自己的特色和传统，如何在新的时代不断焕发出海洋文化的活力和创造力。这是笔者在本书中对本地域文化进行重新定位，高扬海洋文化主线，以此对接世界海洋时代和全球化时代的重要动因。

① 郁方据广东省统计局2012年度统计年报计算。南方谈话：地方债务圆桌论坛，http://bbs.gls11.net/thread-41003-1-1.html。

岭南文化说

南化说

第十章

区域文化构成

岭南文化总体结构除了三个子系统、四大文化要素、时间上的发展即动态结构，还包含空间构成。

岭南文化的空间构成指的是各民系的分布及在所属区域的文化结构。相对于中国汉文化总体系来说，秦晋文化、齐鲁文化、巴蜀文化、吴越文化、荆楚文化等均为地域文化。地域文化之下则划分区域文化。岭南文化的区域与其民系有直接的关联，民系及其方言是划分区域文化的主要根据。

岭南区域文化构成同样是动态结构。其构成在历史上有多次变化。秦代及其以前的岭南文化系指古百越族中的南越、骆越、西瓯三大族群的文化；秦并岭南及赵佗建立南越国后，岭南文化地域大致包括秦置南海郡、桂林郡和象郡所在范围；发展到近代前后，以方言区和民系文化特质划分，岭南文化主要包括广府文化、潮汕文化、客家文化、桂系文化和海南文化。本章重点论述这五大区域或民系文化及其特色。香港文化、澳门文化在历史上是广府文化的两个分系，在相关方面涉及。

考察岭南内部各区域文化，笔者发现两条文化链：广府文化区沿南海海岸线形成从珠江口到广西的北部湾海岸的文化链；福佬民系通过南海海岸线由北向南传播，形成了潮汕文化区、雷州文化区和海南文化区构成的文化链。两个文化链呈环形的，间断而又连续的，犬牙交错的文化带。出江河而走海路，走海路而入江河，使岭南地域各区域之间保持密切的交流和文化交融，加上自然生态的统一性，形成较为相同或相近的民俗、民性乃至整体文化。这种统一是各区域文化得以统称为岭南文化的基础。

第一节 广府文化

广府民系通行的广州方言也叫粤语，俗称白话。现在的粤语方言是文化融合的成果。在汉文化进入之前很长时间就已经存在属于壮侗语系的古越族语言。秦统一岭南后，南海郡南越族人与中原、楚地及其他外地人，统称为"中县人"的移民，经过长时间互相交流、融合而产生发展出现在的粤语方言。它以古番禺（今广州市）发音为标准音。

广府民系所处地区有一个历史的形成、发展和变迁过程。现今粤语方言地域包括广东粤中、粤北、粤西南和广西南部一些地区。广府文化是岭南文化的典型代表。珠三角地区是最具代表性的广府民系地区，其文化中心在广州市，典型地表现了广府文化的特征和内涵。

广府文化的特征主要有以下几个方面。

第一，物质生产的多元并存格局突出。这是广府文化所有内涵和特色产生的经济基础。

第二，广府地区商业贸易最为活跃。三国至两晋期间海外贸易中心移至广州，唐宋

清末民初广州西关女青年服饰

389

时期广州成为中国主要的进出口口岸、世界著名贸易港市和外国商人进入中原腹地贸易的主要中转之地。明清一度闭关时，广州三度成为独口通商口岸、最为活跃的贸易港，是具有世界性影响的中国商品交易中心。近代以后，广州、香港、澳门商业贸易成三足鼎立之势。现代化开放时期，广府地区又最先实行改革开放，商业贸易在全国一度最为发达。

第三，生活的务实性态度是广府文化异常突出的特征。如经济活动中讲求实际，少说空话，不好高骛远，循序渐进。"时间就是金钱，效率就是生命"，是广府人务实精神的表现。

第四，开放和兼容。广府文化是最早对外开放的文化，或者说，广府文化本身就是在对外开放中不断建构起来的，文化的兼容性表现得十分显著。近代革命和现代的改革开放，广府人都最早和最易更新观念，全面广泛地接受外来文化的优长之处。这使其在近代成为攻陷北方洋务派和改良派思想阵地的南方基地，在现代成为改革开放的试验田。

第五，这种兼容性及上述文化特征养成广府人强烈的变革意识和心理。广府民系在二千多年前就已具有强悍的个性、冒险精神和创新意识，加上最早受到海外，尤其是近代西方先进文化的影响，变革意识更强烈。不管是商业贸易上的"广东帮"商人的活动，鸦片战争中的反侵略运动和政治上近代变革的风云，20世纪辛亥革命和北伐战争的历程，还是现代改革开放的"广东奇迹"，均充分体现广府文化的上述特征。

第六，平民性和市民意识也是广府民系比岭南其他区域更显著的文化特征之一。

　　广府文化中有许多带有鲜明地方特色的文化门类和现象。举其要者如，广东音乐与粤曲；粤剧；广佛民间工艺，尤其是陶瓷、牙雕和家具；园林艺术、广州建筑艺术和骑楼等；粤菜的代表广州菜；带奇异风情的广府民俗。本书在相应章节已论及。

第二节　潮汕文化

　　潮汕文化是指潮州方言区的民系文化。潮汕地区在秦统一岭南前，一部分属于闽越族地域，与福建南部民情民俗相通，语言相当接近。"福佬"之称谓即从"福建佬"转化而

澄海隆都镇陈慈黉故居

汕头海关税务司公馆

来。随着福建人和中原汉族人不断移入，语言融汇而形成与闽南方言同一属系的潮州方言。

潮汕民系主要居住于韩江三角洲地区，其中心有两个：古为潮州，今为汕头市。隋唐设潮州郡，潮州文化开始繁荣，至宋代兴盛，明清时达到鼎盛。汕头则只有约200年开埠历史，它是由于频繁地震和韩江沙泥淤积，在宋末元初产生陆地而逐渐开发出来的，在清代作为港口城市而崛起，改革开放后它成为全国首批四个经济特区之一，更引起国人关注。

潮汕民系总的特征是人民勤劳俭朴，刻苦自励，精于商务，对外抱团，文风颇盛。潮汕文化是岭南文化代表性的地区文化之一。本节重点谈其几个鲜明特色。

其一，强烈的商品意识。潮汕自唐以来开始发展国内和海外贸易，清代成为岭南除广州外最重要的贸易商埠。乾隆年间它成为粤东商业中心，"自省会外，潮郡为大"，"他郡县皆不及"（乾隆《潮州府志》）潮汕人善于经商，颇具经济头脑，富有创业精神和开拓意识，并且抱团意识特别强烈，潮州帮商人闻名全国。商品意识是潮汕人颇具优势的文化潜质。其生成除历史及地理环境原因外，还有潮汕平原人多地少，经济多元等原因。

其二，潮汕手工业、工艺品十分发达，自古就是主要的工艺美术出口地和口岸。工艺品中尤以瓷器和刺绣享誉最盛。潮州瓷器在唐代便以远销至欧洲和中东而享有盛名，宋代潮州瓷器获得更大的发展，现代则以枫溪为主要基地，形成了具有完整工艺体系的"南国瓷乡"。潮州瓷器的工艺特点在于精致，风格清新素雅。所产"春色大花篮"被列为

19世纪30年代潮汕女子

"国宝"。潮绣是粤绣的主要流派。其特点一是普及面广。
"潮州妇女多勤纺织。凡女子十一二龄，其母即为预嫁衣。
故织锥刺绣之功，虽富家不废也。"（乾隆《潮州府志》）
二是技艺精湛，尤以男工匠的技艺更精。清末南京一次全国
工艺赛会，潮州24名男工匠被评为"绣花状元"，一时被传
为佳话。三是具有独特的风格，题材多样，且针法多变，色
彩对比强烈。

其三，别具风韵的潮汕饮食文化极富特色。一是潮州稀
饭，较稠，称为"糜"，混以红薯，佐以潮州小菜。吃法很
特别：小菜用小碟盛之放在左手手心内，五指托大碗"糜"
走出户外，或蹲或坐，三五成群，边吃边聊，构成潮州一奇
异风情。二是在海内外颇具声名的潮州菜。这是一种以闽菜

潮汕传统民居"四点金"

为主，兼收广府粤菜、江浙菜系和南洋菜系之长而自成一格的风味菜。三是潮州工夫茶。它集潮州人饮食文化之精华，是日常休闲、人际交往不可缺少的喝茶工夫，其特色称"工夫茶"，从选择茶具、茶叶、水、炉到泡茶的手法及饮用的礼仪都很讲究。

潮汕文化还有许多具有特色的方面。如工艺制作水平普遍较高，文化古迹荟萃的潮州古城等名胜风物遍布，美术书法别具特色，潮州柑闻名海内外，潮州姑娘品性温柔、贤淑，等等。

第三节　客家文化

此处"客家文化"，是指岭南地域范围内客家民系的文化，以客家方言为界定依据。客家方言是汉民族中最具稳定性的方言。梅县话是客家方言的标准方音。客家人无论走到哪里，都不改变自己的方音，祖传谚语有"宁卖祖宗田，莫忘祖宗言"。

客家民系分布范围极为广泛，遍布广东、广西、江西、福建、四川、湖南、贵州、台湾、海南等10省区180多个县市。广东全省有较纯粹客家人县市15个，客主混合县市50多个，是全国客家民系居民最密集的省份。客家人最密集的是原梅县地区，以现梅州市为中心，其次是粤东其他地区和粤北山区[①]。客家文化是岭南最富中原文化特色的文化，与广府文化和潮汕文化差异很大，表现出下列明显的特色。

---

① 参见罗香林：《客家研究导论》第二、第三章，台湾众文图书股份有限公司1981年版。

黄遵宪故居人境庐

其一，客家人具有自给自足、特立独行的气质，克勤克俭的性格和风尚。客家先民以中原士族为主体，战乱流亡多以家族为整体进行迁徙，较完整地保留着中原"衣冠望族"的文化意识和封建宗法制度。这种气质到清代一直保留得比较完整。

其二，客家人具有浓厚的家族观念，不忘祖宗盛德。其具体表现为：大都保留族谱、家谱，具体记录祖先的家世、官职、显赫地位、南迁过程和子孙接续；几乎每家每户都在大门的门楣上大书本族堂号以表彰祖宗盛德；每年除夕在大门两侧贴上堂联，上联标明家族的发祥地或成为望族的郡名，下联宣扬祖德祖威，望子孙继往开来。

其三，具有坚韧的开拓创业精神。由于在岭南落籍于僻壤荒野，山多地少，以农为业难以维持生活，客家青壮年男性大都远走他乡，在外谋生发展，不少人甚至卖身为奴赴海外谋生。其驱动力与广府商品意识不同，主要是华夏传统文化意识如光宗耀祖、发扬家声等。

其四，高度重视文化教育，具有很高的传统文化素质。具体表现：一是秉承中原汉文化气质和"诗礼传家""书香门第"之风，崇尚读书，尊师重教。二是全社会支持教育。华侨捐资办学蔚为风气，家族特设公学以为族中子弟读书的经济来源，家境贫寒人家卖田卖屋都要供子弟读书，妇女全力支撑家计供男子读书，这些都使客家民系读书成风，养成以读书上进为荣，不读书不识字为耻的观念。梅县这方面最为突出，享有"文化之乡"美誉。

岭南客家文化还有许多特色，较为突出的是：第一，

客家山歌表演

多姿多彩的客家山歌是客家人的典型民俗，特点一是客家山歌广泛流行；二是山歌形式上较完整地保存着《诗经》赋、比、兴遗风，通俗易懂，唱腔多样，音乐性强；三是题材极为广泛；四是对歌，山歌对唱时人数不限，双方各多达几十人，热闹非常。第二，客家妇女具有少有的刻苦耐劳、勤劳能干和无私奉献精神，担负整个家庭的一切繁重劳动而无怨，自奉极俭，要求极低，民谚有云："四头四尾——家头教尾、田头地尾、灶头锅尾、针头线尾。"因此虽然客家人有较浓重的传统文化观念，也有重男轻女的陋习，但都对客家妇女的上述美德加以肯定并引以为自豪，这在岭南也是很有特色的。第三，刻着移民印痕的独特的客家民居。

客家妇女服饰

客家围屋

398

第四节 桂系文化

　　桂系文化地区历史上经过一些变化，有其独立的发展历程。旧石器时代晚期的"柳江人""麒麟山人"，新石器时代的桂林甑皮岩先民独自创造了广西地区文化。百越文化圈期，分布在柳江以东、郁江以北和湘漓以南地区的西瓯族，分布在柳江以西、郁江以南等地，一部分在今广东省地界内的骆越族与南越族，今广东地界内的骆越族和西瓯族，同属岭南越族范畴。北宋于太宗后期在岭南设置广南东路和广南西路两个行政区，广南西路已具今广西规模，治所在桂州（今桂林市），广西开始作为一个行政区域简称沿袭下来。广西临海区域汉代以合浦港著名，从唐宋时更朝着以商业贸易特别是海外贸易为主线的方向发展。

　　桂系文化有以下一些特色。

　　其一，桂系文化地区内，少数民族众多，有许多独特的风情。桂系文化区内居住着壮族、瑶族、苗族、侗族、仫佬族、毛南族、回族、京族、彝族等少数民族，其中以壮族、瑶族和苗族的风情最为奇特丰富，其渊源为古百越族文化。壮族的独特风情有"以歌代言"的风尚；"三月三"及歌圩；射鸡、打棍、打陀螺和"雄耍乐"等传统体育；舞鸡和舞春牛；敬蛙节；吹木叶；抛毽子；牛魂节和入赘风俗等。瑶族的独特风情包括三月节、达努节、插秧节、修路节等独特节庆；打山围猎活动；标志男孩成年的"度戒"和富有瑶族风情的长鼓舞等。苗族独特的文化有：民族节日"苗年"；"游方"、"赛芦笙"、"踩花山"、斗马、爬竿等文体活动；"走寨"或叫"踩月亮"的青年男女恋爱方式；等等。

其二，名胜古迹众多。桂林、阳朔名胜风光闻名中外，还有兴安灵渠、秦关和严关、邕宁昆仑关、宁明的花山崖壁画等古迹，都显示着桂系文化的魅力。

其三，桂系文化发展系列清晰，渊源深厚，各时代都有典型的文物，其中有石器时代的"大石铲"，青铜器时代的兽面纹铜卣、蛇戏蛙纹铜尊、"屏陵"矛、"铜鼓之王"，汉代的五铢钱纹铜鼓、铜九枝灯等，还有唐代禽兽葡萄纹铜方镜，宋代影青葵瓣瓷碗等。

其四，桂系文化艺术上较有特色的有桂剧、彩调和壮剧等品种。桂剧清代发轫，用桂林方言演唱，声调优美，有高、弹、昆、吹四大声腔，以弹腔为主体。彩调的音乐唱腔刚健清新，优美动听，有着浓郁的民歌风味，主要流行于广西北部以及西部、南部一些地区。壮剧是一种民族舞台艺术形式，也称"卜托"，有北路壮戏、南路壮戏和师公戏之分。

壮族歌仙刘三妹

第五节 海南文化

海南琼山市新坡洗夫人塑像

海南文化系指海南方言区的文化，海南岛四面环海，区域范围最为清晰，现下设三沙市，管辖中沙、西沙、南沙广阔海域诸事，疆域范围最为广大。

海南岛最早的民族是作为黎族先民的古骆越族。海南至迟在新石器时代中期已建立了母系氏族公社，晚期向父系氏族社会转化。五指山腹地的黎族，其原始社会的下限约到明代。从秦统一岭南到明代中叶，海南从原始社会过渡到封建社会，没有完整意义上的奴隶制社会存在。除黎族外，海南其他民族均从岛外迁入。苗族是明代从广西迁入的，回族是宋元间避战乱迁来的，属于壮族的部分临高人是在秦汉之间从广东、广西逐渐迁入海南岛的。汉族向海南岛移民始自汉武帝在海南设置郡县[①]。两晋移民岭南高潮中，一部分汉族移民从福建南部通过海路西迁至海南岛，开始形成属闽南方言系的海南方言。南宋时进入海南的汉族增至10万人，元朝达17万多人。同时，黎族受中原文化影响的人数不断增多。丘濬指出："魏晋以后，中原多故，衣冠之族，或官或商，或

---

① 杨德春：《海南岛古代简史》，东北师范大学出版社1988年版，第39页。

迁或戍，纷纷日来，聚庐托处。熏染过化，岁异而月或不同；世变风移，久假而客反为主。"（《南溟奇甸赋》）因此大约在明初，海南成为以汉族为主体，黎族为次，多民族聚居的地区，汉文化成为主导文化。语言文字上为汉文字和海南方言。

从此时开始的海南文化逐步形成几个鲜明的特色。

其一，海南文化是中原正统儒家文化圈外的非规范性文化。中央封建政权西汉始设珠崖、儋耳两郡管辖海南，唐设五州，宋设四州十三县。但由于中原统治者和贵族基本上将海南人视为蛮民，海南岛和历代封建王朝中央的关系是很疏远的，因此海南迟至明代才完成封建制的全面确立。

其二，唐代海南文化开放、多元、开拓等海洋文化精神已突出显现。唐代岭南海上交通工具和对外贸易的发展，使居于南海航运线上的海南岛越来越受重视，海南贸易随之发达起来。宋元时发展起多元化经济，商业贸易也随之繁盛。明代海南经济取得史无前例的发展，对外贸易港口已增至28个，许多外国"朝贡"船只都来停泊，圩市急剧增多。这些外向经济活动，使海南沿海，尤其是东部、北部、西部沿海各发达县人民培养起勇于开拓的精神。他们不仅向内陆发展，而且远走海外。今东南亚一带华侨众多，文昌、琼山、琼海等县成为侨乡。文昌县（现为市）是原广东省两个"文化之乡"之一。

其三，琼剧是海南独有的艺术品种，是海南独立建省前广东的四大剧种之一。琼剧是在明代"杂戏"和"湖广戏"、清代"土戏"的基础上，吸收在语言上与海南方言属同一语系的闽南班、潮州班的艺术养分，逐渐方言化、俚调化，形成自己的地方特色的。民国以后，琼剧开始"男女同班"。五四运动后，琼剧杰出作家吴发凤编写了120多个剧本，为琼剧改革做出了重大贡献。琼剧有许多优秀传统剧目，如《张文秀》《狗咬金钗》《搜书院》等。

其四，海南有许多奇异风情。风景名胜有五公祠、海瑞墓、天涯海角、清澜港、东坡书院、鹿回头、大东海、落笔洞等。黎族的"三月三"、青年男女对歌、"放寮"风俗；五指山腹地干栏式船形屋、山栏酒、"黎幕"、"黎单"、"黎锦"等均独具特色。海南手工业和工艺有许多特色产

织黎锦图

品，如清代文昌所产"兼丝布"为棉丝混纺品，经线用丝或麻，纬线用棉，有黄白两种；儋州所产"油红被"厚实如毯，"紫花悦"花纹十分美丽。琼州椰壳制作业更具海南特色，古时大者制碗、酒壶或瓯，小者制杯。清代发展起椰雕工艺品，图案精美，线条流畅，多以琼岛风光入图案，颇受岛外人们欢迎。